Anthony Paul · Yvonne Rees

Gartendesign

Anthony Paul · Yvonne Rees

Gartendesign

Otto Maier Ravensburg

Die Autoren:

Anthony Paul, Landschaftsarchitekt, lebt in
Surrey. Er realisiert Projekte auf der ganzen
Welt, vornehmlich aber in Europa, Afrika
und Australien. Derzeit arbeitet er an einem
Projekt am Nil im Sudan. Daneben ist er
Dozent für Garten- und Landschaftsgestal-
tung in London und erfolgreicher Buchautor.

Yvonne Rees stammt aus einer Familie
passionierter Gärtner und kam sehr früh mit
dem Thema „Garten" in Berührung. Später
fand sie zum Journalismus und ist heute
freischaffende Publizistin mit den Schwer-
punkten „Garten" und „Gartengestaltung".
Sie schreibt regelmäßig für mehrere engli-
sche Gartenmagazine und hat eine Reihe
erfolgreicher Bücher veröffentlicht.

Fotos (wenn nicht anders angegeben):
Ron Sutherland
Gestaltung: Steven Wooster
Lektorat der englischen Ausgabe:
Jonathan Hilton
Konzeption und Gestaltung:
Antony Paul und Steven Wooster
Duane Paul Design Team
Unit 30, Ransome's Dock, 35 Parkgate Road
London SW11 4NP

Titel der englischen Originalausgabe:
„The Garden Design Book"
Veröffentlicht 1988
von William Collins Sons & Co. Ltd
London – Glasgow – Sydney – Auckland –
Toronto – Johannesburg

© Anthony Paul & Yvonne Rees 1988

CIP-Titelaufnahme der Deutschen Bibliothek:
Paul, Anthony:
Gartendesign/Antony Paul; Yvonne Rees
(Übers. aus d. Engl. u. Bearb.: Jürgen
Kleeberg; Gernot Jung). - Ravensburg:
Maier, 1988
  Einheitssacht.: The garden design book ‹dt.›
  ISBN 3-473-46165-2
NE: Rees, Yvonne:; Kleeberg, Jürgen
(Bearb.)

© Deutsche Ausgabe 1988
Ravensburger Buchverlag Otto Maier GmbH
Alle Rechte vorbehalten
Übersetzung aus dem Englischen und
Bearbeitung: Jürgen Kleeberg, Berlin,
Landschaftsarchitekt
Gernot Jung, London, Landschaftsarchitekt,
unter Mitarbeit von Inge Krogue,
Berlin/Washington
Redaktion der deutschen Ausgabe:
Erhard Held, Ravensburg
Umschlaggestaltung: Ekkehard Drechsel
unter Verwendung des englischen Originals
Umschlagfotos: Ron Sutherland
Zeichnungen: John Duane
Satz: Type & Data Fotosatz, Wangen
Gesamtherstellung:
Tien Wah Press, Singapur

91 90 89 88   4 3 2 1

ISBN 3-473-46165-2

Inhalt

Vorwort

Einen Garten zu entwerfen kann ein großes Vergnügen sein. Für mich persönlich ist das Planen von Gärten in den verschiedensten Formen und Größen und überall in der Welt eine Arbeit, die mir seit 15 Jahren Freude und große Befriedigung bringt. Es gibt kein Geheimrezept oder einen Plan, den man einfach über die Landschaft legt, und nach dem man arbeitet. Ausgestattet mit den richtigen Informationen und mit einer Idee, wie der fertige Garten aussehen soll, gibt es keinen Grund anzunehmen, warum Ihr Garten nicht irgendeinem Garten, den wir hier in diesem Buch zeigen, Konkurrenz machen sollte.

Wenn Sie sich die Bilder auf den folgenden Seiten ansehen, werden Sie bemerken, daß die Gärten von innen nach außen gezeigt werden. Zunehmend betrachtet man die Gärten als eine Erweiterung des Wohnraumes. Um den besten Eindruck zu erzielen, muß man ihrer Ausstattung die gleiche Aufmerksamkeit widmen wie der Ausstattung der Wohnung. Nicht nur Farbgebung, Materialbeschaffenheit und Grundstruktur sind wichtig, sondern auch Mobiliar, Schmuck, Beleuchtung und die anderen Elemente, die dazu beitragen, daß sich alles harmonisch einfügt und gut aussieht.

Der erholsame, leicht zu pflegende Garten scheint die Idealvorstellung von heute zu sein. Eben dieses Bedürfnis und eine neue Begeisterung unter den Besitzern von Höfen und Gärten hat uns angeregt, dieses Buch zusammenzustellen.

Wir fanden, daß die meisten Gartengestaltungsbücher den Leser mit Gartenplänen und technischen Einzelheiten bombardieren oder versuchen, ihm eine bestimmte Gestaltungsrichtung aufzudrängen – mit dem Erfolg, daß das eigentliche Ziel unklar wird. Wir hoffen, daß dieses Buch es besser macht. Wir haben versucht, Sie mit einer Fülle von bildlich dargestellten Ideen zu versorgen, aus denen Sie das auswählen können, was Ihrem Garten und Ihrem Lebensstil am besten gerecht wird. Um eine größtmögliche Kollektion von Vorschlägen zeigen zu können, haben wir die Gärten von 15 professionellen Gartengestaltern aus Europa, Amerika und Australien fotografiert. Es war uns wichtig, daß jeder Gartengestalter einen Stil vorstellt, der für Sie verständlich ist und zu dem Sie eine Beziehung entwickeln können. Gute praktische Entwürfe sollen Sie leicht, unter Verwendung erhältlicher Materialien und mit möglichst geringem finanziellen Aufwand, verwirklichen können. Wir zeigen aber auch einige ausgefallenere Ideen, die besonders neuartig und anregend sind. Schließlich ist es das Ziel einer klugen Haushaltsführung, sich hin und wieder einen Luxus leisten zu können. Wir haben die Gestaltungsideen in Elemente zerlegt, die Sie in Ihren eigenen Gartenplan übernehmen können, und einige grobe Richtlinien gegeben, wie man diese Einzelelemente in die Praxis umsetzt. Unsere Absicht war es, zunächst anzuregen, dann zu informieren.

Wir beginnen damit, Ihnen die Gartengestalter vorzustellen, ihre Philosophie und ihren Stil. Von jedem haben wir diejenigen Ideen ausgewählt, von denen wir glaubten, daß sie am besten übertragen und in Ihrem eigenen Garten Anwendung finden könnten. Sollten Sie es trotzdem vorziehen, Ihren eigenen Gartengestalter zu beschäftigen, wollen wir Ihnen in diesem Buch zeigen, wie Sie erfolgreich zusammenarbeiten können.

Damit Sie genau sehen, wie die einzelnen Ideen auf Ihre Gartensituation übertragen werden, beschreiben »Die Grundregeln«, womit Gartengestaltung beginnen muß und wie man einen Plan für den eigenen Garten entwirft. Wir haben die Anzahl der Pläne bewußt gering gehalten, da es den meisten Menschen schwerfällt, danach zu arbeiten.

»Gärten und Gartenideen« wurden aufgenommen, um Ihnen so viel wie möglich für Ihren eigenen Garten nahezubringen, sei es, daß er trocken, schattig oder steinig ist, in der Stadt liegt oder auf dem Lande. Wir hoffen, daß dieses Kapitel Ihre Phantasie anregt und Sie viele hilfreiche Vorschläge finden werden.

In den folgenden Kapiteln wird versucht, das Gesamtbild eines gelungenen, zweckmäßigen Gartens aufzubauen, beginnend mit dem Grundgerüst, das Grenzen, Wege und Innenhöfe formen, bis hin zu Ratschlägen, wie man mit besonderen Elementen umgeht, z. B. einem Springbrunnen, einem offenen Laubengang oder anderem Gartenzierat. Wir haben nicht vergessen, daß Sie einen Großteil Ihrer Freizeit im Garten verbringen sollen. Einen Hauch von Luxus verbreiten Swimmingpools, Bäder, Sommerhäuschen und passende Gartenmöbel.

Das anregendste Gestaltungsmaterial, das Ihnen zur Verfügung steht, sind die Pflanzen selbst. Ergänzend werden einige der besten Ideen für die Verwendung von Stein, Ziegel und Holz aufgezeigt. Mit dem Gestaltungsratgeber haben wir umfassende Hinweise für den Umgang mit Bäumen, Büschen, Stauden, Gräsern und Knollen zusammengestellt. Sie werden dort finden, wie man die verschiedenen Pflanzen und Farben am besten verbindet, um das ganze Jahr über eine Folge vorzüglicher Effekte zu erzielen. Zum schnellen Nachschlagen gibt es am Ende des Buches Pflanzenlisten und einen Informationsteil, die mit großer Sorgfalt ausgearbeitet wurden. So können Sie die Pflanzen aussuchen, die sich klimatisch am besten eignen.

Wir hatten viel Freude, das Buch zusammenzustellen, trotz der vielen Arbeit, die damit verbunden war. Unter den Gartengestaltern, die wir durch unsere Arbeit in der ganzen Welt kennengelernt haben, haben wir viele Freunde gefunden und gleichzeitig die Gelegenheit genutzt, Meinungen und Wissen auszutauschen und hin und wieder auch einige Ideen zu »stehlen«.

Die Liste der Leute, die uns geholfen haben, dieses Buch zu veröffentlichen, ist zu lang, um sie zu drucken. Im Anhang (s. Seite 256) lesen Sie die Namen der Gartengestalter, der Fotografen und anderer Leute, deren Rat für uns sehr wertvoll war, die uns großzügig geholfen und ihre kostbare Zeit zur Verfügung gestellt haben, um dieses Buch verwirklichen zu können.

Eine neue Generation von Gartengestaltern

Die Gartengestalter von heute schaffen eine üppige, blattreiche Umwelt, Erholungsräume im Freien und eine lebendige Verbindung zwischen Architektur und Landschaft. Ihre pflegeleichten Gärten sind ein perfektes Mittel gegen den Streß des modernen Lebens. Sie präsentieren nicht eine verwirrende Anzahl verschiedener, hochentwickelter Farbmischungen, sondern eine feine, mehr entspannende Mischung unterschiedlicher Blattformen, sanfte Pastellschattierungen und natürliche Materialien wie Stein und Holz. Diese Verschiebung in der Betonung bedeutet nicht, daß die heutigen Gartengestalter einen Mangel an Ausdruck zeigen: Beeindruckende Pflanzenformen, großartiges architektonisches Blattwerk, schimmernde Flächen mit Wasser, zum Nachdenken anregende Skulpturen – das alles hat einen Platz in einem neuen Schema. Wo jedes Element sorgfältig ausgewählt und integriert wird, entsteht eine harmonische Einheit. Unsere Gartengestalter haben auch der Tradition nicht den Rücken gekehrt. Klassisches wie die Kunst des Baumschneidens und der Kübelbepflanzung wurden freudig übernommen und angepaßt an eine ungezwungenere Verwendung im Rahmen der Komposition. Unverkennbar ist der orientalische Einfluß in der Anwendung von Stein, Holz, Wasser und architektonischen Pflanzenformen. Ausschlaggebend für ihre Arbeit ist ein Gefühl für die Natur und das Verständnis, wie man Pflanzen zu ihrer vollen Entwicklung verhelfen kann. Als erste Priorität gilt gleichwohl, daß der Garten leicht zu pflegen sein und trotzdem das ganze Jahr über interessant bleiben muß.

Anthony Paul

Anthony Paul hat ein inniges Verständnis für die natürliche Landschaft. Seine besondere Vorliebe für Wasser in all seinen Formen ist Grundmotiv seiner Gestaltungsphilosophie. Kindheitserinnerungen an einen großen natürlichen Wassergarten in Neuseeland und der Einfluß von Arbeiten in Holland, wo das Wasser dominiert und wo der ökologische Garten seinen Ursprung hat, haben in ihm die Liebe zu der sich ständig verändernden, reflektierenden Schönheit der Teiche und Weiher wachgerufen. Natürlich strukturierte Anlagen und ausdrucksstarke Pflanzengruppen sind in jedem seiner Projekte enthalten, ob es sich um ein schmales, abgeschlossenes Gebiet handelt wie den Dachgarten eines Privatkunden, um eine große öffentliche Anlage oder um seinen eigenen

▲ Anthony Pauls eigenes Haus ist von Grüntönen umgeben. Im Hintergrund verschiedene Kiefern und vorne die ausdrucksstarke Pflanzung mit riesigen *Peltiphyllum peltatum* sowie der spitzen *Sparganium erectum*. Sie umsäumen den Teich und bilden den idealen Rahmen für eine Skulptur.

▶ Die Holzterrasse dehnt sich vom Haus bis über das Wasser des Hauptteiches aus. Umgeben vom üppigen Blattwerk der *Ligularia clivorum* 'Gregynog Gold' und mit *Phormium tenax* im Kübel auf der Terrasse, ist dies ein idealer Platz zum Entspannen.

▶ Eine strenge blaue, geometrische Struktur, Terrakotta-Kübel mit Gräsern wie *Cyperus alternifolius* und *Cyperus papyrus*, der Farn *Microlepia strigosa* und die kriechende *Hibbertia scandens* umrahmen die durch nichts unterbrochene Sicht auf den Garten hinter diesem Schwimmbad-Komplex. Die großzügige Verwendung von Holz für den Fußboden um das Schwimmbad und das Sprudelbecken ergibt ein weiches Licht und dämpft den Schall.

▶ Grüne Pflanzen, Wasser und eine einfache Pergola bilden den Rahmen für einen mit Platten ausgelegten Sitzplatz, den man über eine hübsche Holzbrücke erreicht. Die intime Atmosphäre wird noch weiter betont durch die Verwendung kräftiger Kletterpflanzen und einer üppigen Randbepflanzung entlang des Schwimmbades mit hellgelben *Trollius*, *Iris laevigata* und *Ligularia clivorum* 'Gregynog Gold'.

Garten in England – immer findet man eine »Halbwildnis« aus einheimischen Blumen, Wald und Wasser in der Form von Teichen, Sumpfgärten, Bächen und Wasserfällen.

Die Methode

Anthony Paul legt bei seinen Gartenplänen großen Wert auf leichte Realisierbarkeit und geringen Pflegeaufwand. Er zweifelt nicht daran, daß diese Einstellung weltweit zu den Erfolgen des Gartens der 80er Jahre geführt hat. Er glaubt, mit einem Garten, der der natürlichen Umwelt so nahe wie möglich kommt, das Gefühl vermeiden zu können, man befinde sich in einem ständigen Kampf mit der Natur, um sie unter Kontrolle zu halten. Ein natürlicher Garten läßt mehr Zeit, ihn zu genießen.

Große in die Landschaft eingegliederte Wasserflächen und einheimische Pflanzen sind wichtige Elemente in Anthony Pauls Arbeit – nicht nur interessant anzusehen, sondern auch unproblematisch und wirtschaftlich herzustellen. Normalerweise erfordern sie einen geringen finanziellen Aufwand. Dies sind entscheidende Gesichtspunkte.

Das endgültige Ergebnis seiner Gestaltungsarbeit, eine optimale Entwicklung in natürlicher Umgebung, erfordert keine langweiligen, zeitaufwendigen Instandhaltungsarbeiten, die man von den künstlichen, konventionellen Gärten gewöhnt ist, z. B. Unkraut jäten, Pflanzen und Schneiden. Es genügt ein einfaches gelegentliches Auslichten, Teilen und Zurückschneiden überhandnehmender Arten und das Einfügen neuer Besonderheiten in das Grundgerüst des Gartens.

Neue Ideen

Anthony Paul überdenkt regelmäßig seinen eigenen Garten, der in einer ausgedehnten englischen Landschaft liegt, nicht weit von London entfernt. Während das Grundschema aus Teichen, natürlicher Pflanzung und einem holzgedeckten Freizeitsitz in der Nähe des Hauses nicht verändert wird, konzentriert er sich jedes Jahr auf einen anderen Bereich, um diesem eine besondere Prägung zu geben oder um ihn wieder neu und anders zu gestalten. Er ist der Ansicht, daß jeder Garten, egal wie schön oder überlegt er gestaltet wurde, dies benötigt, wenn er über Jahre hinaus interessant bleiben soll.

Die Veränderungen, die Anthony Paul vornimmt, können sich äußern in einer neuen Brücke, der Umgestaltung einer Reihe von Trittsteinen, einem Sumpfgarten

◀ Die Wärme einer alten Backsteinwand wird vom purpurroten Blätterwerk des *Vitis vinifera* ‘Purpurea’ und von purpurblättrigen *Malus* ‘Lemoinei’ gleichsam übernommen. Beide strahlen vertikal und horizontal Anziehungskraft aus. Als Kontrast wurden die Räume zwischen den einfachen grauen Platten mit großblättriger *Bergenia cordifolia* bepflanzt.

▸ Eine Gruppe alter Bauernhäuser bildet den schützenden Rahmen für einen im Freien gelegenen Swimmingpool und schirmt ihn gegen den restlichen Garten ab. In der Umgebung des Pools ist eine Materialmischung aus alten Backsteinen und Holz vorherrschend, angelegt in zwei Ebenen. Große Terrakotta-Töpfe mit *Phormium tenax* 'Purpureum' und *Cordyline australis* zeigen sein Faible für architektonisch wirkende Pflanzen. Einen Teil der Gestaltung machen *Arundinaria murielae* und *Fatsia japonica* aus, die von großen Steinen und rundem, glattem Kies gefaßt werden.

▸ Ein ausgezeichnetes Beispiel einer üppigen, aber kontrollierten Pflanzung: Der Vielfalt von interessanten Blattpflanzen wird Gestalt und Form gegeben durch Wege aus Kies, Stein und Holz. Anthony Paul schuf geschickt Kombinationen und Kontraste mit dem großen, schmalen Gras *Miscanthus sacchariflorus* und den goldenen Blüten der *Ligularia stenocephala* 'The Rocket', mit breitblättrigen Pflanzen wie *Hosta lancifolia* und *Ligularia clivorum* 'Desdemona'. Holz und Stein werden abgeschwächt durch helle, bodendeckende Pflanzen wie *Alchemilla mollis* und *Pachysandra terminalis*.

▸ Besonders interessante Pflanzen werden in großen Gefäßen gezogen, wo sie die beste Wirkung erzielen. Hier die liebliche, herbstliche Farbtönung eines Prunkstücks von *Acer japonicum* 'Aconitifolium'. Ein Blickfang zwischen einer Gruppe großer Steine und ein ausgezeichneter Blickpunkt an der Stelle, wo sich die Linienführung des Holzbelages ändert.

oder einem abgeschiedenen Bereich im japanischen Stil.

Anthony Pauls eigener Garten repräsentiert ausgezeichnet seine landschaftsgestalterischen Prinzipien. Er übernahm einen sehr alten Garten, der aus mehreren großen, aber zugewachsenen Teichen bestand, umgeben von dschungelartigem Unterwuchs und herrlichen ausgewachsenen Bäumen. Die Teiche wurden gesäubert und sind nun umgeben von ausdrucksvollen, üppigen Pflanzen wie *Gunnera manicata* und *Rheum palmatum*. Das Wasser reflektiert die sanften Farben von *Hosta*, *Rodgersia* und Binsen.

Gras-, Kies- und Rindenmulchpfade durchziehen den Garten in mäanderartigen Windungen, unter den Bäumen begleitet von Wildblumenflächen mit blauen Hyazinthen, Veilchen, Schlüsselblumen und kleinen, wilden Orchideen.

Das Gelände um das Haus herum ist eine Mischung aus Haus und Garten. Es gibt eine ausgedehnte Holzveranda, die sich, direkt vom Haus ausgehend, mit Wiese und Wasser verbindet; Bambuskübel, Farne und duftende Kräuter bereichern sie. Die Veranda umschließt das Haus auf zwei Seiten. Anthony Paul hat Holzpergolen und Bambuszäune benutzt, um sie in »Gartenräume« zu unterteilen: Ein Teil, angehoben und geschützt, dient als Eß- und Grillplatz, ein anderer ist mit einem kleinen hölzernen Dampfbad ausgestattet.

Anthony Paul hat festgestellt, daß sich diese Prinzipien gut auf alle Gärten übertragen lassen, unabhängig von deren Größe oder deren Stil.

Richard Haigh &
Annie Wilkes

Richard Haigh und Annie Wilkes sind die Ideengeber einer Firma, die sich darauf spezialisiert hat, komplette maßgeschneiderte Gärten zu kreieren. Ihre Vorgehensweise entspricht mehr dem eines Teams von Innen- als von Landschaftsarchitekten; der Vergleich könnte sogar passen, denn sie sehen ihre Projekte als außenliegende Wohnräume, die gestaltet, ausgestattet und möbliert werden müssen. Ihre eigene Vorliebe ist das Halbformale, aber Einfache: Grenzen, die von Kletterpflanzen wie *Wisteria* und Efeu verdeckt werden, Wände und Hecken, die kleinere Gartenräume mit schattenspendenden Bäumen und Büschen entstehen lassen. Man soll den gesamten Garten nicht auf einmal einsehen können.

Obwohl beide hauptsächlich in Sydney (Australien) arbeiten, ist ihr Stil englisch kühl, zurückhaltend und leicht klassisch mit vielen Büschen, Terrakotta-Elementen und gepflasterten Flächen, die einen dekorativen und harmonischen Garten ergeben. Viele ihrer Kunden führen ein sehr geschäftiges Leben und brauchen einen Ort, wo sie sich entspannen können. Dieser Ort muß so beschaffen sein, daß er Hitze und Trockenheit des Sommers ohne großen Pflegebedarf übersteht.

Sofortige Reife
Der Grundentwurf wird von Annie Wilkes ausgearbeitet und beginnt mit einer Analyse der Grundbedingungen: Klima, Erde, Pflanzen, Umgebung und Vorstellungen des Kunden. Sie berücksichtigt immer bereits vorhandene Bäume und Sträucher und beläßt diese, wenn irgend möglich, um dem Garten einen älteren, reiferen Ausdruck zu geben. Vorhandene oder neu gepflanzte Bäume werden im nächsten Schritt mit deckenden Elementen unterlegt, die als Hintergrund zu Blumen und Blattfarben passen. Diese faßt sie in große Bereiche mit nur einer Pflanzenart zusammen.

Grün ist die dominierende Farbe in einem Garten von Haigh & Wilkes. Blattformen und -strukturen, manchmal auch ein Hauch von Silber oder Grau im Blattwerk, strahlen Anziehungskraft und Vielfalt aus. Wo Farbhöhepunkte gesetzt werden, bevorzugt Annie Wilkes sanftere Töne.

◀ Eine Reihe geschnittener *Buxus sempervirens* und *Agapanthus* werden von einer Beetumrandung aus Terrakotta eingefaßt. Das tiefe Grün und das Erdrot finden zu einer gefälligen Kombination zusammen.

▶ Ein kleiner Hof wird von einem Arrangement aus grünem und silbernem Blattwerk eingerahmt. Weiche *Stachys lanata* und Lavendel säumen den geschnittenen Buchs und *Convolvulus cneorum*. Die Senkrechte wird durch geschnittene Hochstämmchen von *Ficus benjamina* 'Exotica' mit gedrehtem Stamm betont.

Annie legt gern verschiedene Sitzplätze im Garten an, z. B. Eßplätze für Sommer und Winter oder eine kleine Frühstücksveranda. Auf diese Weise erhöht man nicht nur die Zweckmäßigkeit des Gartens, sondern man vermeidet auch, daß man die Gartenmöbel ständig umrücken muß, um in der Sonne bleiben zu können.

Die Materialien werden so ausgesucht, daß sie sich dem Grundthema anpassen, z. B. weiche, rustikale Oberflächen wie Holz, Stein und Terrakotta. Haigh & Wilkes benutzen ganz selten einmal Weiß, das ihnen in der heißen Sonne zu grell erscheint. Die gepflasterten Flächen ziehen sich oft bis ins Haus hinein.

Ein anderer Aspekt ist der Baumschnitt, wo Richard Haighs Expertentum zum Tragen kommt. Lorbeer, *Buxus*, *Ficus* und *Thuja* wurden schon als junge Bäume zu Kugeln, Spiralen, Rädern und Kegeln geformt – der elegante Abschluß einer Garten- oder Hofgestaltung. Man ordnet sie symmetrisch in Töpfen oder anderen Behältern nahe am Haus oder im Garten an.

Weiterer Schmuck in Form von Skulpturen, Pflanzbehältern und Gartenmöbeln wird mit größter Sorgfalt bedacht. Oft werden auch diese Stücke selbst entworfen und so plaziert, daß sie sich einfügen und die Wirkung umgebender Pflanzen und anderer Gegenstände erhöhen. Oft werden die Konturen von Gartenzubehör durch Pflanzen aufgelöst; so entsteht ein natürlicheres Empfinden.

◀ Haigh & Wilkes sind Experten im Kombinieren von Blattformen mit interessanten Behältern und amüsanten Gartenornamenten. Terrakotta-Töpfe, Urnen und Tierskulpturen (oben) erscheinen häufig in ihren Gärten.

▲ Kräuter, süß duftende Pflanzen und vielartige Blätter machen Veranda und Hinterhof interessant. Hier wurden weiß und violett blühende Lavendel als Gegensatz zu den grün-weißen Blättern von *Laminum*, *Ficus benjamina* 'Exotica' als Hochstamm und dem Terrakotta-Körbchen mit *Soleirolia* ausgesucht.

◀ Kletterpflanzen kann man leicht um den Drahtring wachsen lassen und ungewöhnliche Figuren kreieren. Dies funktioniert am besten mit Pflanzen, die in Behältern wachsen. Hier wurde noch eine Tierplastik mit in das Design einbezogen.

Gilles Clement

Gilles Clement ist ein leidenschaftlicher Förderer dessen, was er die französische Bewegung hin zu freier wachsenden, natürlicheren Gärten nennt. Erstmals wurde Gilles Clement vom Konzept der »kultivierten Wildnis« fasziniert, als er vor einem Jahrzehnt begann, wildwachsende Pflanzen ernsthaft zu betrachten. Er schätzte deren Möglichkeiten, sich zu regenerieren, ohne daß sie größerer Pflege bedurften. Müde des traditionellen Gartenstils, begann er sich der Landschaft zuzuwenden, in der Pflanzen ungezwungen wachsen.

Die Wildnis zähmen

Gilles Clement erkannte, daß es nötig war zu vermitteln, wenn der Reichtum der Natur erhalten werden und der Garten das Jahr über gut aussehen sollte. Er war von der Möglichkeit überzeugt, eine solche Umgebung zu kontrollieren, ohne sie zu zerstören. Genau dieses Konzept ist das Herz seiner Bewegung: Veränderungen treten langsamer und natürlicher mit dem Wechsel der Jahreszeiten ein, Design und Pflegearbeiten ordnen sich einer vollkommen natürlichen Pflanzung unter.

▶ Der goldgelbe Kalifornischen Mohn *Eschscholzia californica* leuchtet aus dem Grün heraus. Den Garten charakterisiert eine Mischung von Blattformen, angefangen bei den Bäumen bis zu den üppigen Pflanzungen, die graue *Senecio greyii* und blaue *Ceanothus* einschließen.

▼ Das Helle des Kiespfades wird durch eine gemischte Rabatte aus grau- und grünblättrigen Stauden wie *Cerastium*, *Stachys lanata* und *Primula pulverulenta* gemildert. Dahinter das Herculeskraut *Heracleum mantegazzianum*.

▲ Lichtes Blattwerk, grüne und graue Pflanzen sind eine erholsame Umgebung für einen Sitz- und Eßplatz. Die strengeren Formen des geschnittenen *Buxus* und das strahlende Rot der *Rosa* ergeben einen anregenden Mittelpunkt.

◀ Blau, Grün und ausdrucksstarke Blattpflanzen schaffen eine dichte, reiche Kulisse. Kontrast bieten die architektonische *Rheum palmatum*, die weißen Blütenstände der Steppenkerze (*Eremurus*), die strahlend blaue *Aquilegia* und das helle Rosa der Paeonie.

Der erste Eindruck beim Betreten eines Gartens von Clement ist die Fülle grüner Blätter, die nur gelegentlich von einem Farbfleck unterbrochen wird. Dieser kann aus einer hellen Blume oder einer augenfälligen Blattschattierung bestehen; gerade genug, um Aufmerksamkeit zu erwecken oder eine sonst nicht bemerkenswerte Ecke zu beleben. Es sieht so aus, als wäre der Garten ein glücklicher Zufall der Natur.

Beim näheren Hinsehen werden Sie allerdings bemerken, wie sorgfältig das Grundgerüst geplant wurde. Die feine Balance zwischen Form und Farbe beruht auf einer Auswahl Immergrüner vor einem Hintergrund aus Büschen und Bäumen. Der Gesamteffekt vermittelt Vollkommenheit, die geschickt von unten her aufgebaut ist: Große Blätter berühren den Boden, die Erde ist mit Bodendeckern bepflanzt, und weiter oben verschmelzen verschiedene Blattformen und sanftfarbene Blüten vor einem Hintergrund aus Büschen und Bäumen. Zwischenräume, in denen Unkraut oder zu stark wuchernde Pflanzen Platz finden, gibt es nicht.

Es überrascht vielleicht, daß Gilles Clements natürlicher Stil sich am besten für neue Gärten eignet. Dem unbearbeiteten Gelände kann sofort ein fertiges Aussehen gegeben werden, das sich ausgesprochen gut mit moderner Architektur verbindet. In einem großen Garten z. B., den er in der Normandie gestaltet hat, wo die Erde lehmig ist und ein gemäßigtes, feuchtes Klima herrscht, hat er so Harmonie zwischen der Architektur des Hauses und seiner Umgebung wiederhergestellt.

Das im traditionellen Stil der Normandie errichtete Haus ist neu und dennoch schon völlig eingebunden durch die schnellwachsende *Clematis montana* 'Rubens'. *Phillyrea angustifolia* verdeckt die Pfeiler, die das Dach stützen, und ist das grüne Verbindungsstück zwischen Haus und Hauptgarten. In einem sehr schattigen Teil desselben Gartens gestaltete Clement eine Fläche nur mit schattenliebenden Pflanzen mit angenehmen Düften und Farben: Flecken in strahlendem Orange mit dem Blatt von *Pieris* 'Forest Flame' und duftende Blüten von Azaleen wie *Rhododendron luteum* und *Rhododendron mollis*.

Roberto Burle Marx

Roberto Burle Marx wird im allgemeinen weniger als Landschaftsarchitekt oder Gartengestalter, sondern vielmehr als einer der führenden Künstler Brasiliens gesehen. Er besitzt das seltene Talent, die Elemente seiner tropischen Heimat mit der Architektur zu einer scheinbar wilden, aufregenden Einheit zu verbinden. Er ist ein Künstler mit vielen Talenten: im Zeichnen wie in der Botanik geschult, aber ebenso sicher in der Lithographie wie in Gestaltung und Dekoration.

Dem Schaffen augenfälliger, denkwürdiger Landschaften scheint er den größten Teil seiner Energie zu widmen. Einige seiner Entwürfe erinnern an Szenen aus Zukunftsromanen, bestimmt von ungewöhnlichen, verwilderten Bäumen, exotischen, riesigen Pflanzengestalten und von heißen, gleißenden Farben. Burle Marx hat das Talent, mit Hilfe skelettartiger Steinformationen oder geometrischer Formen, die im Gegensatz zu herkömmlichen Formen stehen, die Fremdartigkeit der benutzten Materialien zu betonen. Anderswo bieten Pflanzen oder Kieselbeete ein verschwenderisches Spiel der Farben, steht brillantes Rot dem tiefsten Grün gegenüber. Dann wieder benutzt er feinere Farbschattierungen, als male er mit Pinsel und Palette.

Interpretation der Natur

Viele seiner Entwürfe, die sich durch wellenförmige Linien und sich schlängelnde Formen von Pflanzenanordnungen und Wasserwegen auszeichnen, sind beeinflußt durch Eindrücke von seinen Reisen in das Gebiet des Amazonas, die er, immer auf der Suche nach neuen Pflanzen, unternimmt. Auch von Reisen in andere Gebiete dieser Welt brachte er faszinierende Pflanzen mit, die er in seinem Garten in Brasilien heimisch werden ließ. Diese Mischung heimischer und exotischer Exemplare ist sein Markenzeichen. Mit einem guten Gefühl und einer offensichtlichen Liebe zur Natur interpretiert er sie auf seine Weise.

Man sagt Burle Marx nach, daß er die Natur in Stücke zerlegt und sie wieder in anderer Form zusammenfügt. Dieser Aspekt seiner Arbeit kommt zum Ausdruck, wenn er Steinblöcke und Pflanzen verwendet, um z. B. entfernt liegende Berge nachzuempfinden. Er ist auch bekannt dafür, die Architektur umliegender Gebäude in seine Entwürfe mit einzubeziehen.

Die Natur ist der am meisten inspirierende Faktor für ihn, aber er scheut sich auch nicht, Naturformen direkt für seine Zwecke zu nutzen. Das lange Studium eines interessanten gedrehten Baumstamms z. B. führte zu einer überzeugenden Plastik.

Stärke und Größe

Die Philosophie von Roberto Burle Marx ist es, mit seinen üppigen, tropischen Gärten Bewunderung und Wohlbehagen hervorzurufen. Das erreicht er durch die Kombination kräftiger Farben und ausgefallener Formen und die erstaunliche Größe einiger ausgesuchter Solitärs. Er bemüht sich um eine ständige Vielseitigkeit, die er durch das phantasievolle Hinzufügen der verschiedensten Pflanzengruppen und einem guten Gefühl für Asymmetrie erreicht, wobei er nie übertreibt, nie eine zu starke Farbe einsetzt oder zu viele dramatische Effekte kreiert.

Das Ergebnis ist weit entfernt von den förmlichen, regelmäßigen Gärten, wie sie einmal beliebt waren. Roberto Burle Marx ist der Ansicht, daß sich seine Technik sehr

▲ Tropische Pflanzen mit ihren lebhaften Farben und eigentümlichen Formen erfordern sorgfältigste Pflege, um zu gedeihen. Diese herrliche rosa *Aechmea* braucht nur ihr eigenes tiefgrünes Blattwerk als Hintergrund.

gut mit den strengen Formen moderner Architektur verbindet.

Tropische Brillanz

Einige Elemente liebt Burle Marx besonders; er verwendet sie häufig in seinen neuen Entwürfen. Zum Beispiel Wasser, das sich langsam aus dem Blickfeld hinauswindet oder in einem zwar formalen, aber unregelmäßig zugeschnittenen Becken einge-

▲ Mit dem Verständnis des Künstlers für Form, Farbe, Licht und Schatten entwirft Burle Marx einen dickichtartigen Hintergrund vor einer kühlen Terrasse. Eine Gruppe von Terrakotta-Gefäßen im Vordergrund bildet einen Kontrast in den Strukturen. Die Vielfalt von Formen und Größen ergibt eine angenehme Kombination, besonders durch die Verwendung gleichen Materials. Eine ähnliche Wirkung läßt sich mit anderen, aber zusammenpassenden Gefäßen, Ornamenten oder sogar größeren Steinen in Grau- oder Pastellschattierungen erreichen.

schlossen ist. Das Wasser ist gewöhnlich mit Seerosen übersät; seine Ränder werden durch eine üppige Vegetation verdeckt. Eine Vorliebe hat Marx für glatte Steine und natürlich für seine Pflanzen, die zu einem herrlichen Zusammenspiel von tropischer Form und Farbe führen, z. B. Kakteen und große Palmen. Einer seiner besonderen Lieblinge ist *Heliconia*, eine Verwandte der Bananenstaude, deren Blätter sich zu einem eleganten Fächer öffnen.

Man braucht einiges Können, um solche Pflanzen ausgleichend und harmonisch anzuordnen. Burle Marx weiß, wie man das Blattwerk am wirkungsvollsten einsetzt. Die tropische Landschaft bietet genügend Pflanzen mit großen, kühn geformten Blättern, aber auch feinere, bodenbedeckende Gewächse. All das verwendet er in der Kombination mit Ziegeln, Steinen und Plat-

ten, um Ränder, Wege, Gebäude zu säumen. Seine Pflanzungen im Farbbereich von Limonengrün bis fast zum Blau, mit den verschiedensten Formen spitzer, fleischiger, wasserspeichernder Pflanzen und mit den großen Wedeln der verschiedenen Palmenarten vermitteln einen weichen Eindruck.

Sein Gartentyp erfüllt mehrere Zwecke. Im engen Stadtgarten vermittelt er das Wohlgefühl, in einer grünen, ländlichen Gegend zu sein, an einem Ort, an dem man sich von Lärm und Staub erholen kann. Im großen Landgarten ist eine grüne Kulisse ideal für viele farbenprächtige, tropische Blumen, die einen geschlossenen, aber nicht konkurrierenden Hintergrund verlangen.

Die Wirkung ist oft atemberaubend, besonders wenn man sie durch das Fenster oder von der Veranda eines nahegelegenen Gebäudes erlebt. Geschickt angeordnete

▲ Ein formal angelegtes Wasserbecken, mit Seerosen (*Nymphaea*) bedeckt, bildet den Ruhepunkt inmitten von kurzgeschorenem Gras, kühlen grauer Steinen, Bromelien und Sanseverien. Strenge architektonische Formen bringen weitere Kontraste zum Hintergrund aus dichtem, urwaldartigem Blattwerk.

Pflanzgruppen erregen nicht nur Bewunderung durch das Zusammenspiel der Formen, nicht allein des Charmes ihrer Blätter wegen, sondern sie sind Ausdruck der vielfältigen Natur seiner Entwürfe.

Roberto Burle Marx ist immer bestrebt, daß seine Gärten – aus jeder Richtung betrachtet – Gefallen finden. Abschauen von der Natur bedeutet für ihn, daß jeder seiner Entwürfe der Natur entsprechend angelegt wird, aber dennoch den Stempel seines Gestalters trägt.

▶ Der silbrig schimmernde Pfad und die üppige, aber sorgfältig ausbalancierte tropische Vegetation ergeben einen ausgezeichneten Hintergrund für die Architektur von heute und sind unverkennbares Zeichen der Burle-Marx-Entwürfe. Die interessante Vielfalt von Blättern und die verschiedensten Grünschattierungen entstehen durch die Pflanzen *Heliconia*, *Vriesea* und *Beaucarnea*. Als Bodendecker wählte man das dichte, grasartige *Ophiopogon japonicum*, hier auf der rechten Seite des Pfades.

▼ Burle Marx beweist hier sein großes Talent, Architektur in einen scheinbar natürlichen Hintergrund einzubeziehen. Die langen, niedrigen Linien eines zweistöckigen Ziegeldaches stehen in völliger Harmonie mit den darüber hinausragenden tropischen Bäumen und dem reflektierenden Wasser. Dominierend in diesem Bild sind die gruppenförmig angeordneten *Neoregelia*. Eine andere Bromelie, *Vriesea schwackiana*, steht im Vordergrund.

Jacques Wirtz

Der wichtigste Aspekt seiner Arbeiten ist die Schaffung »grüner Räume«, unabhängig von Größe, Stil oder Lage des Gartens. Das weiß man besonders in den Innenstädten zu schätzen, wo seine Gärten eine Oase der Ruhe und Erholung darstellen. Jacques Wirtz hat überall in Europa und in Japan Gärten gestaltet. Zu Hause aber ist er in Belgien, einem Land, dessen starke Verbindung zur modernen Architektur Gartenkonzepte erfordert, die einen Ausgleich zu vorherrschenden Strukturen gewährleisten.

Ausdrucksstarkes Blattwerk
Einen Wirtz-Garten wird man sofort am Vorherrschen von Grün erkennen. Jacques Wirtz liebt Mischung und Gegenüberstellung verschiedenster Blattformen anstelle vielfarbiger Blüten.

Trotz der Förmlichkeit seiner Gärten, bevorzugt es Wirtz, ausdrucksstarke oder natürliche Arten miteinander zu verbinden, z.B. üppige Wasserpflanzen, deckenden Efeu und wilde Rhododendron. Er scheut sich auch nicht, diese etwas ungezügelten Formen mit strengen Elementen zu verbinden, z. B. mit geschnittenen Buchshecken oder Baumreihen, die Wege säumen. Ebenso ist er ein Freund der Kunst des Baumschnitts, des Formens von *Buxus* und *Taxus* in scheinbar ungezwungene, zufällige Figuren. Sie umgibt er mit dichten Bodendeckern.

Jacques Wirtz mag einen ordentlichen, kontrollierbaren Garten bevorzugen, aber er bemüht sich, die notwendige Pflege auf ein Minimum zu beschränken. Es ist ihm bewußt, daß ein Großteil seiner Kunden nicht die Zeit hat, im Garten zu arbeiten. Sie ziehen eine entspannende, unproblematische Umgebung vor, in der sie die wenigen Stunden Freizeit genießen können. Deshalb

muß jeder Aspekt sorgfältig durchdacht sein. Er bedient sich hauptsächlich der Stauden, wobei er die Iris bevorzugt.

Aus seiner Vorstellung von einem ausdrucksstarken, pflegeleichten Garten heraus hat Jacques Wirtz eine Vorliebe für Bäume entwickelt, die er in allen seinen Gärten pflanzt. Er meint, daß viele Menschen den Bäumen zu wenig Beachtung schenken und sie lediglich als einen Hintergrund benutzen, wogegen er sie als etwas Besonderes darstellt. Er benutzt Form, Farbe und Habitus, um Effekte zu erzielen, wie z. B. *Catalpa bignonioides* 'Aurea', die er der herrlich gelben Farbe wegen pflanzt. Er schätzt auch strenge Formen von Sträuchern und macht von gut gebauten ausgiebig Gebrauch.

Wandlungen
Jacques Wirtz' eigener Garten entstand aus einem alten, vernachlässigten Küchengarten mit Gemüsebeeten und Obstbäumen. Die einfache Anlage verwandelte er in eine Blätterlandschaft.

Zu Beginn seiner Arbeit mußte er der Versuchung widerstehen, alles einfach herauszureißen: Apfel-, Pflaumen- und Maulbeerbäume entlang des schattigen Weges und den *Buxus sempervirens*, der seit 20 Jahren nicht mehr geschnitten worden war. Statt dessen kürzte er sie alle auf eine Höhe von 2 m und brachte sie in unterschiedliche Formen. So entstand ein sich an beiden Seiten des 150 m langen Pfades entlang schlängelndes Blattwerk. Der übrige Garten gleicht dem: geschnittene *Buxus*, *Ilex* und *Taxus*.

Kleine Gärten
Die Technik, die er in seinem eigenen Garten anwendet, läßt sich ebensogut in kleine-

▲ Die geschmackvolle Hecke aus *Buxus sempervirens* umgibt und schützt das Schwimmbad; sie erlaubt dennoch einen Blick auf den dahinterliegenden Garten. Ausdrucksvolle Schnittformen wie Kegel und Kuppel machen die Hecke zu einem architektonischen Rahmen für ein schattiges Flätzchen mit Skulptur. Wetterbeständige Backsteine und Holz wurden zu einem praktischen, aber natürlichen Bodenbelag um Schwimmbad und Terrasse herum kombiniert. Eine einfache Holzbank, aufgewertet durch geschnittene Gehölze, bietet nicht nur einen Platz zum Sitzen, sondern begrenzt auch das Ende des Schwimmbades.

◀ In Wirtz' eigenem Garten wurde ein von Obstbäumen beschatteter und von einer ausgewachsenen wilden Hecke aus Buchs begleiteter breiter Weg in einen lebendigen grünen Blätterweg verwandelt. Die anschließende Landschaft besteht aus den verschiedensten Grüntönen und interessant geschnittenen Hecken.

ren Gärten einsetzen. Zum Beispiel begrenzte Wirtz in einem kleinen umschlossenen Stadtgarten den alten Weg mit ungewöhnlichen, dichten, horizontal wachsenden Sträuchern, wie *Hydrangea paniculata* 'Praecox', *Viburnum plicatum* 'Mariesii', *Fothergilla* und *Cornus florida* und einem rechtwinklig zwischen Mauer und Garten verlaufenen Wasserbecken mit Tuffs von *Iris sibirica*. Niedrige *Buxus sempervirens* um-

◀ Für ein neues Haus am Waldrand hat Wirtz eine Gruppe Eichen (*Quercus palustris*) in der Nähe des Hauses und rosa blühenden *Rhododendron* pflanzen lassen. Bonsai auf Holzsäulen und Skulpturen machen die mit Granit belegte Terrasse interessant.

▼ Ein schmaler Garten birgt Überraschungen in sich, wenn der gerade Weg auf der einen Seite von einer Hecke aus *Buxus* und auf der anderen von einem Wasserbecken mit *Nymphaea* und sornigem *Juncus* begleitet wird.

geben die Beete und brechen die Ränder des Weges. Zwischen dem dichten Grün des Blattwerks ist *Catalpa bignonioides* 'Aurea' ein interessanter Farbtupfer.

In einem anderen Garten, der ein modernes Haus umgibt, gebaut aus dem Holz der Rotzeder und mitten in einem Fichtenwald stehend, pflanzte Jacques Wirtz ein Dickicht aus Bambus, insbesondere *Arundinaria murielae*, Gruppen von *Rhododendron ponticum* und *Quercus palustris*, die einer Terrasse Schatten spendet.

Jacques Wirtz' Talent, strenge Pflanzenformen mit moderner Architektur zu verbinden, kommt hauptsächlich dann zum Tragen, wenn er ein Schwimmbad oder eine Veranda entwirft. Kunstvoll geschnittene Bäume und Hecken werden häufig als Bindeglied zwischen Haus und Garten benutzt. Auf diese Weise verbindet Jacques Wirtz seine Pflanzen mit Holz und Stein.

Ivan Ruperti

Ivan Ruperti ist nicht nur darauf bedacht, seinen Garten mit seltenen Pflanzen zu füllen. Er bevorzugt die leicht verfügbaren, preiswerten und einfach zu kultivierenden Arten, mit denen er eine erholsame und pflegearme Landschaft gestaltet. Wohnhaft in der Schweiz, arbeitet Ruperti mit Architekten aus ganz Europa und dem Fernen Osten eng zusammen. Er schätzt die Herausforderungen an seine Planungs- und Gestaltungsfähigkeiten, wie z. B. die Neubepflanzung einer windigen Insel an der Küste Italiens oder die Gestaltung eines Gartens in den Alpen, der im Sommer herrlich aussehen soll, obwohl er den Rest des Jahres unter einer dicken Schneedecke verschwindet.

Die Flora des Mittelmeergebietes hat ihn nie sonderlich gereizt; er bevorzugt vor allem die kühlen, weniger grellen Farben von Magnolien, Kamelien, Azaleen. Im Einklang mit seiner Vorstellung von einem leicht zu pflegenden Garten wählt Ruperti Pflanzen aus der Gruppe der Dauerblüher, die jedem Gartenteil 2 oder 3 Blühperioden im Jahr bringen.

Wasser und Felsen

Besuche in Japan inspirierten Ivan Ruperti, erweckten neues Verständnis für Felsen, Sand, Wasser und das uralte Konzept vom Garten als Universum im kleinen. Wasser wurde das zentrale Element in Rupertis Entwürfen, der »lebendige Spiegel« als dominantes Merkmal. Er liebt das Gestaltungspotential des Wassers, nicht nur weil es ästhetisch und leicht zu haben ist, sondern weil es auch zur Umgebung paßt.

Sein eigener Garten war schon vor Fertigstellung des Hauses in seinen Grundzügen gestaltet, der Teich bereits in einem frühen

Baustadium ausgeschachtet. Das Grundstück liegt oberhalb des Wassers am Hang und hat die Form eines Dreiecks. Mit dem Aushub seines Hauskellers baute Ruperti einen Damm, der das Wasser hält.

Die Einfassung des Teiches mit Kies und Steinen leitet über eine Reihe von natürlichen Stein- und Holzstufen hinüber zum Haus. Das weite, ruhige Wasser wird von schweren Holzschwellen und einer Reihe großer Trittsteine im Zickzackmuster überquert. Ruperti war bestrebt, eine sanfte Verbindung zwischen Haus und Garten herzustellen. Am Ende der Stufen trifft man auf den Wintergarten, der die gesamte Länge des Hauses einnimmt. Er ist zugleich wirkungsvoller Schutz für nicht winterharte Pflanzen. Rosa und weiße Pelargonien blühen hier den ganzen Winter über, bis man sie im Frühjahr wieder nach draußen bringt.

Die Verwendung natürlicher Materialien wie Holz und Stein und eine geschlossene Hintergrundpflanzung aus Azaleen, Kamelien und Rhododendron passen den Garten der übrigen Umgebung an. So wie die Gestalt des Hauses mit der nahen Dorfkirche und dem Kirchturm harmoniert.

▶ Ivan Ruperti gestaltete seinen Garten so, daß er sich möglichst harmonisch in das bestehende Bild von Dächern und Bergen einfügt. Eine große, amorph geformte Wasserfläche reflektiert Licht, die Bepflanzung der Ränder wurde auf ein Minimum beschränkt und der Teich wird eingefaßt und überspannt von Steinen und Holz. Felsen und Steine, mit rosa und grauen Alpenpflanzen umpflanzt, führen zum Haus, wo rosa Pelargonien in Töpfen überwintert werden. Der Stil ist einfach und entspannend gehalten und führt das Auge zu den entfernten, die Landschaft prägenden Bergen.

Michael Balston

Michael Balston ist ein Perfektionist. Er hat eine durch und durch wissenschaftliche Einstellung zur Gartengestaltung. Er prüft jede Einzelheit seiner Pläne doppelt, um sicher zu gehen, daß am Ende ein absolut exaktes Resultat steht. Trotz alledem haben seine Gärten etwas Unfertiges, Ursprüngliches. Nur die Tatsache, daß er genau das richtige Gleichgewicht zwischen Gestalt, Höhe und Farbe erreicht, verrät die sorgfältige Arbeit, die hinter jeder seiner Impressionen steckt.

Die Analyse

Die Vorarbeiten beginnen für Balston, der in Großbritannien lebt, mit einer Analyse des Auftrages und dessen, was die Lage bietet, z. B. Aussehen, Neigung, Boden usw. Wenn er sich sicher ist, womit er es zu tun hat, beginnt er, die einzelnen Gestaltungsabschnitte festzulegen.

Ebenso genau ist Balston bei der Auswahl von Pflanzen und Farben, um das richtige Zusammenspiel von Kontrasten und Harmonien zu gewährleisten. Er plant Blattmassen, die zur Jahreszeit passen, oder Farbgruppen, die aus einjährigen Pflanzen bestehen. Die gleiche Aufmerksamkeit widmet er Elementen wie Pergolen, Wänden, Pflaster und Skulpturen. Diese benutzt er nicht nur, um dem neuen Garten Schutz zu geben und Geborgenheit zu vermitteln, sondern auch als Kontrast zu Pflanzen und Farben. Wie von einem Perfektionisten zu erwarten, sind alle diese Elemente im Plan eingetragen und werden so lange überdacht und verfeinert, bis er damit zufrieden ist.

Aus der Sicht des Gartengestalters empfindet Balston Formen, Farben und Muster gebildet von Pflanzen, als besonders reizvoll; dennoch benutzt er sie sparsam. Seine Kompositionen bestehen hauptsächlich aus grau-, grün- und blaufarbenen Blättern, die er gelegentlich durch weiße Blütenfarbe oder eingestreute weiße und rosa Blumen bereichert. Einige Pflanzen werden wegen ihrer Form jedoch immer seine Favoriten bleiben: z. B. *Phormium* und *Viburnum plicatum*. Andere dagegen liebt er wegen ihrer Struktur: *Lonicera pileata*, *Viburnum davidii*, *Asarum europaeum*.

Lösungen

Balstons Einfallsreichtum kommt zur vollen Entfaltung, wenn man ihn mit einer besonders schwierigen Aufgabe betraut. Die winzige, nach Norden gelegene Terrasse des hier gezeigten Stadtgartens lag ständig im Schatten und wies einen Höhenunterschied von etwa 3 m von vorn nach hinten auf. Die Entwässerung war ebenfalls schlecht. Balston entschied sich für breite Stufen, die Tiefe vermitteln, und entwarf einen kleinen erhöhten Sitzplatz. Hohe Pfosten mit Drähten stützen Kletterpflanzen, die im hinteren Teil Sichtschutz bieten. Stahlrohrbogen unterbrechen die Sicht vom und auf den Sitzplatz. Die Büsche im Vordergrund suggerieren einen größeren freien Raum im Hintergrund.

▶ Eine Fülle unterschiedlichster Blattformen überdeckt das sorgfältig geplante Gerippe von Balstons kleinem Stadtgarten. Der Effekt wird hauptsächlich durch die Zusammenstellung gegensätzlicher Blattformen in Schattierungen von Grün, Blau und Grau mit gelegentlichen Farbtupfern schnellwachsender Einjähriger wie *Impatiens* erreicht. Michael Balston mischt gern Topfpflanzen mit einer dauerhafteren Bepflanzung, um Abwechslung zu erzielen. Kletternde und wuchernde Pflanzen wie *Hedera*, *Jasminum officinale* und *Cotoneaster* an Spalieren, Mauern, Gittern betonen die Vertikale.

▲ Eines von Michael Balstons Talenten ist die Art, wie er unterschiedliche Blattformen und -farben mischt und in Kontrast setzt. Hier markiert ein pyramidenförmiger Buchs die Ecke eines Beetes aus verschiedensten Pflanzen wie *Cimicifuga*, weichen, breitblättrigen *Alchemilla* und *Acanthus spinosus*.

◀ Ein dichter Hintergrund aus grünen Blättern und einfachen Pflanzen stellt ungewöhnliche oder besonders beachtenswerte Pflanzen perfekt heraus. Diese Lilien leuchten vor dem frischen Grün eines kurzblättrigen *Philadelphus* und dem unaufdringlichen Gelb und Grün des Bodendeckers *Alchemilla mollis*.

Michael Balston

◀ Formale Elemente im Gegensatz
zu wilderen Pflanzenformen lassen
reizvolle Flächen innerhalb des
Gartens entstehen. Diese ornamen-
talen, weiß gestrichenen Behälter
wurden mit *Laurus* (gedrehte
Stämme) und kriechenden *Hedera*
bepflanzt, um die optische Wirkung
zu festigen. Leicht zu pflegende,
erhöhte Blumenbeete dazwischen
enthalten blühende Pflanzen, wie
z. B. *Antirrhinum*, *Cosmea*, *Digitalis*
und die fedrigen weißen Astilben.
Schwarz-weißer Marmorbelag und
riesige, klassische Töpfe gegen
einen Hintergrund aus dunklem
Grün rahmen einen eleganten hellen
Sitzplatz ein. Von der Holzbank aus
kann man die Pflanzenformen
bewundern.

Rick Eckersley & Lisa Stafford

Für Rick Eckersley und Lisa Stafford ist der Lebensstil ihrer Kunden einer der wichtigsten Einflußfaktoren auf die Gartengestaltung. Sie beziehen Geschmack, die gewünschte Art der Gartennutzung, die bevorzugte Stilrichtung, Lieblingsfarben und -materialien der Auftraggeber ebenso in ihre Überlegungen ein wie den vorhandenen Boden, Klima, Licht, Schatten usw. Da beide im Süden Australiens ansässig sind, stehen wegen des milden Klimas Schwimmbäder und Grillplätze auf vielen Wunschlisten weit oben. Beispielsweise wird in einem mehr formalen Garten ein Swimmingpool mit regelmäßiger Form besser zu umliegenden Einrichtungen wie Sommerhaus oder Pergola passen. In einer weniger strengen Umgebung kann das Schwimmbad schlichter sein.

Sind ihre Untersuchungen abgeschlossen, ist die Planung nur noch Routine. Zuerst werden Rick Eckersley und Lisa Stafford einen zum Gelände passenden Stil zu finden versuchen. Dann übertragen sie diesen auf einzelne eigenständige Bereiche, z. B. Sitzecken, Plätze zum Sonnenbaden, Kochen und Spielen.

Wichtig sind für sie feste Oberflächen, die im Umfeld verwendete Materialien ergänzen sollen, z. B. ein Belag mit Pflastersteinen, die durchgehend vom Haus um das Schwimmbad verlaufen und sich bei entsprechendem Platz auf eine große Veranda oder Spielflächen erstrecken kann. Beide Gestalter legen viel Wert darauf, daß die Pflanzen zusammenpassen und trotz geringem Pflegeaufwand ein üppiges, vollkommenes Bild ergeben.

▲ Sorgfältig ausgesucht und gelungen arrangiert bilden Sträucher Blickpunkte, vor allem bei der Veranda. Trennwände, Pflaster und andere strukturelle Elemente können die Wirkung verstärken.

◀ Ganz links: Eine Pergola mit Spalier wurde geschickt eingesetzt, um zurückgezogenere schattige Bereiche zu schaffen. Verschönert wird die Ecke von einer Kiwi (*Actinidia chinensis*) und Ampeln mit *Brachycome*, Gänseblümchen, *Impatiens*, *Cerastium* und einer Mischung silbergrauen Blattwerks.

◀ Schlichte Platten wurden zu einem ungezwungen verlaufenden Pfad entlang des Hauses verlegt. Solche Bereiche sind oft schwierig auszugestalten. Eine strenge, aber ausgewogene Pflanzung verwandelte eine langweilige in eine interessante Fläche.

▼ Die Kombination ungewöhnlicher Pflanzen und Materialien führt oft zu reizvollsten Effekten. Rohre in unterschiedlichen Höhen und Stärken wurden zusammengestellt und mit eindrucksvollen Arten bepflanzt.

Henk Weijers

Henk Weijers gehört zu jenen Gartengestaltern, die gelernt haben, die immerwährende Wandlung von Pflanzen zu schätzen und in ihre Arbeit miteinzubeziehen. Starke, schöne Pflanzenformen und eine durchdachte, aber leicht widerspenstige Erscheinung charakterisieren seinen Stil. Auf den ersten Blick wirken seine Gärten von Pflanzen überschüttet. Dennoch hat jede Pflanze in diesem Blätterwald ihren Platz. Zu allen Jahreszeiten ist der Garten reizvoll.

Ohne Zweifel versteht sich Weijers auf den Umgang mit Wasser, d. h. die Gestaltung von Zierteichen bis zu Schwimmbädern. Eine dichte, ausdrucksvolle Bepflanzung der Ufer läßt die wahren Grenzen des Teiches verschwimmen. Seine Teiche sind voll von wasserliebenden Pflanzen, Fischen und wildem Leben. Sie bewirken eine sehr natürliche, entspannende Stimmung. Mit Holz belegte oder gepflasterte Flächen werden durch Wege und Brücken verbunden, um Zugang und fließende Grenzen zu gewährleisten.

Eine Alternative zur Tradition

Weijers Stil paßt zu seiner Heimat Holland, wo Gartengelände kostbar ist und so gestaltet werden muß, daß es weitläufig aussieht. Deshalb verschwinden Zäune hinter üppigem Grün aus *Miscanthus sacchariflorus*, *Verbena*-Arten, *Typha* und *Alchemilla mollis*.

◀ Weijers liebt das Wasser nicht nur wegen der Reflektion, sondern auch wegen der prachtvollen Uferpflanzen. Dieser Teich, dessen Ufer vom ausdrucksstarken Blattwerk der *Iris sibirica* und *I. laevigata*, *Ligularia clivorum* 'Desdemona' und anderen wasserliebenden Pflanzen verdeckt werden, nimmt fast den ganzen Garten ein. Von einer niederen Holzbrücke kann man Fische und Lilien aus der Nähe beobachten.

◀ Ganz links: Holzdecks um den Teich schaffen Wege, Brücken und Sitzmöglichkeiten. Die genauen Umrisse des Wassers sind wegen der Pflanzung aus *Scirpus* und Gruppen des Grases *Miscanthus sacchariflorus* nicht erkennbar. Dichte Bepflanzung und hohe Mauern bilden einen reizvollen, scheinbar abgeschiedenen Stadtgarten.

Ein wichtiger Gesichtspunkt ist ein geringer Pflegeaufwand. Deswegen sieht Weijers keine Rasenflächen vor, die für ihn ohnehin Platzverschwendung sind. Er beschäftigt sich lieber mit Pflanzen, die das ganze Jahr über eindrucksvolle Blattformen und Farben bieten, ohne übermäßige Pflege zu fordern. Er legt auch Wert darauf, daß die Gärten der Erholung dienen. In einem Rahmen aus zarten Farbtönen und natürlichen Formen sieht er Gartendecks und Veranden vor, die zusammen mit Bäumen und großblättrigen Pflanzen geschützte Bereiche bilden. Gelegentliche Farbtupfer von Blüten bringen Anziehungskraft und Kontrast.

Form und Gestalt der Gärten von Weijers scheinen sich mit dem Wachstum der Pflanzen zu verändern. Sie unterliegen keinen logischen Mustern und nehmen die gesamte Fläche in Beschlag; sie umfließen Sitzgelegenheiten, umschmeicheln die Ecken von Gartendecks oder breiten sich auf der Wasseroberfläche aus. Es entsteht der Eindruck einer großen Einheit. Lediglich die Aufenthaltsbereiche sind klarer umrissen. Dieser Stil steht im starken Gegensatz zum allgemein üblichen, ordentlichen Stil holländischer Gärten. Er bezieht sich direkt auf eine moderne Lebensführung, die einen unkomplizierten, erholsamen Lebensraum in Ballungsräumen verlangt.

▲ Eine Doppelreihe hochstämmiger *Catalpa* sorgt in einem Garten mit nur wenig vertikalen Elementen für Abwechslung und bietet einer Sitzgruppe Schatten. Die Stämme verschwinden im frischen Grün und Gelb der *Alchemilla mollis*, die einen niedrigen Rahmen bildet.

▶ Weijers hat ein Auge für kontrastierende Formen und Farben. Auf der linken Seite des schmalen Pfades wachsen gesprenkelte *Pulmonaria*, schneeweiße *Chrysanthemum parthenium* und dunkelgrüne *Prunus laurocerasus*, auf der rechten gedeihen *Arundinaria japonica* mit ihren zitternden Blättern und *Lysimachia punctata*.

Diese sehr natürliche Gestaltungsweise schlägt sich bei Weijers auch in einfachen Grundrissen und Materialien wie Stein und Holz, bei Sitzgelegenheiten, Gartendecks, Brücken und anderen Konstruktionen nieder. All dies wird Teil des Gesamtbildes, indem es sich von Blattwerk umgeben im ruhigen Wasser des Teiches spiegelt.

Weijers Gärten sind für die Familie. Kinder jeden Alters haben ihre Freude an kleinen Spazierwegen, verborgenen Ecken und urwaldähnlichen Pflanzungen ebenso wie Erwachsene, die ein ruhiges Plätzchen suchen, wo sie sich inmitten von Pflanzen erholen können.

Oehme, van Sweden

Wolfgang Oehme und James van Sweden sind ein Designerteam aus USA, überzeugt von der Notwendigkeit leicht zu pflegender, reizvoller Gärten. Anmut und Individualität ihrer Objekte sind charakteristisch. Bei geringem Pflegeaufwand bleibt der Garten das ganze Jahr hindurch attraktiv. Zugleich strahlt er Unbeschwertheit, Kultur und gepflegte Atmosphäre aus. Ziel des Teams ist eine stilisierte, jedoch ungezwungene Landschaft mit üppiger, wogender Bepflanzung, wobei nur die verläßlichsten Arten ausgewählt und an der wirkungsvollsten Stelle gepflanzt werden. Dichte Bodenbedeckung unterdrückt das Unkraut. Rasen-

flächen werden entweder nur spärlich angelegt oder ersetzt durch sich wechselseitig kontrollierende Pflanzen; 60 Prozent davon sind krautig.

Die genaue Beobachtung solcher Pflanzen macht einen Großteil ihrer Arbeit aus. Den Jahreszeiten folgend verändert der Garten allmählich seine Farbe, Größe und Dichte; er findet auch ohne häufige Eingriffe im Kreislauf von Wachstum, Blüte und Vergehen seine Vollkommenheit.

Von der Theorie zur Praxis

Als Oehme und van Sweden mit der Gestaltung eines Parks beauftragt wurden, stan-

▶ Weiß oder gelb blühende Blumen hellen schattige Ecken auf. Unter einem Baum ist *Ligularia clivorum* wegen ihres ausdrucksstarken Blattwerks vorteilhaft. Ihr üppiges Wachstum großer, goldener, margeritenähnlicher Blüten und riesiger runder Blätter wurde nicht eingeschränkt.

▼ Behutsame Massenbepflanzung sorgt für Farbkontraste und Strukturen. Im Vordergrund harmonieren Spitzgräser wie *Pennisetum* und *Miscanthus* mit dem Gold von Lilie und *Achillea* und den purpurnen Kerzen des Weiderichs. Die eingeschränkte Palette von Farben und deren strenge Abgrenzung voneinander verleihen dem Bild einen besonderen Ausdruck.

den sie vor dem Problem, offenes Land menschlichen Bedürfnissen anpassen zu müssen. Dies gelang ihnen mit der Aufteilung des Geländes in mehrere Gärten, die, mit geschützten Sitzgelegenheiten ausgestattet, um eine zentrale Wiese gruppiert wurden. Die Bepflanzung sollte das ganze Jahr hindurch Ausstrahlung haben und eine gewisse Vernachlässigung ertragen. Als Lösung boten sich große dekorative Gräser an, um einer gewaltigen Pflanzung aus *Epimedium*, *Bergina* und *Liriope* Höhe zu geben. Als Unterpflanzung wählte man Hunderte von Narzissen, Hyazinthen und Tulpen.

In einem anderen Teil des Parks wurde eine dichte Reihe von *Sophora japonica* mit Zwiebelblumen unterpflanzt, gefolgt von einer Fläche *Rudbeckia fulgida* und mit *Ceratostigma* umrahmt.

Im Gegensatz dazu stand die Aufgabe, einen kleinen eingezäunten Garten in einem Stadtzentrum in ein pflegeleichtes Grundstück mit Sitzgelegenheit im Freien zu verwandeln. Es sollte ein reizvoller Hintergrund für ein rückwärtiges Zimmer mit Fensterfront entstehen. Der Garten war sehr schattig und fiel zum Haus hin ab.

Oehme und van Sweden teilten den Garten in zwei Ebenen, verbunden durch Treppen, die von einer kleinen Sitzgruppe nahe an das Haus führen. Um zusätzlichen Platz vorzutäuschen, wurden große, ausdrucksstarke Pflanzen eingesetzt, die nicht nur die Grenzen versteckten, sondern auch einen großzügigen Ausblick bieten sollten.

Da der Garten vom Haus aus einzusehen war, wurden die Pflanzen nach Formen und Farben ausgewählt, die den Jahresablauf abwechslungsreich gestalten. Nach den ersten Frühlingsboten zeigen sich die Tulpen, gefolgt von den langen blühenden krautigen Pflanzen. Während der Wintermonate schützen Bodendecker die Erde.

▼ Die großen Gruppen verschiedener Gräser bieten Kontrast von Form, Struktur und Farbe. Die federartigen Samenstände steigen aus dem üppigen Blätterwald empor und setzen sich gegen das dunkle Hintergrundgrün ab. Die leicht zu pflegende und dekorative Pflanzung veranschaulicht, wie Oehme und van Sweden Kunst und Natur in Einklang zu bringen versuchen.

Beth Chatto

Beth Chatto ist eine Blumenfreundin, die sich der Lehre von Gertrude Jekyll verschrieben hat. Ihre Liebe, ihr Verständnis für Pflanzen und ihr Wissen über Aussehen und Wachstum führten zu einem herrlichen Garten und zu einer der faszinierendsten Gärtnereien in Europa.

Beth Chattos eigener Garten ist Beweis für ihre Arbeit, ihre Begeisterung und ihre Geschicklichkeit bei der Zusammenstellung von Formen und Farben, damit die Pflanzen das ganze Jahr über faszinieren. Ihre Leistung ist um so eindrucksvoller, hält man sich die Aufgabe vor Augen, der sie sich vor fast dreißig Jahren stellte: die Umwandlung eines drei bis vier Morgen umfassenden sauren Brachlandes in einen Garten.

Das Stück Land lag in einer leichten Senke mit tiefgründiger, nasser Erde, durchzogen von einem dort entspringenden Wasserlauf. Der hauptsächliche Bewuchs bestand aus Sträuchern, Weiden und Dornenbüschen; die einzigen erwähnenswerten Pflanzen waren schöne alte Eichen. Die erwähnte wasserreiche Senke weckte in Beth Chatto den Wunsch nach üppigen wasserliebenden Pflanzen und ruhigen spiegelnden Teichen.

Natürliche Auswahl

Während der ersten zehn Jahre arbeitete sie im wesentlichen allein. Beth verließ sich auf ihr Wissen über Pflanzen und auf das ihres Ehegatten über die natürlichen Wachstumsgewohnheiten von Pflanzen. Ihr Ziel war ein zwangloser Garten, der zu jeder Jahreszeit Freude bereiten sollte. Einen geringen Pflegeaufwand erreichte sie mit einer Bodenbedeckung aus Blattwerk, die gleichzeitig Unkraut unterdrückte. Die freien Bereiche erhielten von Beth Chatto eine Decke aus Stroh und Rinde, um sie im Sommer nur selten bewässern zu müssen.

Nach und nach bearbeitete sie das ganze Gelände und verbesserte den Boden. Entsprechend ihrer Philosophie wählte Beth Chatto die Pflanzen nach ihren natürlichen Lebensbedingungen aus, bezog aber gleichzeitig Form, Größe und Farbe in die Überlegungen mit ein. Hohe großblättrige Pflanzen sollten kühle Effekte bewirken. Sträucher und andere Pflanzen wuchsen bei enger Pflanzung zu dichten Gruppen.

Ein südwestlich gelegenes trockenes Gebiet wurde von Mauern umgeben, um die Sonne einzufangen. Trockenheitsliebende Pflanzen wurden wegen der einfacheren Handhabung und der besseren Wirkung in erhöhte Beete gesetzt. Dabei entstand Mittelmeeratmosphäre – heiß, trocken und mit dem Duft von *Santolina*, Salbei, *Yucca* und fleischiger Hauswurz. In der Vertiefung wurde der Wasserlauf aufgestaut, um einen Wassergarten mit fünf Teichen anlegen zu können, eingeschlossen von wasserliebenden Blattpflanzen. Stufen verbinden diesen Bereich mit dem höhergelegenen trockenen Garten.

Der schattige, nordöstlich gelegene Teil des Gartens verwandelte sich in eine Waldung, die mit gesprenkelter *Pulmonaria*, *Hosta*-Arten, Farnen, Schlüsselblumen und Zwiebelblumen bepflanzt wurde.

▶ Die großen Teiche im Wassergarten werden von ausdrucksstarken Uferpflanzen wie der spitzen *Iris laevigata*, der riesigen *Gunnera chilensis*, den glänzenden gerippten Blättern und cremefarbenen Blüten des riesigen Wasserampfers (*Rumex hydrolapathum*) eingefaßt. Das dichte, üppige Grün wird mit freudigeren Farben von *Veronica*, *Alchemilla* oder *Mimulus luteus* ausgeglichen.

▲ In Beth Chattos eigenem Garten ermöglichen Graspfade
bequeme Spaziergänge am Teich
und durch das Gehölz. Während
man die Randbepflanzung oder die
Schattengewächse zu beiden Seiten streift, überquert man einen
engen Wasserzulauf mit Hilfe einer
einfachen Holzbrücke.

◀ Beth Chatto ist für ihre ungewöhnliche Zusammenstellung
von Farben und Pflanzenformen
bekannt. Die Zusammenstellung
von Sträuchern und Stauden
längs des Teiches demonstriert
das. Große Gruppen der spitzen
Phormium tenax und *Phormium*
'Variegatum' kontrastieren mit der
graublättrigen *Salix lanata* und
dem winzigen bedeckenden Blattwerk der *Vinca minor* 'Bowles
Blue'.

Takashi Sawano

Takashi Sawano ist einer der führenden japanischen Gartengestalter Englands und zugleich Meister des modernen wie des klassischen Ikebana. Eine so eingehende Beschäftigung mit Form und Erscheinung der Pflanze findet sich, was nicht überrascht, in einer peinlich genauen Landschaftsgestaltung wieder. Mit scharfem Blick für Einzelheiten und einer leichten Hand beim Zusammenführen von Form und Farbe zaubert er Miniaturlandschaften nach klassischer japanischer Tradition.

Die wesentlichen Elemente

Takashi Sawano beherrscht die Verbindung traditioneller Elemente des japanischen Gartens: Gruppen sorgsam ausgesuchter und »manikürter« Pflanzen, gerechte Sandflächen, die Aufstellung von Felsbrocken und Steinen und den Umgang mit Wasser. All das steht für eine natürliche Landschaft von Bergen und Seen.

Sein besonderes Talent, Bambus und

Steine oder Arrangements aus Kieseln in seine Gestaltung miteinzubeziehen, unterstreicht den Gesamteindruck. Eine kleine Steinlaterne wird vom Blattwerk halb verdeckt oder Wasser plätschert sanft aus einem Bambusrohr auf eine sorgsame Zusammenstellung glatter Steine.

Takashi Sawano verbindet mit Vorliebe dichte grüne bodendeckende Arten mit an Mauern kletternden und höheren architektonisch wirkenden Pflanzen, um ein gleichmäßiges Blattwerk zu erhalten. Leuchtende Blumen findet man selten in Takashi Sawanos Gärten. Statt dessen bevorzugt er die zarten Grün- und Gelbtöne der Blätter, um das düstere Grau oder die Lederfarbe der Steine und Sandbeete zu beleben. Diese Farbpalette ist eine Wohltat für das Auge. Die Art der Gestaltung ermöglicht Erholung und Genuß.

Weil sich Takashi Sawano an die überlieferten Prinzipien der japanischen Landschaftsgestaltung hält, lassen sich seine Gärten ohne Schwierigkeiten auf kleinen Grundstücken realisieren. Ein idealer Umstand angesichts der begrenzten Flächen in den Städten.

Für die Verbindung von Innen- und Außenbereichen verwendet Sawano Stein, Bambus und Pflanzen sowohl im Haus wie im Freien. Fensterfronten wirken als durchgehende Fläche und verwandeln den Garten, betrachtet man ihn von Innenräumen aus, in ein lebendes, sich ständig veränderndes Bild.

◀ Das klassische japanische Kiesmuster, Felsgestein und eine formstrenge Pflanzung passen gut zu dem kleinen, von Mauern umgebenen Garten. Ein niedriger grüner Pflanzenteppich bildet einen starken Kontrast zu geschnittenen Sträuchern. Als Blickfang dient eine japanische Laterne.

▲ Wasser ist ein grundlegender Bestandteil des japanischen Gartens. Aus einem zierlichen Bambuswasserspeier plätschert das Wasser in eine große Vase, die bis zum Rand zwischen glatten nassen Steinen eingesenkt wurde und von Fels, Farnen und dem gelb gesprenkelten Blattwerk der *Aucuba* umgeben ist.

◀ Vom Haus aus gesehen ist der Garten gerahmt wie ein Bild. Grün- und Grautöne herrschen vor. Die hohe Wand wird von *Clematis montana* bedeckt, die gut zu den Bäumen außerhalb des Gartens paßt. Für Anziehungspunkte sorgen in erster Linie die verschiedenen Farben und Formen des Blattwerks federartiger Farne und die gelb gesprenkelte *Aucuba japonica*. Dadurch behält der Garten sowohl im Sommer als auch im Winter sein gutes Aussehen. Als zusätzliche Attraktion und Betonung der Jahreszeiten bietet *Clematis montana* im Frühling mit ihren kleinen blaß-rosa Blüten ein Schauspiel. Die Magnolie wird sowohl wegen ihrer Blätter als auch wegen ihrer großen weißen Blüten geschätzt.

Mien Ruys

Mien Ruys kann auf einen ansehnlichen Stammbaum von Gärtnern zurückblicken. Sie selbst verfügt über ein bewundernswertes Hintergrundwissen über das experimentelle Gestalten mit Pflanzen. Seit sechzig Jahren beschäftigen sie die Gestaltungsmöglichkeiten mit anspruchslosen Stauden innerhalb des formstrengen Rahmens der Landschaftsarchitektur. Zu Hause in Holland schuf Mien Ruys aus einem begrenzten Gelände eine 25 Gärten umfassende Anlage, wo der Besucher auf eine Vielfalt von Ideen und Anlagen trifft.

Klare Form und Erscheinung

Obwohl Pflanzen eine entscheidende Rolle in ihren Gärten spielen, sieht Mien Ruys sie nur als einen Teil des Gesamtbildes. Zu Beginn plant sie die strenge architektonische Form des Gartens. Diese schwächt sie mit Kräutern und Wildpflanzen von besonderer Form und Erscheinung ab. Pflanzen stellt sie zu gewagten Arrangements zusammen.

▶ Ein Spazierweg unter einem Baldachin von *Alnus incana* 'Aurea' wird von Grün- und Gelbtönen begleitet. Der sich schlängelnde Pfad aus Rindenstückchen wird von margeritenähnlichen *Buphthalmum salicifolium* und Kerzen der gelben *Verbascum nigrum* eingefaßt.

▼ Mien Ruys scheut sich nicht, strenge Elemente mit eher Zügellosem zu kombinieren: Ein spiralförmig geschnittener *Buxus sempervirens* zu beiden Seiten eines eindrucksvollen Sauerampfers und gelbe Blüten von *Tropaeolum canariense*.

▲ Üppige Randbepflanzungen mit kräftigen Farbgruppen: Die cremefarbenen Köpfe von *Sedum telephium* gehen in das helle Gelb der *Achillea* 'Parkers Variety', das Hellorange von *Helenium autumnale* 'Mösheimer Schönheit' und das flaumige Weiß des *Phlox paniculata* über.

◀ Innerhalb der Grenzen einer gepflasterten und mit Holz ausgelegten Veranda wurden üppige Pflanzungen in erhöhten Beeten und hölzernen Pflanztrögen angelegt. Die großen, runden Blätter von *Petasites japonicus* ergeben einen ausdrucksstarken Kontrast zu der feingliedrigen *Tamarix parviflora* mit ihren rosa Spitzen und dem süß duftenden Thymian, dem blau blühenden *Agapanthus* und der malvenblauen *Lobelia*. Eine kräftige Holzpergola und ein von orange blühendem *Eccremocarpus scaber* bewachsenes Gitter sorgen für vertikale Abwechslung.

Form und Größe werden mit derselben Sorgfalt gemischt, wie sie Farbkombinationen wählt. Mien Ruys hat eine ausgesprochene Vorliebe für Grün- und Gelbtöne mit einem Hauch von Rot und Rosa.

Im Lauf von 60 Jahren entwickelte Mien Ruys ihre eigenen Gärten weiter, versuchte dies und jenes und erstellte verschiedene Anlagen. Diese reichen von einem frühen, im Schatten angelegten Wildgarten (erst-mals 1925) bis zu einer Rabatte aus krautigen Pflanzen, wo sie zeigte, daß Pflanzen in Reihen oder Pflanzen mit dem Rücken zu Hecke oder Zaun überflüssig sind. Ein Garten zeigt, wie Blattfarben ebenso wirkungsvoll eingesetzt werden können wie Blütenfarben. Ein anderer Garten ist vertieft angelegt und vermittelt Abgeschiedenheit.

Für sie ist es völlig klar, daß Strukturen und gepflasterte Oberflächen eine wichtige Rolle in all ihren Gärten spielen müssen. Pergolen, Abdeckungen, Pflaster, Kies und Skulpturen setzt sie in gelungener Weise ein. Holzschwellen sieht man in vielerlei Formen; z. B. rustikal unter einem Kirschbaum, als Einfassung von Pfaden und zur Betonung eines Höhenunterschieds.

Mien Ruys schwört auf ein reizvolles Erscheinungsbild und somit auf eine sorgfältige Pflanzung während des ganzen Jahres. Sonnenreiche Situationen im Sommer sind im Frühling Bereiche mit buntgemischten Blumenzwiebeln, werden im Herbst zu Ecken mit farbenfreudigen Bäumen und Sträuchern und zu Bereichen mit kräftigen und ausdrucksvollen Arten während der Wintermonate.

▲ Dort, wo sich der um den Garten verlaufende Pfad teilt, steht ein zum Springbrunnen umfunktionierter Mühlstein in einem Steinbeet. Der Backsteinpfad steht im Gegensatz zu den riesigen Blättern von *Petasites hybridus* und einer Zusammenstellung von hellgrünen *Hosta fortunei* 'Aurea' und *Artemesia nutans* 'Silver Queen' im Vordergrund. Dahinter sieht man die blaugraue *Macleaya cordata* 'Yedoensis' und eine wunderschöne *Hydrangea aspera*.

▶ Die Uferbepflanzung eines Teichs aus reizvollen Blumenkombinationen und ausdrucksstarken, einander belebenden Blattformen. Es kann ein verblüffendes Bild ergeben, wenn man die Pflanzen zu großen Gruppen zusammenstellt und nicht farblich durcheinander. Im Vordergrund die verschiedenen Grüntöne von *Iris* und *Trollius*, gelbe Taglilien (*Hemerocallis*), blutrote Astilbe und hohe purpurne Kerzen der sich selbst aussäenden *Lythrum salicaria*. Diese herrlichen Pflanzen leuchten vor den tiefen Schatten der umliegenden Bäume.

Ulrich Timm

Ulrich Timm ist ein ausgesprochen moderner Gartenarchitekt. Seine Ideen sind die Verbindung des Gartens mit dessen Umgebung und das Gestalten von abgeschiedenen »Gartenräumen«, die überraschende Blicke auf das Haus oder andere Eindrücke vom Garten vermitteln. Er lebt in Hamburg und bezieht seine Anregungen von umliegenden architektonischen Strukturen und Gebäuden. Stets ist er bemüht, Haus und Garten zu einer Einheit zu verflechten, indem er im Garten eben jenes Gestein oder Mauerwerk verwendet, das am Haus sichtbar ist.

Ulrich Timm hat eine Vorliebe für naturbelassene Materialien und verwendet sowohl Stein als auch Holz für Wege und Mauern. Auch hier vergewissert er sich, daß

sie zu den angrenzenden Gebäuden passen und mit ihnen zu einer Einheit verschmelzen. Steine benutzt er nicht nur, um seine Teiche einzurahmen, sondern auch um Mauern oder dekorative Elemente zu errichten, indem er sie einfach übereinanderstapelt.

Neben seiner Ausbildung zum Landschaftsarchitekten hat Ulrich Timm in sechsjähriger Gärtnerarbeit einen Erfahrungschatz gesammelt, wie man Pflanzen besonders wirkungsvoll zusammenstellt.

Mit Pflanzen gestalten

Im allgemeinen bevorzugt er ungezwungene Pflanzengruppen in einem einzigen Farbton und setzt sie gegen einen kräftigen Hintergrund aus Bäumen ab. Dies kann man in seinem eigenen Garten auf den ersten Blick feststellen, wo er klar umrissene Beete mit einer Feldblumenwiese kombiniert. Auch hier hat er mehrere gepflasterte Bereiche mit Sitzgelegenheiten und Möglichkeiten geschaffen, um die Sonne zu jeder Tageszeit genießen zu können. Ein Sitzplatz schließt sich an mit erhöhten Pflanzbeeten und einer mit Steinen eingefaßten Wasseranlage, die sich in den Hausgarten erstreckt.

Um seine Gestaltungselemente wirkungsvoll zu verbinden, führt er verschiedene Ebenen ein, die den Garten nicht nur optisch unterteilen, sondern auch verschiedene Bereiche verbinden. Die Freizeit kann in unterschiedlichen Gärten stattfinden, wobei man verschiedene Seiten des Hauses oder die umgebende Landschaft genießen kann.

Innerhalb seines Gartens zeigt sich Timm von Stauden und Büschen anstelle von arbeitsaufwendigen Pflanzen überzeugt. Besonders gern verwendet er Hecken als Gestaltungselement. Seine Art der Gestal-

◀ Von der einladenden Sitzgelegenheit im Schatten der Bäume blickt man auf die angrenzende Landschaft. Wilde Blumen im hohen Gras vermitteln den Eindruck, man befinde sich inmitten einer Wiese.

▶ Eine oder zwei leuchtende Farben sind oft wirkungsvoller als mehrere. Die üppig bepflanzten Rabatten wurden mit gelbem und blutrotem Rhododencron gegen einen grünen Hintergrund abgesetzt.

tung führt selten zu fertigen Gärten. Ein brauchbares und beständiges Grundgerüst anzulegen, das mit einem Minimum an Pflege wächst und gedeiht, das ist der springende Punkt in Ulrich Timms Konzept.

◀ Ein großer Garten profitiert von der Aufteilung in kleinere Bereiche. Hier hat Ulrich Timm die Holzdecks über die schattige Terrasse hinaus verlängert, um eine sonnige Veranda und Spazierwege zwischen Hochbeeten zu erhalten. Das Gartendeck dient als Einfassung der Teichanlage neben der Veranda. Ein abrupter Höhenunterschied und die Verwendung von Stein und Kies ergeben reizvolle und sich abhebende Strukturen gegenüber dem Rest des Gartens. Er besteht aus einem Hintergrund von Gräsern, Bäumen und Büschen – eine entspannende grüne Landschaft, die vom Haus aus betrachtet werden kann.

▼ Höhere, architektonisch wirkende Pflanzen können einen Garten in eine insgesamt reizvollere Landschaft verwandeln. Dieser riesige Bambus überragt einen Teich, der mit großen Kieseln und Steinen eingefaßt und von Rasenflächen umgeben ist. Der Bambus bringt Höhe in das ebene Gelände und spendet Schatten.

▶ Hiroshi Makita verbindet meisterhaft ungewöhnliche Pflanzenformen mit Stein und Holz. Er gestaltet viele seiner dekorativen und strukturellen Elemente selbst, wie diese niedrige Holzbrücke, die einen Wasserlauf und Steinplatten überspannt. Es hat den Anschein, als werde ein natürlicher Teich von auffälligen *Miscanthus sinensis* 'Gracillimus' und geschnittenen Pflanzengestalten eingerahmt.

Hiroshi Makita

Hiroshi Makita wurde sorgfältig nach der klassischen Zen-Tradition ausgebildet und in Shimbumi unterrichtet, der japanischen Kunst, Stille und Ausgeglichenheit herzustellen. Hiroshi lebt und arbeitet heute in Amerika; sein Stil ist im wesentlichen immer noch japanisch beeinflußt. Dort herrscht vor allem unter der Bevölkerung der Trabantenstädte eine große Nachfrage nach ruhigen, pflegeleichten Anlagen.

Es verwundert nicht, daß die japanische Art, Materialien wie Stein, Wasser und Holz zu kombinieren, Anklang bei Gartenbesitzern fand, die sich nach einer beruhigenden, aber dennoch ausdrucksstarken Landschaft sehnten. Hiroshi fand, daß sich die grundlegenden japanischen Gestaltungsprinzipien sowohl den verschiedenen Lebensstilen als auch der westlichen Architektur ohne Schwierigkeiten anpassen. In einem seiner Gärten entschied sich Hiroshi,

Wege und sich schlängelnde Pfade auf japanische Art anzulegen. Sein Kunde genießt heute Spaziergänge entlang einer kurvenreichen Strecke, zwischen zierlichen *Hosta* und Azaleen. Seine Ausdauer kann er bei Bedarf an einer steilen Bogenbrücke testen.

Ein in sich geschlossenes Bild

Jeder Garten ist für Hiroshi Makita ein Kunstwerk, in das er viel Liebe und Sorgfalt investiert. Große Aufmerksamkeit widmet er Stein und Wasser sowie einer ausdrucksstarken Hintergrundbepflanzung aus zierlichen Bäumen und Sträuchern. Makita mag Pflanzen mit starken, klar umrissenen Linien wie *Enkianthus*, Azaleen, Japanische Ahorne und Rhododendren, die sich für den Schnitt eignen.

Ein typischer Garten könnte ausgedehnte Pflanzungen mit *Liriope* und Rhododendren, mit Moos und Azaleen enthalten, die zu leicht kuppelförmigen Kissen, in Nachahmung natürlicher Landschaftskonturen, zurechtgeschnitten wurden. Nahezu ¾ Pflanzungen könnten aus immergrünen Pflanzen bestehen. Makita ist der Ansicht, daß dieses Bild das ganze Jahr über genug Anziehungskraft ausstrahlt und einen natürlichen Hintergrund für andere Pflanzen bietet.

Obwohl Makitas Objekte meist einen Hang zur Natürlichkeit haben, legt er großen Wert auf Strukturen und Elemente wie Brücken, Laternen und Aussichtstürme. Sie werden im Hinblick auf das Zusammenspiel mit der Umgebung gestaltet. Als talentierter Gestalter und geschickter Handwerker beherrscht Makita die Bearbeitung von Holz oder Stein. Im allgemeinen erstellt er Bänke, Plattformen, Wasserspeier, Bambuswände und Zäune selbst. Seine Brücken

wurden bereits zum typischen Erkennungszeichen.

Vielleicht sind seine Gärten deswegen ein Erfolg, weil Makita die Geduld aufbringt, Steine, Felsbrocken und Kiesel selbst zu beschaffen und zu ordnen. Er liebt ohne Zweifel jedes Element, das sich in eine zurückgezogene, ruhige und doch anregende Umgebung einfügt.

▲ Makitas Gärten sehen sommers wie winters gut aus. Schnee bedeckt die Steinskulptur und das dunkelgrüne Immergrün.

◀ Das Juwel der japanischen Gärten ist der Japanische Ahorn, dessen Laub sich im Herbst auffällig färbt. Auch nachdem die Blätter gefallen sind, behält der Ahorn seine herrliche Erscheinung.

▶ Japanische Ahorne sollten nicht nur wegen ihres Sommerlaubs und der Herbsttönung geschätzt werden, sondern auch wegen ihrer attraktiven Stämme. Diese gedrehten, dunklen Formen bieten sogar während der Wintermonate Blickpunkte.

▼ Natürliche Verbindungen von Pflanzen und anderen Materialien ist eine Kunst, die die Japaner verstehen. Hier führen große Stein- und Holztreppen zu einem sich schlängelnden Pfad. Sie werden von niedrigen Gewächsen in Farbtönen von Gold und Braun umschmeichelt.

2

Die Grundregeln

Eine gute Idee ist nichts wert, wenn man sie nicht umsetzt. Falls die Bilder der vorangegangenen Seiten Sie angeregt und die folgenden Vorschläge zu weiteren Ideen geführt haben, werden Sie wissen wollen, was davon in Ihrem Garten umgesetzt werden kann. Es gibt nur eine Möglichkeit, dies herauszufinden: Bedienen Sie sich der Methoden der Fachleute und entwickeln Sie einige Entwürfe. Das folgende Kapitel verdeutlicht die Vorgehensweise. Nehmen Sie die Informationen ernst, falls Sie größere Veränderungen in Ihrem Garten planen. Anfängliche Begeisterung, die mit einer Idee einhergeht, verleitet oft dazu, kürzere Wege einzuschlagen – mit unangenehmen, möglicherweise teuren Folgen. Wägen Sie in Ruhe das Für und Wider eines jeden Details ab. Prüfen und verbessern Sie Ihre Pläne, und Sie werden mit einem Garten belohnt, der nicht nur gut aussieht, sondern auch nach Ihren Vorstellungen wächst, zu einem Preis, den Sie sich leisten können. Denken Sie daran, daß sich hinter jeder gelungenen Gartengestaltung Inspiration verbirgt, die mit Aufmerksamkeit für das Detail zum Tragen kommt.

Der Entwurf

Dieses Buch versteht sich als Anregung und zeigt interessante Möglichkeiten für den Garten von heute. Die Vorstellung der Gartengestalter auf den Seiten 8 bis 60 gab einen Überblick, welche Effekte man erzielen kann und wie man vermeintliche Schwierigkeiten bewältigt. Doch ahmen Sie bitte keine fremden Gärten nach, auch wenn es möglich wäre. Dieses Kapitel soll eine Hilfe sein, die erwünschten Bestandteile aus den vorgestellten Ideen und Fotografien herauspicken zu können, um anschließend eine Skizze, die allein auf Ihren Garten und Ihren Lebensstil zugeschnitten ist, zu erstellen.

Ausarbeiten des Plans

Wie geht man bei der Auswahl geeigneter Gartenelemente vor? Wie erzielt man die entscheidende Wirkung? Beginnen Sie mit der Aufstellung einer Liste von Elementen, die Sie gern in Ihrem Garten sähen oder die Ihre Familie wünscht, und von Bestandtei-

len, die miteinbezogen werden müssen, wie Gewächshaus, Schwimmbad, Platz für Mülltonnen oder unterirdische Brennstofftanks.

Anschließend überlegen Sie, wer den Garten wie nutzen wird. Kinder, auch Haustiere, brauchen Spielbereiche und Auslauf. Gesellige Leute werden einen Grill- und Eßplatz für erforderlich halten. Vielleicht soll Ihr Garten in erster Linie der Erholung dienen und ein Ort der Entspannung und Ruhe sein. Soll er Gemüse, Früchte und Schnittblumen liefern? Soll er nur einen schönen Anblick bieten oder mehrere Möglichkeiten der Zerstreuung, die sowohl der ganzen Familie wie den verschiedenen Einzelinteressen entgegenkommen?

Eine weitere Überlegung gilt der Zeit, die Sie für die Pflege des fertigen Gartens aufbringen wollen. Muß er ausgesprochen anspruchslos sein oder betrachten Sie gelegentliches Unkrautjäten und Schneiden als Entspannung? Für manche Leute muß der Garten so gestaltet sein, daß er für einige Monate im Jahr auf sich gestellt sein kann. Danach sollte er mit einem Minimum an

A

Gartenhäuschen

Rasen

Ziegelpflaster

Holzgitter mit Pflanzkübel

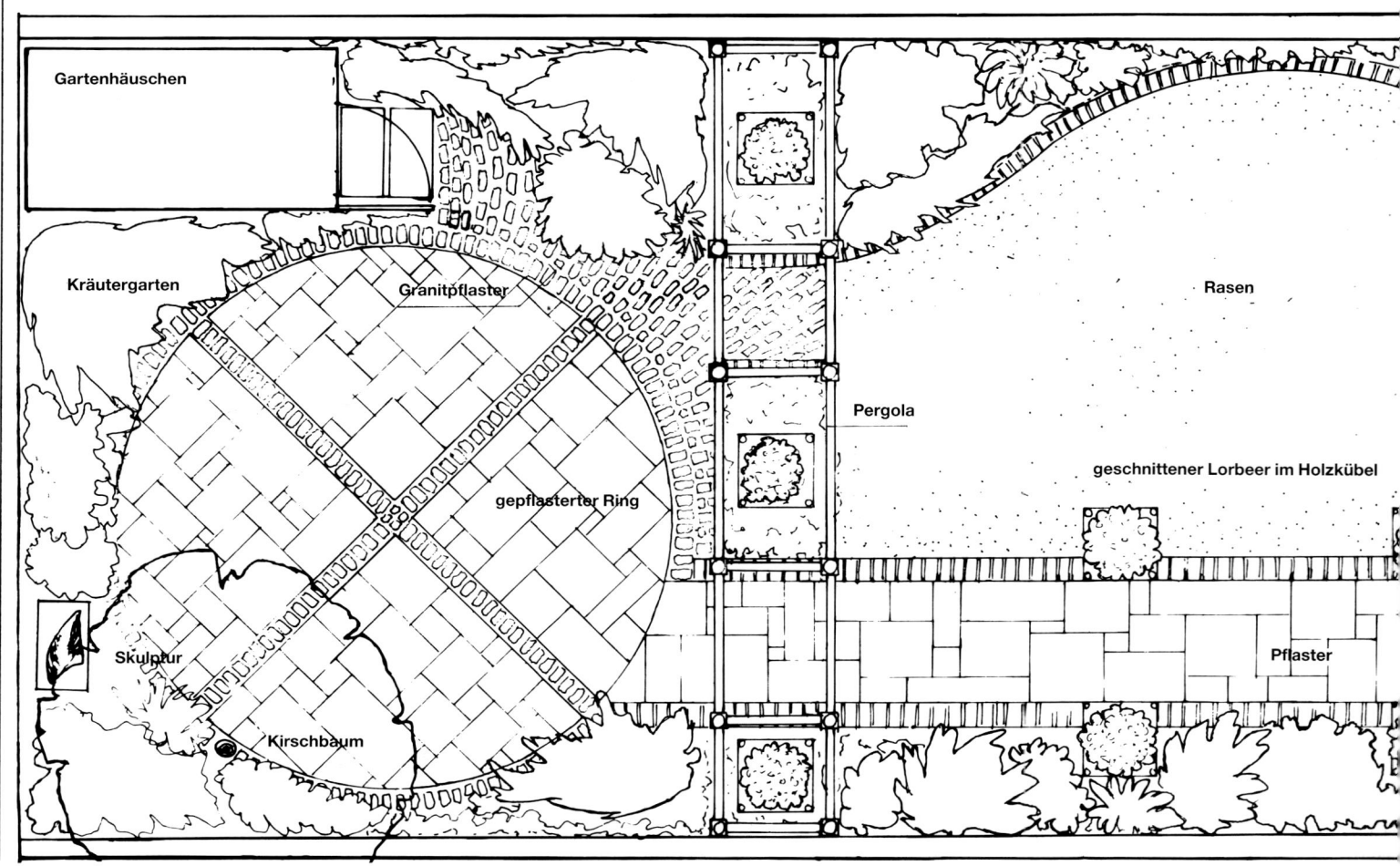

Gartenhäuschen

Kräutergarten

Granitpflaster

gepflasterter Ring

Skulptur

Kirschbaum

Rasen

Pergola

geschnittener Lorbeer im Holzkübel

Pflaster

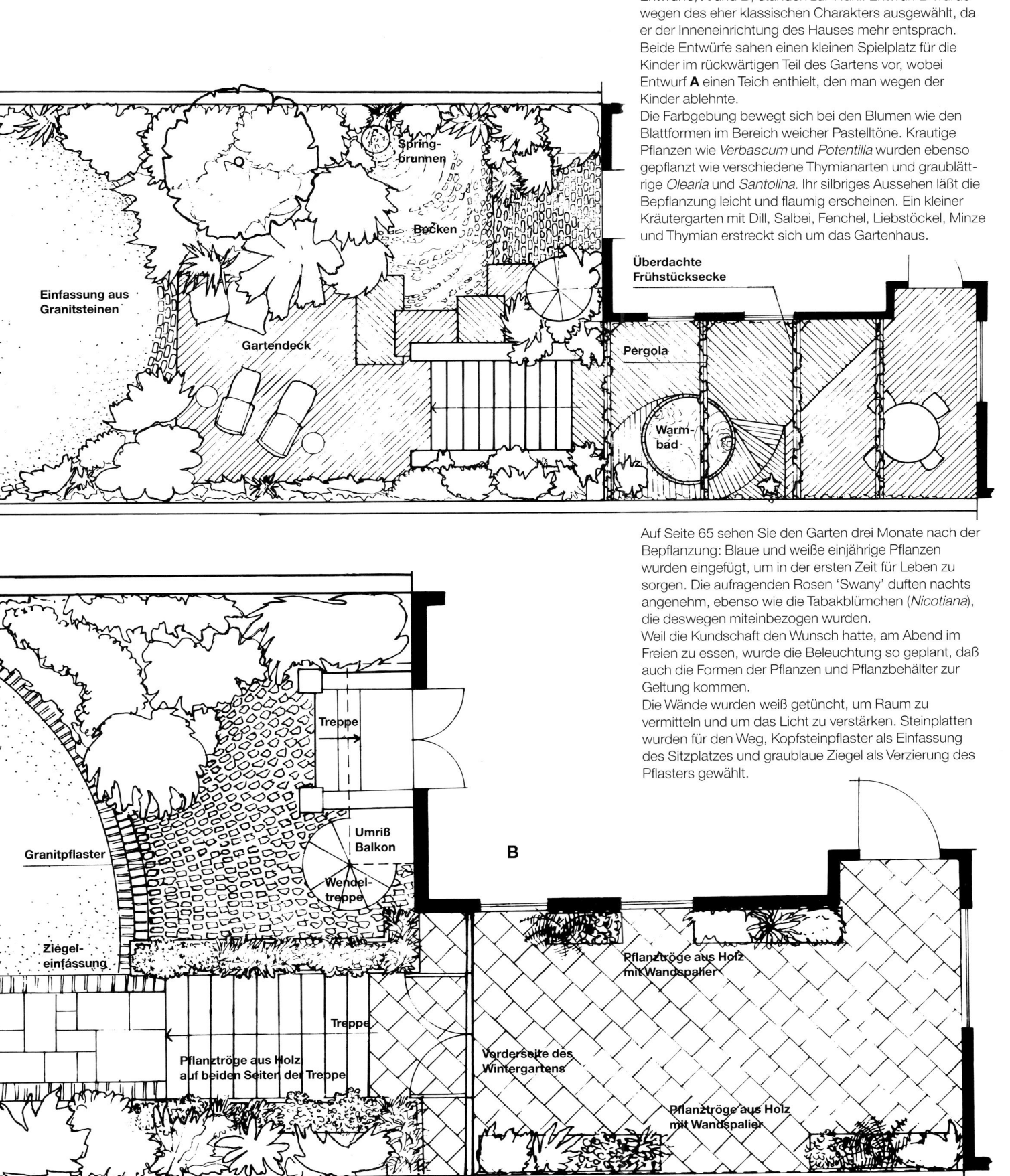

Dieser kleine Stadtgarten wurde von Anthony Paul und John Duane für eine junge Familie entworfen. Zwei Entwürfe, **A** und **B**, standen zur Wahl. Entwurf **B** wurde wegen des eher klassischen Charakters ausgewählt, da er der Inneneinrichtung des Hauses mehr entsprach. Beide Entwürfe sahen einen kleinen Spielplatz für die Kinder im rückwärtigen Teil des Gartens vor, wobei Entwurf **A** einen Teich enthielt, den man wegen der Kinder ablehnte.

Die Farbgebung bewegt sich bei den Blumen wie den Blattformen im Bereich weicher Pastelltöne. Krautige Pflanzen wie *Verbascum* und *Potentilla* wurden ebenso gepflanzt wie verschiedene Thymianarten und graublättrige *Olearia* und *Santolina*. Ihr silbriges Aussehen läßt die Bepflanzung leicht und flaumig erscheinen. Ein kleiner Kräutergarten mit Dill, Salbei, Fenchel, Liebstöckel, Minze und Thymian erstreckt sich um das Gartenhaus.

Einfassung aus Granitsteinen

Spring-brunnen

Becken

Gartendeck

Überdachte Frühstücksecke

Pergola

Warm-bad

Auf Seite 65 sehen Sie den Garten drei Monate nach der Bepflanzung: Blaue und weiße einjährige Pflanzen wurden eingefügt, um in der ersten Zeit für Leben zu sorgen. Die aufragenden Rosen 'Swany' duften nachts angenehm, ebenso wie die Tabakblümchen (*Nicotiana*), die deswegen miteinbezogen wurden.

Weil die Kundschaft den Wunsch hatte, am Abend im Freien zu essen, wurde die Beleuchtung so geplant, daß auch die Formen der Pflanzen und Pflanzbehälter zur Geltung kommen.

Die Wände wurden weiß getüncht, um Raum zu vermitteln und um das Licht zu verstärken. Steinplatten wurden für den Weg, Kopfsteinpflaster als Einfassung des Sitzplatzes und graublaue Ziegel als Verzierung des Pflasters gewählt.

Treppe

Umriß Balkon

Granitpflaster

Wendeltreppe

Ziegeleinfassung

B

Treppe

Pflanztröge aus Holz mit Wandspalier

Pflanztröge aus Holz auf beiden Seiten der Treppe

Vorderseite des Wintergartens

Pflanztröge aus Holz mit Wandspalier

Arbeitsaufwand wieder hergestellt werden können.

Kontrolle der Kosten

Schließlich bleibt noch die Kostenfrage. Gartengestaltung ist nicht nur eine Unternehmung mit dem Ergebnis eines ansehnlichen Äußeren. Sie stehen auch vor dem Problem, Kosten einschätzen und gegebenenfalls einschränken zu müssen. Nichts ist schlimmer als ein Garten, dessen Ausführung wegen Geldmangels auf halber Strecke steckenblieb bzw. der zunächst mit Elan in Angriff genommen, aber später oberflächlich wurde.

Man sollte von Anfang an eher bescheiden, aber deshalb nicht weniger ansprechend planen. Oder man erstellt ein Grundgerüst, das über Jahre hinweg ergänzt und weiterentwickelt werden kann. Sie werden auf viele überraschend kostengünstige Ideen stoßen.

Sind die entscheidenden Elemente aufgelistet und besteht eine Vorstellung von Zeitaufwand, Arbeitseinsatz und Geldmitteln, wird man sich über den Stil des Gartens Gedanken machen. Ein größerer Garten kann mehrere Stilrichtungen beinhalten, ein kleiner Platz wahrscheinlich nur eine. Die Ungezwungenheit des natürlichen ländlichen Gartens oder die eher strenge klassische, stilisierte Anlage – alles läßt sich dem Stil des Heimes, seiner Umgebung oder dem eigenen Geschmack anpassen.

Gärten und Gartenideen auf den Seiten 71 bis 112 veranschaulichen die Vielfalt von Gestaltungsmöglichkeiten und Wirkungen. In vielerlei Hinsicht werden Aussehen und Kosten Ihres Gartens von der Auswahl des Materials abhängen. Auch hier ist der unmittelbaren Umgebung verstärkte Aufmerksamkeit zu schenken. Einheimische Pflanzen, Steine und Holz wirken natürlicher und passen sich vielen Stilrichtungen an. Außerdem wird ihre Beschaffung günstiger sein.

Von der Skizze zur Ausführung

Haben Sie erst einmal eine klare Vorstellung von Art und Stil der gewünschten Gartenbestandteile und sind die Hauptelemente in ihrer Rangfolge eingestuft, wird man versuchen, sie in das jeweilige Gelände einzupassen.

Schritt für Schritt

Beginnen Sie damit, den Garten zu vermessen und feste Bestandteile wie bestimmte Bäume und Sträucher, Gebäude, Abwasserleitungen oder ähnliches zu erfassen. Übertragen Sie die Maße maßstabsgetreu auf Millimeterpapier und bringen Sie Hinweise auf Schattenfall, Lage, feste Merkmale und Höhenunterschiede an.

Jetzt verbinden Sie Ihre Vorstellungen mit den gewonnenen Informationen. Ohne Zweifel werden Sie Kompromisse machen müssen. Lassen Sie unpassende Elemente lieber ganz verschwinden, als sie irgendwo einzufügen, wo sie fehl am Platz sind. Zeichnen Sie Ihren Plan mit Bleistift, damit Sie korrigieren und Positionen verändern können. Sehr geschickt läßt sich mit aus Papier maßstabsgetreu zurechtgeschnittenen Gartenelementen arbeiten. Man schiebt sie auf dem Plan so lange hin und her, bis man mit der Plazierung zufrieden ist.

Im nächsten Schritt wird die Skizze auf den wirklichen Garten übertragen. Die Abmessungen werden nochmals sorgfältig überprüft und die Maße mit Hilfe von Holzpflöcken und Schnüren übertragen. Manchmal kann es sinnvoll sein, Kisten, Kartons oder alte Teppichreste zu verwenden, um Pflanzungen, Teiche und andere Gartenbestandteile zu markieren.

Es ist jetzt äußerst wichtig, aus jeder nur denkbaren Perspektive die Wirkung zu prüfen. »Leben« Sie ein paar Tage mit dieser Zusammenstellung, spazieren Sie durch den Garten und vergewissern Sie sich, daß die sonnigen Bereiche tatsächlich sonnig sind, die Wege keine unnötigen Bögen machen und die Gesamtgestaltung ebenso zweckmäßig wie schön ist. Oft verdeutlicht ein Blick vom Haus aus, vor allem aus einem höhergelegenen Fenster, die tatsächliche Wirkung. Trennen Sie sich jetzt von alledem, was Ihnen nicht gefällt.

Sollten Sie mit Art und Position der Gartenelemente zufrieden sein, können Sie in aller Ruhe ins Detail gehen und an Pflanzen und Materialien denken. Wichtig ist, keine spontanen Einkäufe zu tätigen. Erstellen

▲ Wenn Sie die Rahmenelemente Ihres Entwurfs, d. h. Wege, gepflasterte Flächen, Trennwände, auf das Grundstück übertragen haben, nimmt es sogleich Form an. Anschließende Pflanzungen werden zwar ein vollständigeres Bild ergeben, aber die geplante Wirkung wird erst eintreten, wenn die Pflanzen im Lauf der Jahre herangewachsen sind. Ob Ihr Grundstück bereits nach kurzer Zeit das Stadium eines eingewachsenen Gartens erreicht, hängt von der Auswahl der Pflanzen ab. Die Umwandlung dieses kleinen Vorstadtgartens war eine Sache von Monaten. Die Fotos zeigen die einzelnen Schritte.

Sie statt dessen eine Liste von tatsächlich notwendigen Dingen. Der Materialaufwand muß sorgfältig geprüft werden, einschließlich Eignung und Beschaffung. Ein genauer Pflanzplan hilft, die Gestalt der Pflanzen, ihre Farbe und Größe abzuwägen, zu erwartende Höhe und Ausbreitung miteinbezogen. Pflanzungen müssen das ganze Jahr über Anziehungskraft und Angemessenheit ausstrahlen und nicht nur für Blatt- und Blumenvielfalt sorgen. Bäumen als Blickfang oder Hintergrund vermitteln Höhe. Immergrüne Sträucher, Kletterpflanzen und Bodendecker bilden zusammen mit krautigen und kleineren dekorativen Pflanzen, die kritische Ecken aufleben lassen, den Rahmen. Weitere Informationen über das Gestalten mit Pflanzen finden Sie ab Seite 173.

Haben Sie erst einmal Pflöcke und Schnüre angebracht und sind Sie sich über das Wie und Wo der Beschaffung von Pflanzen und Materialien klar geworden, kann die eigentliche Arbeit beginnen. Den Anfang macht die Installation z. B. einer Abwasseranlage, von Elektrokabeln, Licht und Wasser. Jetzt ist auch die Zeit für Bodenverbesserungsmaßnahmen gekommen. Es folgt der Einbau z. B. von Wegen, Veranden, Grenzmauern und Zäunen, Pergolen, Teichen und verschiedenen Ebenen. Danach kommen die Pflanzungen an die Reihe. Zuletzt werden Zierat, Steine, Skulpturen, Tröge, Behälter und Gartenmöbel aufgestellt.

Jetzt, da alles seinen Platz gefunden hat und die Pflanzen anfangen, sich wohl zu fühlen, haben Ihre Pläne endlich Gestalt angenommen. Nach ein oder zwei Jahren sollte Ihr Vorhaben schließlich vollendet sein. Vor allem dann, wenn Sie schnellwüchsige Pflanzen bzw. den lebendigen, etwas wilderen Gartentyp gewählt haben, wie er von den vorgestellten Gartengestaltern bevorzugt wird. Das erfordert Geduld, aber die Vorstellung vom endgültigen Aussehen des Gartens wird mit jedem Jahr greifbarer. Sollten Sie den Wunsch haben, lassen sich manche Bereiche von Zeit zu Zeit mit besonderen oder schnellwüchsigen einjährigen Pflanzen schmücken, während die Dauerbepflanzung zu ihrer eigentlichen Größe heranwächst.

▲ Ganz oben: Leuchtend blühende Pflanzen in Töpfen und Kisten wie diese blauen Gänseblümchen (*Brachycome iberidifolia*) wurden als Farbtupfer über den ganzen Garten verteilt.

▲ Pflanzbehälter aus Zedernholz, eingelassen mit teakfarbener Lasur wurden über einer Treppe montiert. Die blau-weißen Abstufungen von Veilchen, Geranien, Kornblumen und Hängelobelien schmücken beide Seiten der Stufen.

◀ Ein Spaziergang zur Spielecke teilt den Garten in zwei eigenständige Bereiche. Schnellwüchsige Kletterpflanzen wie Passionsblumen und Jasmin werden im folgenden Jahr die obere Grenze des Spaliers erreicht haben. Die Leoparden aus Ton stammen aus dem früheren Garten des Kunden.

Boden und Lage als begrenzende Faktoren

Jeder Garten unterliegt gewissen natürlichen Einschränkungen, die bestimmen, was möglich ist und was nicht. Einige Beschränkungen können zwar überwunden werden, es kostet aber im allgemeinen Zeit und Geld. In den meisten Fällen wird man besser fahren, wenn man auf einheimische Pflanzen und Materialien zurückgreift.

Klima

Klimatische Bedingungen sind nicht nur bei der Pflanzenauswahl, sondern auch bei der Wahl der anderen Materialien entscheidend. Volle Sonne kann z. B. ebenso schädlich sein wie starker Wind und Frost. Das Klima wird nach ganz allgemeinen Merkmalen eingeordnet: Man bezeichnet es als alpin, während der Wintermonate kalt, als gemäßigt, subtropisch oder tropisch. Jeder Ort hat darüber hinaus noch sein ganz eigenes Kleinklima: Vor allem in gemäßigten Zonen gleicht kein Garten dem anderen; in Küstengebieten erschweren Salz und Wind ein üppiges Wachstum, auch wenn Sonne und Regen ideal erscheinen. Frost, Wind und Sonne sind also bestimmende Faktoren. Sie müssen somit die Pflanzen herausfinden, die mit den jeweiligen Bedingungen am besten zurechtkommen.

Die Auswahl geeigneter Pflanzen und Materialien ist ein gutes Stück Arbeit. Vorhandene Bedingungen lassen sich aber etwas verbessern, so daß für eine breitere Palette von Pflanzen Lebensraum entsteht. Als Windfang dienen Bäume und Sträucher, ebenso als Schattenspender. Wer den zusätzlichen Arbeitsaufwand nicht scheut, bietet empfindlichen Pflanzen mit Glasscheiben, Stroh und Sackleinen Schutz vor winterlichem Frost. Trockenperioden lassen sich mit Hilfe von Mulchdecken oder gesteuerten Bewässerungsanlagen überbrücken.

Lage

Beschäftigen Sie sich gewissenhaft mit der Lage Ihres Garten, bevor Sie ausgefallene Elemente in Ihren Plan aufnehmen. Denken Sie vor allem an die Himmelsrichtung. Nord- oder Südlagen bestimmen nicht nur die Auswahl der Pflanzen wesentlich, sondern auch den Standort der Veranda oder Terrasse. Nicht immer ist die Annahme, südliche Lagen seien wärmer, richtig. Denken Sie daran, daß sich östlich liegende Garten-

▲ Wo Temperaturen und Wetter extrem sind, ist die richtige Pflanzenauswahl der Schlüssel zum Erfolg. Diese geschlossene Terrasse bildet einen Windschutz für Pflanzen und fängt die Sonne ein. Hohe Bäume und die Mauer spenden Schatten. Die Pflanzen wurden besonders im Hinblick auf die volle Sonne, der sie im Sommer trotzen müssen, ausgewählt.

◀ Natürliche Materialien helfen, strukturelle Elemente in den übrigen Garten einzufügen. Hier wurde eine schlichte Holzbrücke ausgewählt, die in Farbe und Struktur der Umgebung aus grobem Stein und Kies entlang eines Wasserlaufs entspricht.

teile schneller erwärmen, vor allem in den ersten Monaten des Jahres, wenn die Tage noch kurz sind. Die wohltuende Abendsonne erreicht die Flächen im Westen, die sich deshalb hervorragend für eine Veranda eignen.

Abfallendes Gelände hat Vor- und Nachteile: einerseits verleiht es dem Garten interessante Umrisse, andererseits verursacht es möglicherweise kostspieliges Angleichen und Auffüllen.

Mangelhafte Entwässerung muß ebenfalls behoben werden; Kosten, die schon im Frühstadium der Arbeiten entstehen. Ein hoher Wasserspiegel z. B. zwingt möglicherweise zu einem erhöhten Schwimmbecken. Nur wenige Grundstücke sind makellos; ein häufiges Problem ist, daß Sie voll den Witterungseinflüssen ausgesetzt sind, vor allem in ländlichen Gebieten. Andere liegen wegen hoher Bäume oder Gebäude sehr schattig z. B. in den Städten. Im ersten Fall kann mit Schutzwänden oder -pflanzungen geholfen werden. In Schattenlagen wird man sich auf schattenliebende Pflanzen konzentrieren und optisch aufhellende Elemente wie Wasser und Spiegel, weiße Farbe an Wänden, Zäunen, Abschirmungen usw. verwenden.

Boden

Auch der Boden ist selten ideal. Es ist wichtig, daß Sie seine Schwächen herausfinden, um die Pflanzenauswahl entsprechend treffen zu können. Besitzer neu angelegter Grundstücke klagen häufig über eine zu dünne, oft auch völlig fehlende Humusschicht. In diesem Fall bleibt keine andere Wahl, als Humus zu beschaffen.

Wer die Erde unter trockenen wie feuchten Bedingungen untersucht und sie in den Händen zerreibt, wird schnell feststellen können, ob sie fein, sandig, lehmig schwer oder angenehm krümelig ist. Den pH-Wert erfährt man, indem man eine Probe zur Analyse in ein Labor schickt oder ihn mit einem käuflichen Bodentest selbst festzustellen versucht. Man muß den pH-Wert unbedingt wissen, da einige Pflanzen empfindlich auf ein Zuviel an Kalk oder Torf in der Erde reagieren.

Eine Bodenverbesserung wird durch den Zusatz von organischen und mineralischen Düngern erreicht. Man muß sich allerdings darüber im klaren sein, daß Bodenverbesserung ein kontinuierlicher Prozeß ist, der nicht unterbrochen werden darf. Es dürfte schwierig sein, die Beschaffenheit des Bodens auf Dauer zu verändern, obwohl Beth Chatto (Seite 44) erstaunliche Erfolge erzielt hat, als sie ein hoffnungslos nasses

▼ Pflanzen einer Gruppe gedeihen, wenn sie gleiche Bedingungen vorfinden. In diesem neu angelegten Sumpfbeet wird das von Kies bedeckte Erdreich ständig feucht gehalten.

▶ Freizeitbereiche erfordern eine sorgsame Planung, um den verfügbaren Sonnenschein bestens auszunutzen. Beispielsweise schafft man Verandabereiche entfernt vom Haus, wie in diesem kleinen Vorstadtgarten, wo Sitzmöglichkeiten und Sonnenplätze am äußersten Ende eingerichtet wurden. Mangelnde Intimsphäre können im Stadtgarten ebenso ein Problem sein. Hier schützen Zäune, Sichtblende und dichte Bepflanzung vor Verkehrslärm und Abgasen und bieten die notwendige Rückzugsmöglichkeit.

Gelände mittels besserer Abflußmöglichkeiten entwässert hat.

Sandige Erde, die das Wasser kaum hält, profitiert von reichlichen Gaben organischer Substanz ebenso wie lehmiger Boden. Auf Lehmboden empfiehlt sich die Entwässerung, indem man eine Kiesschicht oder

entsprechende Entwässerungsrohre ein-
baut, aber so, daß die Erdoberfläche weitgehend intakt bleibt.

Torfhaltige Erde ist oftmals zu sauer. Eine
gelegentliche Kalkgabe wird den pH-Wert
anheben. Ein Boden mit hohen pH-Werten
ist stark kalkhaltig, was für Kamelien oder
Rhododendren, die keinen Kalk vertragen,
den sicheren Tod bedeutet. Hier ist jede
Menge Kompost oder Dünger erforderlich.

Mehr können Sie für Ihren Boden fast
nicht tun. Sollten sich die Bedingungen für
Pflanzen als völlig ungeeignet erweisen,
muß man auf Tröge, Töpfe und erhöhte
Beete, die mit geeigneter Erde gefüllt sind,
ausweichen. In jedem Fall ist es klug, jene
Pflanzen auszuwählen, die unter den gegebenen Bedingungen gedeihen.

Wer den Boden testet, muß wissen, daß
die Ergebnisse von Bodenproben innerhalb
eines Gartens voneinander abweichen können. Achten Sie also darauf, mehrere Pro-
ben zu entnehmen.

Größen und Formen

Sie werden Form und Größe Ihres Grundstücks selten verändern können. Trotzdem
gibt es eine Menge optischer Tricks, die Sie
zur Gestaltung und Verkleidung von Form
und Ausdehnung des Gartens einsetzen
können.

Ein kleiner oder reizloser langer schmaler
Garten kann mit Rundwegen und Trenn-
wänden aus Blattwerk und Blumen so
gestaltet werden, daß die wahren Grenzen
nicht auszumachen sind. Ein kleiner Garten
wirkt immer, wenn man ihn nicht auf einen
Blick erfassen kann. Weitere Gestaltungsmittel, um an Größe und Licht zu gewin-
nen, sind z. B. reflektierende Wasserflächen. Die Plazierung einzelner Blickpunkte, abgestimmte Farben, der Verlauf
der Wege und der Stil der festen Oberflächen werden Ausmaß und Form des Grundstücks beeinflussen.

In einem großen Garten sollte man die
Weite eher abmildern. Dies erreicht man,
indem man einzelne abgeschlossene Bereiche einrichtet, die mit Wegen untereinander
verbunden werden. Wo irgend möglich,
sollte man den Garten in die umgebende
Landschaft übergehen lassen.

▶ Es gibt mehrere Möglichkeiten, im Garten mit
optischen Tricks zu arbeiten. Ein Wasserstreifen
wird den Garten geräumiger erscheinen lassen.
Abschirmungen, üppige Pflanzungen und kräftige
Arten ziehen die Aufmerksamkeit auf sich und
verdecken die wahren Grenzen des Gartens.

▲ In einem großen Garten ist es ratsam, kleine
Gartenräume zur Entspannung und zur Gruppierung außergewöhnlicher Pflanzen zu schaffen. Ein
unterbrochener Sichtschutz wie diese Holzplanken und sorgsam ausgewählte Pflanzen bilden
nicht nur eine Abgrenzung, sondern lassen auch
das Auge weiterschweifen.

3

Gärten und Gartenideen

So wie die Inneneinrichtung des Hauses ist die Gartengestaltung meist eine Frage des persönlichen Geschmacks und der Zweckbestimmung. Innerhalb der Grenzen von Form, Größe, Bodenbeschaffenheit und finanzieller Mittel läßt man den Garten schlauerweise für sich arbeiten. Das ist der Inhalt dieses Kapitels – eine dem Lebensstil entsprechende Gartengestaltung. Vor Planungsbeginn sollten Sie sich jene Fragen stellen, die ein Landschaftsarchitekt seinen Kunden stellt, z. B. welche Art Garten Ihren Bedürfnissen und Vorlieben entgegenkommt? Oft ist der geringe Pflegeaufwand eine wichtige Überlegung. Ein anstrengender Beruf läßt für Gartenarbeit nur wenig Zeit, macht aber eine erholsame Umgebung um so dringlicher. Ob man den großen Garten mit seinen Rasenflächen und den arbeitsintensiven Blumenrabatten wirklich will, sollte man sich genau überlegen. Man wird sich auch ausgiebig mit den persönlichen Wünschen an den Garten und der Form seiner Elemente beschäftigen. Vielleicht haben Sie eine Vorliebe für weiche oder harte Oberflächen, z. B. für Rasen und Holzdecks anstelle von Stein und Ziegeln. Dieser Abschnitt präsentiert Stilarten oder Themenbereiche mit Ideen und Vorschlägen für jede Gartengröße. Einige davon sind Ihnen sicher noch nie in den Sinn gekommen. Für andere Ideen konnten Sie sich vielleicht schon begeistern, ohne zu ahnen, daß sie machbar sind. Betrachten Sie Gärten und Gartenideen als Anregungen, die eine genaue Vorstellung von Ihrem Garten reifen lassen und Ihnen Art und Weise der Umsetzung veranschaulichen. In den Abschnitten »Gestaltungselemente« (s. Seite 209) und »Gestalten mit Pflanzen« (s. Seite 173) finden sich weitere Ratschläge.

Der Garten in der Stadt

Aufgrund des Platzmangels in den Städten findet man vor allem kleine Gärten, die oft nicht größer sind als ein Paar Pflastersteine. Dennoch erfüllt der Garten in der Stadt eine wichtige Funktion. Er sorgt für wertvollen Lebensraum und ist in gewissem Sinn eine Erweiterung des Hauses, die Sitz-, Eß- und Erholungsmöglichkeiten bietet.

Die heutige Architektur sieht lediglich das Bauwerk, nicht aber die jeweilige Umgebung. Deswegen ist es für den einzelnen um so wichtiger, die Gartenfläche voll auszunutzen. Diese Aufgabe ist nicht so schwierig, wie sie auf den ersten Blick scheint. So wie jeder Gartentyp seine Vor- und Nachteile hat, ist auch der Garten in der Stadt nicht ohne Pluspunkte.

Zugegeben, Stadtgärten sind meist klein, eng und wegen der umstehenden Gebäude manchmal schattige Plätze. Obwohl Gartenliebhaber über Jahre hinweg viel Liebe und Humus investiert haben, blieb die Erde nährstoffarm. Wahrscheinlich ist das größte Problem der zwischen neuen Gebäudekomplexen angelegte Gartentyp: extrem klein, mit nutzloser Einzäunung, voll Steine und Schutt und wenigen bis keinen Rück-zugsmöglichkeiten. In Stadtzentren kann auch das Problem der Umweltverschmutzung eine wichtige Rolle spielen.

All dies klingt wenig ermutigend. Trotzdem fassen Sie sich ein Herz: Einige Entwürfe und etwas Vorstellungskraft verzaubern einen Hinterhof in ein kleines Paradies. Und was ließe sich nicht alles über die Freude erzählen, die die Pflege eines auch nur kleinen Grundstücks macht. Ein kleiner Garten ist leichter zu handhaben, und der Pflegeaufwand hält sich in Grenzen.

▶ Sie machen das Beste aus Ihrem Wohnbereich, wenn Sie Haus und Garten als Einheit gestalten. Gleiche Bodenbeläge in beiden Bereichen schaffen Großzügigkeit und vermitteln Weitläufigkeit. Pflanzen in Trögen, die je nach Wetterlage drinnen oder draußen stehen, verstärken den Eindruck: eine *Dracaena marginata*, die pflegeleichte *Phoenix robelinii* und eine glänzende *Ficus benjamina* 'Exotica'.

▼ Stadtgärten weisen oft schwierige Formen und Lagen auf. Dieser Platz zeigt treppenartig angelegte Ebenen aus Holz um ein Wasserbecken, tiefer gelegte Beete mit leicht zu pflegenden Sträuchern und Bäumen wie *Acer palmatum* 'Dissectum'.

Aufgrund seiner geschützten Lage erlebt er längere Jahreszeiten. All das erlaubt die Kultur außergewöhnlicher und zierlicher Pflanzen. Die beschränkte Fläche bringt außerdem einen niedrigen Bedarf an Pflanzen und Baumaterialien mit sich. Dadurch läßt sich ein üppiger und attraktiver Garten mit geringen Aufwand und problemlos anlegen.

▼ Eine winzige Veranda, umgeben von Duft, Form und Farbe. Die Bepflanzung schafft Flächen von besonderem Reiz. Verwendet wurden die riesige *Gunnera manicata*, die hohe Distel *Onopordum* und *Hosta sieboldiana*. Kleinere Grünpflanzen harmonieren mit leicht bedeckten Blättern und grauen, malvenfarbenen, gelben und blauen Blumen.

Die Funktion des Stadtgartens

Der Stadtgarten ist mehr als nur eine Ansammlung von Pflanzen. Er dient als Puffer zwischen Haus und Stadtleben. Deswegen sind eine sorgfältige Planung und Gestaltung so wichtig. Geringer Pflegeaufwand macht ihn nicht zur Last, sondern läßt ihn zur Erholung werden, zu einem Erlebnis sicht- und hörbarer Wildnis und erfrischenden Duftes von Erde und Blumen. Außerdem sollte der Garten Rückzugsmöglichkeiten und Raum zur Entspannung und Beruhigung bieten.

Rückzugsmöglichkeiten und Schutz sind nicht gleichbedeutend mit hohen Mauern, die Licht und Sonne abhalten. Ein geflochtener Windschutz um die Veranda oder eine Pergola mit schnellwüchsigen Kletterpflanzen bieten neben einem guten Aussehen Schutz vor Einblicken.

Die Grundidee des mobilen Gartens – große Pflanzentröge, Skulpturen und bewegliche Gartendecks – ist ideal für den kleinen Stadtgarten. Nach Lust, Laune und Bedürfnissen kann er variiert und umgestaltet werden.

Auch kleine Gärten profitieren von der Aufteilung in verschiedene Bereiche, was sie größer erscheinen läßt, als sie wirklich sind. Der Betrachter steht einer Vielfalt von Reizen und wechselnden Bildern gegenüber. Kiesflächen könnten von Grasflächen oder Pflanzbeeten durchsetzt, Ebenen erhöht oder derart gestaltet sein, daß sie

▶ Ein Holzboden verbindet in diesem subtropisch anmutenden Innenhof Haus und Garten auf ideale Weise. Weicher und natürlicher als Pflastersteine kann sich dieses Deck der Form des Hauses angleichen und geradewegs in den Garten führen.

▼ Unten rechts: Beachten Sie, daß die Bereiche nahe am Haus direkt von innen betrachtet werden können. Sie sollten ein anregendes Pflanzenbild und interessante Formen bieten. Bäume und Sträucher sind hier als Schutz gegen Lärm, Wind und Verschmutzung wichtig.

▲ Im Idealfall folgt die Dauerbepflanzung der Terrasse einem genauen Schema. Säulen und Tröge mit verschiedenen einjährigen Pflanzen sorgen für Farbgebung im Sommer. Die gewagte Kombination von fleischiger *Hosta*, grasartigen *Phalaris* und einem grazilen Exemplar der Japanischen Mispel bildet einen ausdrucksstarken Hintergrund für prächtige Sommerblumen und weißbemalte Gartenmöbel.

dem Auge des Betrachters entschwinden. Auch ein Fleckchen Wildwuchs mit langen Gräsern und Wiesenblumen ist möglich. Versuchen Sie auch Blickpunkte, z. B. Gartendecks oder Pergolen aus gebeiztem Holz, ungewöhnliche Mosaikpflaster oder den Teil einer Skulptur, einzubringen. Kontrastierende Pflanzen mit weichem, flaumigem Blattwerk wie *Salvia* oder *Stachys olympica*

oder die großblättrige *Hosta sieboldiana* könnten in Sitz- und Ruheecken gepflanzt werden. Außerdem sollten Sie an einen Springbrunnen oder andere Wasserspiele denken, da der Klang fließenden Wassers beruhigend wirkt. Wasserspiele können so angelegt werden, daß keine Gefahr für Kleinkinder oder Haustiere besteht.

Die Veranda

Die Veranda ist ein grundlegender Bestandteil des Stadtgartens. Sie führt vom Haus zum eigentlichen Garten und bietet eine ebene, trockene Stellfläche für Gartenmöbel. Wie auch immer, es besteht kein Grund dafür, sie auf ein dürftiges Fleckchen zu reduzieren. Warum sollte man nicht zwei oder drei Veranden im Garten verteilt anlegen, um die Sonne zu den unterschiedlichen

Tageszeiten auszunutzen. Dies könnte einen Rasen unnötig machen. Das fast obligatorische Fleckchen Grün, klein, nutzlos und nur Gegenstand einer allwöchentlichen Mähaktion, kann Verschwendung von wertvollem Platz sein, der sich besser als Allwetterzone nutzen läßt.

Gehen Sie nicht immer von Pflastersteinen aus, wenn Sie an das Belegen von Veranden denken; es gibt jede Menge attraktiver Bodenbeläge (s. Seite 209). Die wahrscheinlich vielseitigste und günstigste Alternative ist der Holzboden (s. Seite 122), der von international anerkannten Gartengestaltern am häufigsten eingesetzt wird. Wegen seiner warmen natürlichen Ausstrahlung, die zu so vielen Gartentypen paßt, ist Holz das Ideal für den pflegeleichten Garten, durchgehend bis zum Haus oder Wintergarten. Die leichte Handhabung, seine Eignung für Ornamente und Muster, Sitzmöglichkeiten, erhöhte Ebenen und – gebeizt oder gefärbt – für besondere Effekte machen Holz so beliebt.

Andere weniger gebräuchliche Ideen für die Veranda des Stadtgartens sehen vor, daß der Hauptbereich von Kieselsteinen, bepflanzten Flächen oder auch von einem kleinen Teich unterbrochen wird. Diese Vorschläge, genauso wie Sitzgelegenheiten, Spielecken für Kinder und Grillmöglichkeiten, sind von unschätzbarem Wert, wenn es darum geht, aus einer kleinen Fläche das Beste zu machen.

Wasser

So wie Innenarchitekten in kleinen Häusern Spiegel einsetzen, um Raum und Licht vorzutäuschen, benutzen Landschaftsarchitekten Wasser, um dieselbe Wirkung im Garten zu erzielen. Unbestritten ist das beruhigende und entspannende Geräusch fließenden Wassers. Das wechselnde Bild des Himmels im Spiegel einer ruhigen Wasseroberfläche ist indes ebenso wohltuend wie das Beobachten der Steine, Fische, Frösche und Insekten – Gäste der freien Natur sogar in einem Teich mitten in der Stadt.

Der Erfolg mit Wasser hängt ab vom Ehrgeiz Ihrer Planung. Nur weil die Größe des Gartens begrenzt ist, sollten Sie die Anlage nicht verkleinern. Eine Wasserzeile, die sich z. B. durch einen kleinen Garten zieht, kann von einzelnen Steinen oder einer Brücke unterbrochen sein; so erscheint die Umgebung etwas abenteuerlich.

Auch kleine Anlagen können aufregend sein, wenn sie an der richtigen Stelle und mit Phantasie gestaltet werden. Ein kleiner einfacher Teich läßt sich in Einfassung und Form seiner Umgebung anpassen: z. B. umgibt man ihn, eingelassen in ein Gartendeck, mit einem erhöhten Holzrahmen. Eine andere Möglichkeit wäre, ihn – mit bunten Kieseln auf dem Grund – in eine mit Holz ausgelegte Veranda einzulassen.

Fließendes Wasser muß mit der gleichen Sorgfalt geplant werden. Falls Ihr Garten nicht groß genug für einen Wasserlauf, Wasserfall oder Springbrunnen ist, könnte statt dessen eine kleine Quelle über einen alten Mühlstein, aus einem Gefäß oder aus einem kleinen Wasserspeier in der Wand der Veranda sprudeln. Verzichten Sie auf den üblichen Löwenkopf und bringen Sie eine geeignete Originalskulptur an (s. Seite 148). Auch ein alter Messinghahn oder eine Plexiglasrinne leiten das Wasser auf einfache Weise in den kleinen Teich.

◄ Wo Türen einen direkten Zugang zum Garten erlauben, sorgen Arrangements von Grünpflanzen zu beiden Seiten für ein Gefühl der Zusammengehörigkeit von Haus und Garten. Hier wurde ein Trog mit Farnen und *Chlorophytum* gepflanzt. Es scheint, als habe sich der Garten bis in die Innenräume ausgedehnt.

▼ Ungewöhnliche Beläge schaffen überraschende Bereiche im Mittelpunkt des Gartens. Diese Elemente aus Terrakotta bieten eine Vielzahl von Verwendungsmöglichkeiten. Sie können zugleich Bodenbelag und Pflanzentrog und Abgrenzung für einen kleinen Teich sein.

Der Naturgarten in der Stadt

Ein wilde Garten mag für einen Städter zunächst ein seltsamer Wunsch sein. Trotzdem, mit den richtigen Pflanzen geht die Verwilderung überraschend schnell einher. Dabei entsteht ein stets abwechslungsreicher und interessanter Lebensraum.

Natürlichkeit ist ein gutes Motto für die Bepflanzung eines Gartens in der Stadt. Ein Naturgarten mit einheimischen Pflanzen erfordert wenig Pflege, da er aus eigener Kraft gedeiht. Die Ergebnisse werden deshalb kaum vorauszusehen sein, weil man nie ganz die Kontrolle hat. Ein wilder Garten ist zweifellos entspannend: ein Ort weicher Farben und feiner Düfte, Qualitäten, die in überkultivierten Gärten oft fehlen.

Geduld ist bei einem Wildgarten angesagt, denn er braucht Zeit, um zu einer Einheit zu werden. Unwillkommene oder sich massenhaft ausbreitende Pflanzen sollten im Zaum gehalten werden. Seine Attraktivität bezieht dieser Gartentyp jedoch aus einem sich immer wieder verändernden Pflanzenbild.

Der Garten des Pflanzenfreundes

Ein kleiner Garten bietet die Gelegenheit, Schwerpunkte zu setzen. Er wird zum einfarbigen Garten, wenn sich Blumen und Blattwerk auf einen Farbton beschränken. Weiterhin bietet sich die Gelegenheit, sein Talent für Gartengestaltung zu entwickeln und mit Formen, Strukturen und Größen in einer einzigen Farbe zu spielen. Vielleicht ziehen Sie es auch vor, in einem duftenden oder immergrünen Garten mit Büschen und Bäumen zu schwelgen. Die Palette von Möglichkeiten ist nahezu endlos.

Der wirkliche Pflanzenliebhaber wird eine Sammlung seltener und ungewöhnlicher Pflanzen anlegen. Gerade in einem kleinen Garten werden diese Pflanzen die verdiente Aufmerksamkeit finden. Die Einschränkung in der Größe erleichtert die sinnvolle Ausnutzung des Platzes, ohne daß es ein Vermögen kostet. Pflanzen werden von Freunden, anderen Pflanzenliebhabern oder auch in Spezialgärtnereien erstanden. Abweichend von den meist kleinen Stadtgrundstücken wird der Garten des Pflanzenliebhabers nicht so konzipiert, daß er ohne Pflege existieren könnte oder schnell Form zeigt. Er spiegelt mehr die Liebe zur Pflanze wider. Ihre Aufzucht, die Beobachtung von Wachsen und Gedeihen über vielleicht viele Jahr macht diesen Garten anregend.

▲ Eine ansprechende Veranda kann auf kleinsten Raum entstehen, sogar auf dem Dach. Ein Boden aus Holz bildet den Untergrund für Tröge mit farbenprächtigen Blumen. Interessante Grünpflanzen wie *Aucuba japonica* sorgen für einen abwechslungsreichen Jahresverlauf, üppig blühende Einjährige für ein sommerliches Schauspiel. Die weiße Farbe der hinteren Wand wirkt wie eine zusätzliche Lichtquelle.

Dachgärten

Ein Dachgarten ist eine wunderbare Möglichkeit, ein bißchen Natur in die von Beton und Glas beherrschte Stadt zurückzuholen. Vergewissern Sie sich, daß die Dachkonstruktion die nötige Stabilität aufweist, um das Gewicht von feuchter Erde, Bäumen, Trögen und Möbel zu tragen. Fragen Sie auf jeden Fall einen Fachmann.

Abgesehen davon, wird der Garten dem Wind, peitschendem Regen und praller Sonne an Sommertagen ausgesetzt sein. Umstände, die Schwierigkeiten bereiten können. Der Wind kann zum Teil durch spezielle Planen oder Gewebe abgehalten werden. Außerdem brauchen Sie einen Abfluß, um dem Regenwasser Herr zu werden. Einen Teil kann man in einer Regentonne auffangen, um es an trockenen Tagen als Gießwasser zu verwenden. Verwenden Sie generell leichte Materialien.

▲ Sollten Sie zu den Glücklichen zählen, die einen Dachgarten besitzen, werden Sie feststellen, daß höhere Gebäude in der Umgebung ausreichend Schutz und Deckung bieten, um eine ganze Anzahl von Pflanzen kultivieren zu können. Für Schatten sorgt hier der geschnittene Liguster in Terrakotta-Behältern, unten mit kriechender *Lobelia*. Die *Passiflora caerulea* schlingt sich um erhöht verlaufende Drähte und ist zusätzlicher Schutz und Blickfang.

◀ Sie können fast jeden Platz in einen kleinen Dachgarten umwandeln. In diesem Beispiel wurden Sträucher wie Flieder (*Syringa*) und Rhododendron in Tröge gepflanzt und bieten einen farbenprächtigen, duftenden Schutz. Kleinere Bodendecker und blühende Pflanzen wurden in Gefäße auf Vorsprüngen in unterschiedlicher Höhe eingesetzt.

Der Garten auf dem Land

Der Landgarten ist oft weitläufig, was die Pflege erschwert und den Unterhalt aufwendig macht. Außerdem sind Wind und Frost ein Problem, weil der Garten meist nur von flachen Feldern umgeben ist oder von einfachen Holzzäunen begrenzt wird.

Der erste Schritt wäre also die Abschirmung des privaten Bereichs. Weil es unwahrscheinlich ist, daß Sie sich lange Mauern, wie sie einst Landgüter umgaben, leisten können und ein langer Zaun weder aus finanziellen noch ästhetischen Gründen in Frage kommt, bieten sich Bäume und Sträucher als Lösung an: Sie dienen nicht nur als effektiver Windschutz, sondern harmonieren auch mit dem Garten und der umliegenden Landschaft.

Ein weitläufiger Garten bietet Platz für ehrgeizige Projekte wie z. B. einen Tennisplatz und/oder Swimmingpool. Beide müssen vom eigentlichen Garten abgetrennt werden und benötigen Schutz vor starkem Wind. Sicher wünschen Sie sich auch ein Gemüsebeet, einen Kräutergarten, Obstbäume und Möglichkeiten zum Sitzen und Faulenzen. Sind die in Frage kommenden Elemente ausgesucht, werden sie wie ein Puzzle zusammengesetzt. Die Aufteilung eines großen Bereiches in mehrere kleine scheint die besten Lösung. Sie brauchen keine Armee von Gärtnern, der Garten wird durch wechselnde Stimmungen und unterschiedliche Bereiche interessanter und kann besser ausgenutzt werden.

Zu den traditionellen Gartenbestandteilen gesellen sich – der Landgarten von heute setzt mehr auf Natürlichkeit – weichere, ursprünglichere Pflanzen und Blumen und ein Rahmen aus pflegeleichtem Baum- und Strauchbestand. Mit dieser Grundidee im Kopf können größere Pflanzen, z. B. die gewaltige *Gunnera manicata* mit ihren bis zu 4 m ausladenden Blättern in Betracht gezogen werden. Als schnellwüchsiger, das Unkraut unterdrückender Bodendecker eignet sich der großblättrige *Petasites japonicus* (trotz seines starken Ausbreitungsdranges) genauso wie das charakteristisch gefleckte Lungenkraut (*Pulmonaria*). Grünes und blaues Blattwerk wirken beruhigend auf das Auge und bildet den idealen Hintergrund für Tuffs weicher pastellfarbener Pflanzen wie die mehrjährige *Ligularia clivorum* 'Desdemona' mit ihren keilförmigen, hohen orangefarbenen Blüten, den purpurfarbenen Fingerhut (*Digitalis purpurea*) oder das Lila der *Bergenia cordifolia* mit ihren Büschen glockenförmiger Blumen über riesigen, runden grünen Blättern.

Diese Pflanzen müssen, damit sie gut zur Geltung kommen und positiv zum Gesamtbild des Landgartens beitragen, in großen Gruppen gepflanzt werden. Beschränken Sie die einjährigen Pflanzen auf Töpfe und Kübel, rund um das Haus verteilt. Das Gras kann lang bleiben, wobei sich wunderbar unkompliziert Wege zu besonderen Skulpturen oder reizvollen Plätzen einfach einmähen lassen und ein paarmal im Jahr nachgeschnitten werden.

In dieser anmutigen Halbwildnis gibt es mehrere Plätze, z. B. Sitzgelegenheiten, ordentliche Beete mit Gemüse, Kräutern oder einer Sammlung besonderer Pflanzen. Das sind versteckte Plätzchen, die man

◀ Ohne eine Gruppe von Stockmalven mit ihren großen, hohen Blütenkerzen ist ein Landgarten nicht vollständig. Normalerweise brauchen sie eine Stütze, oder sie werden von einen Metallzaun gehalten, was ihre Pflege erleichtert.

▶ Dieser großzügige Landsitz nutzt die umliegende Landschaft zu seinen Gunsten. Die Bepflanzung des halbbefestigten Teiches wirkt natürlich und wird durch Gruppen wunderschöner Lilien gekrönt. Im Vordergrund die wachsartige Kalla (*Zantedeschia aethiopica*) und in den Beeten entlang des Ufers die Taglilie (*Hemerocallis*).

▲ Der Landgarten mag wie eine zufällige, aber gelungene Komposition verschiedener Pflanzen erscheinen. Dennoch führt nur sorgfältige Planung zum Erfolg. Farbe, Form und Größe wurden fachmännisch zu einem kontrastreichen Bild zusammengestellt. Gruppen von *Arundinaria murielae*, die kleinwüchsige *Hosta* 'Thomas Hogg', zarte Taglilien (*Hemerocallis*) und die spitze gelbe *Ligularia stenocephala* 'The Rocket'.

◀ Zahlreiche Schattengewächse unter Bäumen bescheren einen angenehmen Blick. Die verschiedenen reizvollen Grünpflanzen wurden um den außergewöhnlich gewachsenen Stamm eines Obstbaumes gruppiert, wobei sich eine Farbkombination aus Grün, Weiß und Gelb ergab. *Hosta sieboldiana* und der weiße *Phlox* schaffen wichtige Höhepunkte.

scheinbar zufällig entdeckt und die neue Ausblicke und Stimmungen beherbergen.

Der Schrebergarten

Üblicherweise wächst in einem Schrebergarten von allem etwas: Gemüse, Blumen, Kräuter, Obst und Bäume. Der moderne Schrebergärtner legt exakte Beete rund um den Hauptgarten an, die leichter bearbeitet und deren Bepflanzung einfacher geplant werden kann. Er macht die Pflanzung von Köstlichkeiten zum Schmuck des Gartens. Viele Gemüsesorten sind so reizvoll, daß sie einem Blumenbeet alle Ehre machen. Federartiges Karottenkraut, runde Artischok-

ken oder rosa und grüner Krauskohl. Heil- und Gewürzkräuter sind auf ihre Weise ebenso attraktive Pflanzen. Denken Sie an den hohen bronzenen Fenchel (*Foeniculum vulgare*), der eine Höhe von 1,50 m erreichen kann. Oder der robuste Rainfarn (*Tanacetum vulgare*) mit seinem dunklen, fedrigen Blattwerk und tiefgelben Knopfblüten. Kräuter als Reihen duftenden Grüns und farbiger Blüten bilden einen optischen Genuß.

Obstbäume und Beerensträucher können ebenfalls flexibel eingesetzt werden. Neue Strauchbeerenzüchtungen wie Taybeere und Tummelbeere wachsen dichter und sehen

zumindest genauso gut aus wie mancher Zierstrauch.

Apfel-, Pfirsich- und Kirschbäume sind wegen ihrer prächtigen Blüte im Frühling und ihrem grazilen Astwerk zu schade, um in einen dichten Obstgarten verbannt zu werden, besonders dann, wenn sie mit Kletterrosen und Glyzinien behangen sind.

▼ Große Gärten auf dem Land liegen häufig ungeschützt und brauchen Abschirmung. Die einfache Anordnung der Bäume und Hecken bieten Schutz für Veranda und Beete. Oft grenzen diese Gärten an eine Dorfstraße. Nur ein hoher Zaun oder eine Mauer gewährleisten Privatsphäre.

Gemüse
und Kräuter

Kräuter, Obst und Gemüse sind seit jeher Bestandteile des Land- oder Schrebergartens, etwas abseits angelegt und von schützenden Mauern oder Spalieren umgeben. Oder aber man pflanzt z. B. an einem kleinen Platz Petersilie und Thymian. Erdbeeren und Kohl müssen zwischen den Blumen Platz finden. Lehnen Sie Nutzpflanzen im Garten nicht ab, etwa weil sie zuviel Arbeit machen oder Sie keinen geeigneten Platz dafür finden. Oft sehen sie genausogut aus wie sie schmecken und stehen mancher Zierpflanze in nichts nach.

▶ Oben: Von jeher hatte der ländliche Gemüsegarten eine dekorative wie zweckmäßige Bestimmung. Kräuter- und Gemüsebeete, von schmalen Wegen geteilt, wechseln sich mit befestigten Ebenen, mit Sitz- und Erholungsmöglichkeiten ab. Dieser formale Gemüsegarten schöpft seinen Geist aus dekorativen Gegenständen wie der Sonnenuhr oder dem ansehnlichen Vogelbad.

▶ Der formale Kräutergarten ist oft zeitaufwendig in der Pflege und wird mit seinen schmalen Beeten dem 'Bedarf nicht gerecht. In vielerlei Hinsicht ist ein großer einfacher Kräutergarten praktischer und bietet ein attraktives Bild aus Blumen und Blättern. Hier wurden Kräuter mit Blumen, Blattgemüse, Kletterbohnen und Sonnenblumen kombiniert.

▲ Gemüse kann genauso reizvoll wie eine Blume sein. Dieser Wirsing mit seinen auffälligen Köpfen wurde neben üppig blühende *Tagetes* gepflanzt. Eine gute Gesellschaft, weil sie die weiße Fliege abhält.

Der waldartige Landgarten

Groß oder klein – ein üppiger Naturgarten, beherrscht von Bäumen und Sträuchern und durchzogen von Graswegen, ist einfach unübertroffen. Planung und Pflanzung der Bäume erfordern Voraussicht. Selbst wenn Sie von einem kleinen bereits vorhandenen Baumbestand ausgehen können, wird es Jahre dauern, bis Ihre gestalterischen Ambitionen voll zur Geltung kommen.

Das Geheimnis liegt in einer engen Artenauswahl. Versuchen Sie einheimische Arten geschickt in Gruppen anzuordnen, da und dort mit einem besonderen Baum dazwischen. Im Frühjahr gewinnt Ihr Garten mit der prunkvollen Blüte der Vogelkirsche (*Prunus avium*), einer Eberesche (*Sorbus commixta*) und einer Mischung immergrüner Pflanzen und Bäume mit bestechenden Herbstfarben an Attraktivität. Wegen ihrer großartigen Herbstfärbung sollten Sie auf Eiche, Buche und den legendären Ahorn schwören, die noch lebhafter wirken, wenn man sie mit dem Immergrün der Kiefern und Fichten kombiniert.

Der waldähnliche Landgarten ist schattig und eine sorgfältige Auswahl der Pflanzen deshalb notwendig. Mit Farnen, Efeu, Glockenblumen, Schlüsselblumen, Lilien, Veilchen und Orchideen liegen Sie richtig. Sie passen sich den natürlichen Gegebenheiten des Waldes, dem feuchten Boden und gedämpften Licht, an.

Der Wildgarten auf dem Land

Der waldähnliche Garten ist wild auf seine Art. Wenn Sie aber gern mehr sonnenliebende Pflanzen haben, ist es ein leichtes, eine Blumenwiese, einen Grasstreifen oder einen Sumpfgarten anzulegen. In Blumenwiesen können ohne Schwierigkeiten Wildgräser oder Wildblumen eingesät werden. Bei anderen Pflanzen müssen Sie die natürlichen Lebensbedingungen kennen, um einen realistischen Effekt zu erzielen.

Wasser ist eines der aufregendsten Elemente. Es macht den Einsatz eines breiten Pflanzensortiments möglich und fördert die Ansiedlung natürlichen Lebens, z. B. von

Vögeln, Insekten, Fröschen und Fischen. Wo ein natürlicher Wasserzulauf existiert, sind Sauberkeit und andere Kriterien zu prüfen.

Ein Sumpfgarten ist die Anstrengung des Anlegens schon wert. Dafür eignet sich jedes schlecht entwässerte Gebiet. An irgendeiner anderen Stelle hilft eine Teichfolie, die mit nährstoffreicher Erde bedeckt wird.

Pflanzen wie die exotische Lilie (*Cardiocrinum gigantum*) mit ihren großen trompetenförmigen Blüten, Sumpfdotterblumen (*Caltha palustris*) und die stattliche Schwertlilie (*Iris laevigata*) bieten ein anmutiges Schauspiel. Diese feuchtigkeitsliebenden Pflanzen neigen allerdings zu zügellosem Wachstum. Man sollte eine Auswahl vieler verschiedener Arten vorziehen.

Der ländliche Garten in der Stadt

Es gibt nichts, was Sie daran hindern könnte, grundlegende Elemente des ländlichen Gartens auf einen kleinen Raum in der Stadt zu übertragen. Die ländliche Veranda mit ihren Kräutern, Wild- oder Bauernblumen macht sich in Töpfen und Trögen sehr gut. Lassen Sie den Pflanzen in einer Ecke des Grundstücks freien Lauf oder schaffen Sie einen kleinen Teich.

Aber Vorsicht: Weniger ist mehr!

◀ Eine Fülle von Blumen ist oft wirkungsvoller, wenn sie sich auf eine begrenzte Zahl von Farben beschränken. Pink und Mauve lassen sich gut kombinieren und wurden hier in jeder Höhe verwendet. Die dunkellila *Clematis* und *Thalictrum dipterocarpum* prunken im Hintergrund. Breite Tuffs der lilafarbenen *Nepeta* bedecken den Boden. *Sedum spectabile* setzt ein cremefarbenes Glanzlicht, *Monarda didyma* steuert pinkfarbene Töne bei.

▲ Der Bereich unter Bäumen ist allzu oft nackt und reizlos, weil nur wenige Pflanzen den starken Schatten ertragen. Trotzdem bietet sich eine überraschende Anzahl im Schatten blühender Pflanzen an, so wie diese Auswahl von Waldpflanzen, einschließlich des Wurmfarns (*Dryopteris filixmas*) und einer breiten Palette von Primeln.

▲ Oben: Ein großer Garten birgt oft die Möglichkeit für eine halbwilde, natürliche Gestaltung mit einem Teich, der von einheimischen Pflanzen und Wildblumen umgeben ist. Von Bäumen oder großen Sträuchern geschützt, entsteht ein geheimnisvoller Garten entfernt vom Haus.

Der Wassergarten

Ob ausdrucksstark, einfach, wild oder wuchernd – für alle Gartensituationen gibt es die passende Wasseranlage. Wasser ist zweifellos eines der am meisten stimulierenden, anpassungsfähigsten und aufregendsten Elemente im Garten. Wenn man bedenkt, wie vielseitig Wasser ist – es paßt sich jeder Form und Größe an, es bildet ruhige Teiche, sprudelnde Brunnen und plätschernde Wasserfälle, die für Tiere und Pflanzen lebensnotwendig sind. Es ist nicht überraschend, daß es in der heutigen Landschaftsarchitektur häufig eingesetzt wird.

Wasser ist als Bestandteil der Gartengestaltung keine Neuigkeit. Bereits die Ägypter haben im Jahr 2000 v. Chr. Teiche mit Seerosen angelegt. Wegen des geringen Pflegebedarfs und der Entspannung, die man am Wasser verbindet, finden auch moderne Gärtner Gefallen daran.

Gestaltungsmöglichkeiten

Sie müssen mit optischen Kniffen arbeiten, wenn Sie einen Garten länger oder breiter erscheinen lassen wollen, als er tatsächlich ist. Ein Wasserband weckt die Illusion von ein bißchen mehr Raum, wenn Himmel und Bäume sich spiegeln. Wo Verkehrslärm stört, wird das beruhigende Plätschern des fließenden Wassers oder eines Wasserfalls, Speiers oder Springbrunnens die Akustik beherrschen.

Wasser kann vielfältig integriert werden, wenn man es geschickt und mit Phantasie macht: also keine winzigen Plastikteiche, die gerade eine Seerose beherbergen. Sollten Sie auch nur ein bißchen Raum haben, halten Sie nach etwas Stilvollem Ausschau, z. B. einem alten Trog. Großzügiges Denken auch in einem kleinen Garten wird belohnt, nicht weil man weniger Gras mähen oder Unkraut jäten muß, sondern weil der Garten sich ständig bewegt und ändert.

Geeignete Pflanzen

Nicht nur die Gestaltungsmöglichkeiten und der geringe Pflegeaufwand machen das Wasser anziehend. Wasserpflanzen zählen zu den schönsten Gewächsen mit einer ungeheuren Vielfalt an Farben, Formen und Größen. Allerdings sind manche schwierig zu halten. Tatsache ist auch, daß viele sehr kräftig sind und geschnitten werden müssen.

Für ruhige Teiche gibt es wunderschöne Wasserpflanzen mit klassischen, großen flachen Blättern und prächtigen Blüten. Für die meisten Leute sind diese Pflanzen ein Muß. Eine weitere interessante Pflanze der Wasseroberfläche, wenn auch weniger auffällig als die Seerose, ist die hübsche Wasserfeder, ein Sauerstoffspender mit blassen malvenfarbenen Blüten und hellgrünen Blättern. Am Teichrand sollten feuchtigkeitsliebende Pflanzen mit großen, ausdrucksstarken Blättern und seltsam geformten, nicht gerade hellen Blüten eingesetzt werden.

Wasserpflanzen neigen zu weichen, feinen Farben, die sie dem Gestalter noch sympathischer machen. Sogar das helle, souveräne Gelb der Sumpfdotterblume (*Caltha palustris*) hat einen zarten butterfarbenen Ton. Blaue und malvenfarbene Töne haben einen weichen Glanz, und rosa Farbgebungen tendieren eher zu Himbeer- als zu Kirschrot. Vergessen Sie nicht, daß Formen und Farben auf der Wasseroberfläche verschwommen und vergrößert wirken. Blühende Pflanzen setzt man am besten in Gruppen, um so einfarbige Bahnen oder Tuffs zu erhalten. Zu viele verschiedene Arten bewirken ein Durcheinander.

Bei der Randbepflanzung kann der Gestalter sein Talent für die Gruppierung verschiedener Pflanzenformen spielen lassen. Nicht nur die Blüten machen die Attraktivität der Wasserpflanzen aus, auch die Blätter sind oft von ausdrucksvoller Form, manchmal spitz und spiralförmig, manchmal wie eine Untertasse. Einige wie *Peltiphyllum peltatum* haben sonnenschirmähnliche, dagegen *Rodgersia pinnata* tief eingeschnittene, sternförmige Blätter. Die Blätter der unvergleichlichen *Gunnera manicata* bieten einer Person wie ein riesiger Sonnenschirm Schutz. Wieder andere Pflanzen zeigen faszinierende Maserungen oder Farbschattierungen. Eine der besten Gattungen sind *Hosta* mit ihren stark geäderten, fast dreidimensionalen Blättern und in Farbtönen von Grün über Grau zu Blau.

Im Kontrast zu dieser Vielfalt weicher Formen oder fleischiger Blätter stehen Schilf und Binsen, *Iris* und *Sagittaria* mit ihren spitzen Blättern und pfeilartigen Köpfen, die, einem Schwert ähnlich, aus dem Wasser herausragen. *Typha* erhielt wegen ihrer charakteristischen hohen braunen Kanonenputzer den Namen »Rohrkolben«.

▶ Sie müssen sich nicht unbedingt auf einen Teich beschränken, wenn Sie einen Wassergarten planen. Hier wurden mehrere Teiche mit Holzwegen verbunden, die im Schatten einer bewachsenen Pergola liegen. Die Kletterpflanzen ergeben ein reizvolles Spiegelbild auf der Wasseroberfläche. Der freie Raum zwischen Balken und Teich wurde mit purpurn blühenden Arten wie *Lythrum salicaria* bepflanzt.

Die Blumenbinse (*Butomus umbellatus*) bildet einen gefächerten Blütenkopf wie ein umgedrehter Regenschirm. Zwei weitere Binsenarten, die Korkenzieherbinse (*Juncus effusus* 'Spiralis'), und die Seebinse (*Scirpus tabernaemontani* 'Zebrinus') haben eine ausgesprochen dekorative Wirkung. Schließlich ist noch das Pfeilkraut mit seinen stark geformten, pfeilähnlichen Blät-

◀ Dieser Swimmingpool wurde geschickt im Garten integriert. Über gepflasterte Bereiche und erhöhte Pflanzbeete ist er mit dem schmukken einfachen Teich verbunden. Sträucher und Pflanzen in Töpfen und Trögen um den Swimmingpool vertuschen seine Bestimmung. Der Teich selbst wurde leicht erhöht, um ihn besonders hervorzuheben.

▼ Dieser Teich braucht nur wenig Grün, um sein akurat gestaltetes Profil voll zur Geltung zu bringen. Die geometrische Einfassung aus Ziegeln wurde in die mit Schiefer und Backstein belegte Terrasse integriert. Die wenigen üppigen Topfpflanzen reichen aus. Die strenge Grundgestaltung läßt den Blick über die weitere Gartenanlage schweifen.

▲ Ein Wassergarten kann jedem Grundstück schmeicheln. Dieser ungezwungene Teich demonstriert die vorteilhafte Ausnutzung zweier Ebenen. Einfache Holztreppen machen den gesamten Garten zugänglich und ermöglichen die Aussicht sowohl vom Ufer als auch vom höchsten Punkt.

▶ Ein großer rechteckiger Teich ist der gelungene Mittelpunkt eines einfachen Gartens. Pflanzen von äußerst dekorativer Wirkung sind die ideale Ergänzung zum exakten Schnitt der Hecke. Die erhöhte Backsteineinfassung wird von großen Gruppen der *Ligularia stenocephala* 'The Rocket', Seerosen, *Typha* und *Juncus* begleitet.

tern und den herrlichen Blüten im Sommer zu nennen.

Doch damit ist das Kapitel »Wassergarten« noch lange nicht abgeschlossen. Nässe und Feuchtigkeit sind ideale Voraussetzungen für Pflanzenarten, die wenig blühen, aber auffällig grün eingefärbt sind: Gräser und Farne. Das Zypergras (*Cyperus alternifolius*) mit seinen schirmartigen Köpfen auf schlanken Stielen bedarf keiner weiteren Beschreibung. *Phalaris arundinacea* 'Picata' ist auffallend grün-weiß gestreift. Darüber hinaus gibt es viele Gräser in dunkelgrüner bis blaugrauer Farbe. *Carex stricta* besitzt sogar hellgelbes Blattwerk, das eine langweilige Ecke beleben oder einen aufregenden Blickpunkt als Gruppe bieten kann.

Teiche und Weiher

Pflanzen zu kombinieren ist ein Thema. Ein anderes ist die passende Gestaltung. Ein schlichter Garten verlangt nach einem einfachen Teich, befestigt mit Holz oder Stein.

▲ Ein Teich ist ohne Fische, die auch bei der Reinhaltung des Wassers behilflich sind, fast nicht komplett. Manchmal werden sie sogar zahm und lassen sich vom Ufer aus füttern. Ein Wassergarten zieht auch jede Menge Wildtiere an, neben Fröschen und Kröten auch interessante Insekten und Vögel.

▲ Ein Wasserstreifen ist ein wertvolles Gestaltungsmittel. Um die Ruhezone zu verstärken, wurde die Pflanzung auf die Ufer beschränkt, so daß sich im freien Wasser Himmel und Umgebung widerspiegeln. Diese Vorgehensweise empfiehlt sich auch in einem kleinen Garten. Hier wurde ein Teich mit bunter Uferbepflanzung angelegt. Als hervorstechende Pflanze sieht man die *Lysimachia punctata*.

▶ Dieser Teich wirkt mit seiner Einfassung aus Holz und Stein und den wegen ihres starken Ausdrucks gewählten Pflanzen fast fernöstlich. In einem kleinen Hinterhof haben Felsbrocken, Kies und skulpturähnliche Pflanzenformen eine japanische Atmosphäre geschaffen. Von einer Holzplattform, die den Teich mit dem Haus verbindet, kann er von allen Seiten bewundert werden; es entsteht der Eindruck tieferen Wassers. Die Gestaltung suggeriert Natürlichkeit, indem ein Felsbrocken zwischen Seerosen als Mittelpunkt des Teiches, Schieferplatten und einfache Gefäße eingesetzt wurden.

Im Gegensatz dazu richtet man in Naturgärten Weiher und schlängelnde Wasserläufe ein. Nach demselben Prinzip geht man in weitläufigen, wilden Gärten vor, wo man nur einen kleinen Teil mit Teich, Springbrunnen und Sitzgelegenheiten ausstattet. So schafft man zur Unübersichtlichkeit einen willkommenen Ausgleich.

Beim schlichten Teich ist der Rand der Schwerpunkt. Die Einfassung sollte mit der unmittelbaren Umgebung harmonieren, sei sie nun aus Stein, Holz oder Torf. Bei formlosen Teichen oder Weihern sollten Ufer und Einfassungen überspielt werden. Dabei können Pflanzen, z. B. Gräser, und bei entsprechender Größe auch Stege nützlich sein. Bei bewegtem Wasser – Wasserlauf, Wasserfall, Springbrunnen – geht man ähnlich vor. Als Faustregel gilt: Einfache Gestaltung und ordentliche Ausführung sind der Schlüssel zum Erfolg.

Ein formstrenger Teich sollte relativ klein bzw. – auch aus Kostengründen – angemessen groß sein, um weite, unübersichtliche Bereiche mit ausgedehnten Rändern zu vermeiden. Moderne Gartengestalter tendieren zu fließenden Grenzen und zu integrier-

ten, natürlichen Anlagen, vor allem wenn sie Stimmung erreichen wollen.

Ein schlichter Teich kann so klein sein wie ein alter Steintrog, ein Wasserfaß oder eine Wassertonne. Er muß aber groß genug sein, um ein Funken Interesse zu wecken und Lebensraum für einige Wasserpflanzen zu bieten. Steht mehr Platz zur Verfügung, sind quadratische, kreisförmige oder rechtwinklige Teiche möglich. Abenteuerlich wären Gräben, Wasserläufe oder Becken, umgeben von Steinen, Holz oder Torf. Der einfache Teich ist die ideale Ergänzung des Hauses, wenn der Eindruck entsteht, als wäre es von Wasser umgeben.

Ein unregelmäßiger Teich oder Weiher kann auch bei begrenztem Platz gut wirken. Begleitet von feuchtigkeitsliebenden Pflanzen, die einen anmutigen Hintergrund zur Wasseroberfläche bilden, ist er unübertroffen. Ein derartiger Teich kümmert sich tatsächlich um sich selbst und stellt sein biologisches Gleichgewicht selbst her. Außer dem Entfernen abgestorbener Pflanzenteile und dem Zurechtschneiden einiger auswuchernder Arten verlangt er kaum Pflege. Einen kleineren Teich hält man mit Hilfe eines Filters sauber.

Wasserlauf und Wasserfall
Bewegtes Wasser ist ein wirkungsvolles Mittel, um von den tatsächlichen Verhältnissen des Gartens abzulenken. Ein kleiner, von einfachen Brücken oder versetzten Steinen gekreuzter Bach kann Sie durch den Garten führen, ohne daß Sie sich der tatsächlichen Länge oder Breite bewußt werden.

Auch Wasserfälle ziehen in ihren Bann, da sie Höhe und Spannung hereinbringen. Es kann eine Art Gebirgswasserfall sein oder sprudelndes Wasser, das aus einer Felswand heraustritt.

Springbrunnen und Wasserspeier
Ein Springbrunnen ist nicht nur wegen des Geräusches und seines Aussehens so beliebt. Er sorgt auch für Sauerstoffversorgung und Sauberkeit. Nehmen Sie Abstand vom üblichen Angebot und suchen Sie nach etwas Geschmackvollem. Einfache Wasserdüsen bilden geometrische Formen, Sprühregen oder sanfte Luftblasen.

Springbrunnen in Form einer zierlichen Skulptur können ein Blickfang sein. Falls das alles zu aufwendig ist, erfüllt auch eine einfache Anlage, die das Wasser über einen alten Mühlstein oder schmucken Behälter führt, ihren Zweck. Wasserspeier sind noch kompakter; sie entlassen lediglich ein Rinnsal.

Der fernöstliche Garten

Es mag sonderbar sein, daß ein vor über tausend Jahren entwickelter Gartenstil noch heute von Bedeutung ist und viele westliche Landschaftsarchitekten die fernöstlichen Gestaltungsmuster übernehmen. Der traditionelle fernöstliche Garten wurde aus der natürlichen Landschaft heraus entwickelt und auf strenge Wesenszüge beschränkt (für westlichen Geschmack), was ganz nach dem Herzen eines modernen Gestalters ist. Auch die niedrigen Ansprüche dieses Gartens sind erstaunlich.

Tradition und Anpassung

Das alte China war die Heimat des Zengartens. Aus der Landschaft entstanden Figuren, indem man Hügel, Bäume, Pflanzen und vor allem Wasser bearbeitete. Als die Gärten kleiner wurden, verkleinerte man die Verhältnisse – eine Miniaturlandschaft mit Felsbrocken anstelle von Bergen, Teichen anstelle von Seen. Bäume und Sträucher mußten schrumpfen, um die Proportionen zu wahren.

Hinter der Philosophie des fernöstlichen Gartens steckt die Freude an Schönheit und die Erholung der Seele. Dies trifft besonders bei kleinen japanischen Gärten zu, wo imaginäre Berge, Seen und Ebenen in Hinter- oder Innenhof den Betrachter in eine weitläufigere, natürliche Landschaft versetzen. Das Hauptmerkmal dieses Gartentyps ist die Beschränkung auf das Wesentliche.

Praktische Überlegungen

Sorgfältige Planung ist ausschlaggebend für den Erfolg. Wichtig ist eine maßstabgetreue Zeichnung auf Millimeterpapier. Setzen Sie die Elemente ein, um eine Vorstellung zu bekommen (s. Seite 62). Falls Sie nicht in der Lage sind, Ihren Plan in Gedanken auf den Garten zu übertragen, markieren Sie vor Ort mit Hilfe von Pflöcken und Schnüren Umrisse und Wasserläufe.

▼ Im fernöstlichen Garten sind Bäume wichtige Gestaltungsmittel. Sie müssen sorgfältig plaziert werden und zur vollkommenen Schönheit heranwachsen können. Vor allem wegen ihrer reizvollen Blattform, ihrer auffallenden Gestalt oder prunkvollen Herbstfärbung werden sie ausgewählt. Dieses japanische Tempelrequisit vor dunkelgrünen Koniferen wird vom prächtigen Herbstlaub eines Ahorn eingerahmt.

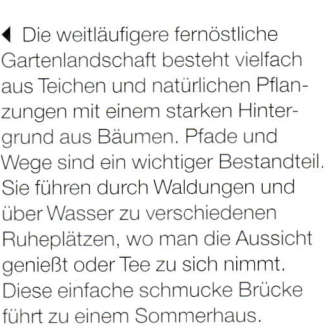

◄ Die weitläufigere fernöstliche Gartenlandschaft besteht vielfach aus Teichen und natürlichen Pflanzungen mit einem starken Hintergrund aus Bäumen. Pfade und Wege sind ein wichtiger Bestandteil. Sie führen durch Waldungen und über Wasser zu verschiedenen Ruheplätzen, wo man die Aussicht genießt oder Tee zu sich nimmt. Diese einfache schmucke Brücke führt zu einem Sommerhaus.

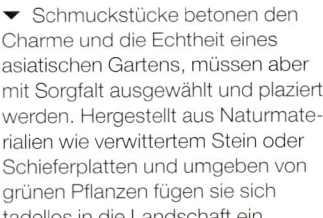

▼ Schmuckstücke betonen den Charme und die Echtheit eines asiatischen Gartens, müssen aber mit Sorgfalt ausgewählt und plaziert werden. Hergestellt aus Naturmaterialien wie verwittertem Stein oder Schieferplatten und umgeben von grünen Pflanzen fügen sie sich tadellos in die Landschaft ein.

▼ Eine einzelne Ecke bewirkt einen reizvollen Stimmungswechsel in diesem Garten. Bambus und niedriger Bewuchs umgeben die kleine Laterne aus Stein, die, halb von Blättern verdeckt und über einen Kiesweg erreichbar, den Blick auf sich zieht.

▶ Ein Garten asiatischer Prägung kann überall entstehen. Mit einfachen Gegenständen und sparsamer Bepflanzung läßt sich fernöstliche Atmosphäre einfangen.

▶ Diese Szenerie zeigt, wie gut sich der asiatische Stil kleinen Flächen anpassen kann. Ein winziger Innenhof mit nassen Steinen und saftigen Grünpflanzen um einen kleinen Teich. Die ausdrucksstarken *Aspidistra elatior* und *Rhapis excelsa* harmonieren mit Bambus, Felsbrocken, Pflaster, Kies und einigen Steinlaternen. Der Garten bietet von der Bambusterrasse oder den Fenstern des Hauses aus einen entzückenden Anblick.

Im fernöstlichen Garten sind freie Flächen genauso wichtig wie feste Elemente. Konzentrieren Sie sich also auf ein ausgewogenes Bild. Versuchen Sie auch zarte Farbkombinationen zu erreichen, hauptsächlich aus blassem Blau und Grün und den natürlichen Herbstfarben von Bäumen und Sträuchern. Leuchtende Blumen werden selten eingesetzt; spärlich gestreut bilden sie jedoch einen dankbaren Kontrast zum grünen Blattwerk. Die Anlehnung an die Natur schließt in asiatischen Gärten starre geometrische Formen wie Kreise und Quadrate aus. Statt dessen werden Asymmetrie und viele Anziehungspunkte anstelle eines einzigen Blickfangs bevorzugt.

Pflanzen und andere Elemente

Pflanzen müssen ebenso nach gestaltungstechnischen wie farblichen Aspekten ausgewählt werden, da sie eine eher integrative als dominante Rolle im Gesamtbild spielen. Bäume werden so zurechtgetrimmt, daß sie älteren, verwitterten Exemplaren ähneln. Eine Kunst, die in extremster Form von den Bonsai bekannt ist. Es gibt viele Baumarten, die zu einem reifen, natürlichen Eindruck des Gartens beitragen. Beliebt sind der Japanische Ahorn, die Sicheltanne (*Cryptomeria japonica*), der Berglorbeer (*Kalmia latifolia*), die chinesische Duftblüte (*Osmanthus fragrans* 'Aurantiacus'), Pinien, Zedern und Zypressen. Unverzichtbar sind ein oder zwei Bambusse, entweder als zitterndes Wäldchen oder in elegante Behälter gepflanzt. *Arundinaria japonica* eignet sich mit ihren 3 m Höhe am besten. Sie ist zäh, hat glänzende dunkelgrüne Blätter und starke Rohre. Der gelb geriffelte Bambus (*Phyllostachys aureosulcata*) mit seinen charakteristisch gelbgestreiften Stämmen wird in japanischen Gärten häufig eingesetzt (s. Seite 184).

Wo alle Elemente des Gartens gleichberechtigt nebeneinander existieren, ist besondere Sorgfalt bei der Auswahl geboten. Felsbrocken und Steine sammelt man am besten vor Ort, damit sie so natürlich wie möglich wirken. Umgebende Bereiche sollten ebenso passen: Bambuswände und Zäune sind Windschutz und Schmuck zugleich. Elemente aus Holz wie Pergolen, Decks oder Wege sind gleichermaßen anzupassen. Sie sorgen, beläßt man ihr natürliches Aussehen oder beizt man sie in rustikalem Rot, Blau oder Grau, für die geeignete Atmosphäre. Die Krönung bilden traditionelle Steinlaternen und Becken. Brücken und Pagoden werden, richtig plaziert, genauso zur Wirkung kommen.

Der Steingarten

In manchen Gärten gibt es nur nährstoffarmen Boden auf felsigem Untergrund. Unter diesen Umständen Abtragungen vorzunehmen oder tonnenweise Humus zuzusetzen, ist teuer und unpraktisch. Deshalb empfiehlt es sich, die natürlichen Gegebenheiten auszunutzen und einen Stein- oder Felsgarten mit den entsprechenden Pflanzen anzulegen.

Ähnliche Probleme ergeben sich bei betonierten Flächen. Sie aufzubrechen, vom Schutt zu befreien und wieder in Land zu verwandeln, ist die Arbeit nicht wert. Hier empfiehlt sich die Umgestaltung in einen großen Pflanztrog oder ein Garten mit Hochbeeten (s. Seite 110). Mancher wird, um einem langweiligen Bild Struktur und Höhe zu verleihen, eine künstliche Felslandschaft gestalten. Dafür sollten Felsbrocken und Steine sorgfältig ausgesucht und möglichst natürlich gruppiert werden.

Gestaltungsideen

Auch wenn ein Steingarten weniger lebendes Grün aufzuweisen hat, muß er nicht weniger schön wie ein herkömmlicher Garten sein. Das Geheimnis liegt in der Beschränkung auf weniger Fläche und Farben. Konzentrieren Sie sich statt dessen auf die Vielfalt von Strukturen und Formen, von großen Brocken rauhen, gesprenkelten Granits bis zu den Massen kleiner, glatter Kiesel. Setzen Sie Kies- oder Steinbeete gegen glatte, flache Stufen, benutzen Sie Trittsteine für Brücken und Pfade und größere Brocken, um Höhe und Masse zu schaffen.

Geeignete Pflanzen

Felsiges Gelände, natürlich oder nicht, ist eine ideale Umgebung für Gebirgspflanzen. Diese Pflanzen gedeihen in nährstoffarmer Erde, aber lieben viel Sonne. Trotzdem gibt es einige, z. B. *Acaena* mit ihren silbrigbronzenen Blättern und der empfindlichere, aber wesentlich hübschere Judenbart (*Saxifraga stolonifera*) mit seinen unzähligen kriechenden weißen Blüten, die Schatten vertragen. Für den Halbschatten eignen sich Primeln, kleine *Cyclamen* und das weiße Buschwindröschen (*Anemone nemerosa*).

Eine Überraschung sind Pflanzen, die den Steinen im Steingarten ähneln wie *Lithops*, die sehr wenig Wasser braucht und in warmem Klima gedeiht. Die winzige *Titanopsis* mit ihrer warzenähnlichen Oberfläche eignet sich auch, nur zieht sie alkalische Erde vor. Im warmen Steingarten können Sie *Conophytum*, manchmal »Lebende Steine« genannt, oder *Argyroderma*, eine seltsame, im Sommer blühende Pflanze von der Form eines gespaltenen Kiesels, anpflanzen.

▲ Ein felsiger, etwas wilder Garten mit einem trockenen Bachbett, das sich durch Sträucher und Steine unter einer Holzbrücke entlangschlängelt. Diese geschickte Illusion eines Wasserlaufs entsteht durch hellgraue Schieferplättchen zwischen kräftig braunen, die dünne Erde zwischen den Sträuchern bedeckenden Rindenstücken.

◀ Eine Felsenformation, über die ein Wildbach plätschert und schließlich in einer kleinen tieferliegenden Steingrube mündet. Die Felsen, so natürlich wie möglich arrangiert, werden von einer limonengrünen *Euphorbia epithymoides*, einer knallrosa *Rhododendron*-Hybride und einem kleinen roten Ahorn (*Acer palmatum* 'Rubrum') begleitet. Dieser Effekt ist allerdings von der Wahl der Pumpe abhängig, die diese Wassermenge bewältigt.

◀ Ganz links: Kleine Steinarrangements schaffen reizvolle Veränderungen inmitten einer andersartigen Umgebung, wie dieses Fels-Kies-Pflanzen-Beet mit *Arundianaria murielae*, *Fatsia japonica* und *Euphorbia wulfenii* oder das kleine Kiesbeet innerhalb einer Terrasse (kleines Bild) mit den winzigen Rosetten der *Echeveria*.

Der schattige Garten

Die meisten Pflanzen, vor allem jene mit prachtvollen Blüten, werden nur blühen, wenn sie genug Licht und Sonne erhalten. Schattige Gartenecken bedürfen daher einer sorgfältigen Planung, um jämmerliche Pflanzen und kahle Flecken unter Bäumen und an Mauern zu vermeiden.

Gedämpftes Licht ist ein häufiges Problem im engen Stadtgarten, wo hohe Mauern, Bäume und Gebäude den Platz überschatten. Auch in Wäldern werden schattige, feuchte Bereiche nur von besonders angepaßten Arten besiedelt. Wenn Sie sich in einem sonnigen Garten ein schattiges Plätzchen wünschen, pflanzen Sie Bäume und andere große Pflanzen oder bauen Sie eine Pergola. So entsteht eine gemütliche Sitzecke oder ein Eßplatz für heiße Tage.

Schattenplätze aufhellen

Es gibt verschiedene Kniffe, um mehr Licht in eine dunkle Ecke zu bringen. Da und dort fängt ein Spiegel Licht ein, täuscht aber auch über die eigentliche Größe des Gartens hinweg. Auch Wasser reflektiert den winzigsten Lichtstrahl und sorgt für einen hellen Fleck. Hohe Wände und Zäune werden weiß oder cremefarben bemalt. Sie sorgen für Helligkeit und dienen gleichzeitig als Hintergrund für Kletterpflanzen.

Pflanzen

Auch Pflanzen allein können hilfreich sein. Weiße Blüten oder helle Blätter wirken stark aufhellend; einige Pflanzen gedeihen sogar besonders gut im Schatten.

Wenn man sorgfältig auswählt, sollte es möglich sein, auch einen schattigen Garten mit reizvollen Pflanzenformen und -farben auszustatten. Eine überraschend große Anzahl von Schattenpflanzen bringt z. B. lieblich duftende Blüten hervor. Tiefer Schatten ist allerdings ein Problem. Dafür gibt es nur wenige geeignete Pflanzen, vielleicht *Trillium* mit rosa und weißen Blüten oder die blaue *Omphalodes cappadocica*. Die einzige Alternative sind Pflanzen in Behältern, die man im Wechsel vom Schatten in die Sonne stellt und wieder zurück.

Farn und Efeu sind wohl bekannte Schattenpflanzen. Weniger geläufig sind die winzige *Soleirolia*, *Fatsia japonica* mit ihren glänzenden Blättern, die stark geäderte *Hosta* und das Gefleckte Lungenkraut. Ein gutes Gewächs für den schattigen Garten ist auch der elegante Bambus.

▲ Einen schattigen Platz erreicht man z. B. mit einer Mauer, errichtet eine Pergola als Decke und schmückt ihn mit Schattenpflanzen. Dieser kühle Hof wurde mit verschiedenen Grünpflanzen bepflanzt, um den Eindruck eines Waldbodens zu vermitteln: spitze *Agapanthus campanulatus*, *Buxus*, der Farn *Polystichum* und *Rodgersia podophylla*. Farbe bringen *Hydrangea macrophylla*, *Pelargonien* und goldgelbe *Rudbeckia fulgida*.

◀ Ein schattiger Weg zum Hintereingang eines Hauses. Die Mauern zu beiden Seiten sind hinter einem Vorhang von Pflanzen verschwunden: Efeu, Farne, eine glänzende *Camellia* und Körbe mit farbigen einjährigen Blumen.

◀ Mitte links: Schattenliebende Pflanzen entwickeln oft ein interessantes Blattwerk, das in Kombination mit anderem Laub ins Auge fällt. Der schmale Weg wird vom Farn *Polystichum setiferum*, den tiefgeäderten *Hosta sieboldiana* 'Glauca' und *Fagus sylvatica* eingerahmt.

◀ Rosa- und weißblühende Pflanzen bringen dunkle Ecken zum Leben. Schnellwüchsige *Impatiens* setzen diesem Ausschnitt ein Glanzlicht auf.

Der heiße, trockene Garten

In einem heißen, trockenen Garten muß man ständig um Bewässerung bemüht sein. Wasserknappheit vom Hoch- bis zum Spätsommer macht das Problem besonders heikel. Auch wenn die Pflanzen nicht eingehen, zumindest werden sie verkümmern. Kahle Flächen bleiben zurück, auf denen der Wasserverlust des Bodens noch beschleunigt wird. Am Ende steht humusarme, dürre Erde. Wie immer besteht die Lösung darin, nicht gegen die Natur anzukämpfen, sondern sie zu nutzen.

Der Weg des geringsten Widerstandes

In einem Garten des Mittelmeerraumes wird man sich auf Pflanzen konzentrieren, die volle Sonne gewöhnt sind. Diese Pflanzen sind oft von großer und außergewöhnlicher Form mit wunderbaren Blüten. Viele verfügen über eine Art Wasserspeicher, wachsen rosettenförmig am Boden oder bedecken mit ihrer mattenartigen Gestalt eine größtmögliche Bodenfläche.

Beth Chatto hatte die richtige Idee (s. Seite 44), als sie in der Nähe ihres Hauses ein unglaubliches Trockengebiet schuf. Sie bepflanzte erhöhte Steinbeete dicht mit Gewächsen aus dem Mittelmeerraum.

Pflanzen für Trockengebiete

Eine bekannte Pflanze aus dem Mittelmeerraum ist *Nerium oleander* mit seinen rosaweißen oder roten Blüten zwischen schmalen dunkelgrünen Blättern. Genauso schön ist die Zistrose (*Cistus*). Auf kreidehaltigen Böden wächst die hängende *Campanula isophylla* mit unzähligen blaßblauen, sternförmigen Blüten, während die intensiven Farben der Cyclamenblüte kaum zu überbieten sind.

▶ Eine überraschende Vielfalt von Pflanzen bewohnt trockene, sonnenreiche und nährstoffarme Gebiete. Diese sorgsame Zusammenstellung von Blumen und Blattpflanzen bildet ein gelungenes Muster. Nicht ganz oben sieht man die grüngraue *Phyla nodiflora*, die grauflaumige *Stachys lanata* und die *Nepeta x faassenii*. Die gelben Blüten der *Anthemis sanctijohannis* hellen das Bild auf

▼ Ein trockener, sonniger Garten bringt Grau- und Grüntöne und die starken Düfte der Pflanzen voll zur Geltung. Der helle Kiesweg schlängelt sich durch eine reizvolle Landschaft, bestehend aus großen Gruppen duftender *Lavandula spica*, grauer *Santolina chamaecyparissus* und dem hübsch gestreiften Gras *Phalaris arundinacea* 'Picta'. Weitere Kontraste entstehen durch üppigere Pflanzen wie *Hosta*, *Iris* und die Blütentrauben von *Yucca recurvifolia*.

Der Drachenbaum (*Dracaena draco*) ist ebenfalls eine Überlegung wert.

Mancher Farn, z. B. *Davallia canariensis* und Hirschzungenfarn (*Phyllitis scolopendrium*), verträgt auch Trockenheit. Andere tolerante Pflanzen, an die man denken sollte, sind die Schafgarbe (*Achillea*), vor allem *Achillea taygetea* mit ihren silberfarbenen Blättern, *Corydalis lutea* und *Zauschneria californica*.

Auch Kakteen und Sukkulenten passen in diesen Garten. Dankbare Arten sind die *Sempervivum*, die enge, fleischige grüne Rosetten bilden, mit einem Anflug von Rosa oder Purpur. *Rhipsalis* entwickelt stachelige, abstehende Äste mit rosa oder weißen Blüten und später weißen Beeren. *Echeveria gibbiflora* zeigt bläulich fleischige Blätter und hellorange bis rote Blüten.

Zahlreiche Kakteenformen – viele wird man als grotesk bezeichnen – stehen zur Verfügung. Eine einmalige Angelegenheit ist der stachelige *Ferocactus*, der einem rosafarbenen Wollknäuel gleicht. Ebenso seltsam, aber bekannter sind der Feigenkaktus und der *Chamaecerus*, der einem Haufen umsponnener Essiggurken mit prächtigen roten und gelben Blüten gleicht.

▼ Trockenheitliebende Pflanzen können ebenso in Töpfen gezogen werden, um sie später im Freien an sonnigen Plätzen zusammenzustellen. Diese fleischigen Sukkulenten beleben das Bild durch Formen und Strukturen.

◀ Trockene, sonnige Plätze bieten Platz für eine faszinierende Sammlung von Kakteen und Sukkulenten. Ihre ungewöhnlichen Formen fordern zu einer kontrastreichen Gestaltung. Dieser riesige Mexikanische Pfeifenkaktus (*Stenocereus marginatus*) rankt neben dem Goldkugelkaktus (*Echinocactus grusonii*) in die Höhe. Den Eingang schmücken Tröge mit *Aeonium arboreum* 'Zwartkopf' mit ausdrucksstarken purpurschwarzen Rosetten.

Der tropische Garten

In einem günstigen Klima kann ein tropischer Garten eine herrliche Sammlung exotischer Formen und lebendiger Farben sein: Farne und Palmen, helles Blattwerk, leuchtende Blütenfarben und riesige Blätter. All das läßt sich unter feuchtarmen Bedingungen anpflanzen. Verschwenden Sie keine Zeit mit Einjährigen wie *Dianthus*, *Clarkia* oder *Nemesia*, die besser in gemäßigte Zonen passen. Genießen Sie statt dessen die Schönheit tropischer Bäume und Pflanzen, z. B. die *Jacaranda* mit ihren blauen Stacheln oder die Blüten der Frangipani (*Plumeria*), die beide betörend duften.

Auch wenn das Klima nicht ganz zutrifft, ist ein prunkvolles tropisches Schauspiel möglich. Wo der Sommer lang, feucht und warm, der Winter jedoch kalt ist, kann eine abgewandelte Form des tropischen Gartens mit Palmen und exotisch blühenden Pflanzen in Töpfen und Trögen entstehen. Bei den ersten Anzeichen sommerlich warmen Wetters bringt man sie vom Überwinterungsraum ins Freie. Wo das Klima völlig ungeeignet ist, läßt man den tropischen Garten in einem Glashaus mit Pool oder in einem beheizten Wintergarten entstehen.

Pflanzen

Der tropische Garten soll eine außergewöhnliche Erscheinung sein. Er bedarf daher vieler Pflanzen mit großen ungewöhnlichen Blättern, so dicht wachsend, daß ein dschungelähnliches Bild entsteht. Um Platzmangel vorzubeugen und Harmonie zu wahren, empfehlen sich auch hier klar strukturierte Bereiche.

Die ausschließliche Verwendung ausdrucksstarker grüner Pflanzen wirkt beruhigend. Um jedoch ein schmückendes, anregendes Gesamtbild zu erhalten, sollten farbigere Sträucher, Bäume und blühende Pflanzen mit einbezogen werden. Dafür sind ein gutes Farbgefühl und eine gewisse Zurückhaltung nötig. Sogar Blattwerk kann zu sehr leuchten und die Wirkung aufheben. Die schnellwüchsige *Cassia* z. B. kann in nur sieben Jahren auf eine Höhe von 5,50 m heranwachsen und ist überschüttet mit rosa und goldfarbenen erbsenähnlichen Blüten.

▲ Üppige Farne (*Polypodium scandens*) bedecken den Boden zwischen den hohen gestreiften Stämmen der Goldfruchtpalme (*Chrysalidocarpus lutescens*) und vermitteln Dschungelatmosphäre. Einen dichten Baldachin gleicht man am besten mit einer Unterpflanzung aus.

◀ Die leuchtenden Farben und exotischen Formen tropischer Pflanzen bedürfen der Ausgewogenheit. Diese Rot-, Grün- und Orangetöne ergänzen sich mit der Vielfalt weicher, spitzer und fedriger Formen. Dunkelviolette Bromelien (*Neoregelia* 'Dr. Oeser') rahmen einen einfachen kleinen Teich ein. Hellorange *Epidendrum* 'Boundii' und rotes *Epidendrum cinnabarium* hellen ihn auf. *Cyperus alternifolius* wurde ins Wasser gepflanzt, während *Cyathea medullaris*, der schwarze Baumfarn, den tropischen Eindruck verstärkt.

▶ Die Zusammenstellung tropischer Pflanzen kommt in der inselartigen Anordnung gut zur Geltung. Halten Sie die Pflanzen dicht beieinander und die nackte Erde mit Kies bedeckt. Der Baum *Barringtonia asiatica* wurde mit *Alpinia*, *Canna* und *Cycas* unterpflanzt. Purpurne *Hemigraphis* bedecken den Boden.

Sträucher können einen gleichermaßen überwältigenden Anblick bieten: weiße Sterne zwischen dunkelgrünen Blättern bei *Pavetta natalensis*, die gelben gefalteten Trompeten der *Thevetia peruviana* oder die gepuderten Quasten der *Calliandra*.

Bei den mehrjährigen Pflanzen konkurrieren gelegentlich Farben und Formen miteinander. *Agapanthus africanus* bildet blau- bis malvenfarbene gestreifte Blütenköpfe auf langen Stengeln und die Ruhmesblume (*Clianthus formosus*), die auf der Erdoberfläche kriecht, hat haubenförmige rote Blüten mit schwarzen Beulen.

In feuchten und halbschattigen Gebieten entwickelt die Ingwerlilie (*Hedychium gardneranum*) gelbe und orange Blüten von der Form eines Flaschenreinigers. In Küstengebieten ist *Osteospermum ecklonis* eine guter Bodendecker mit einer Fülle von Blüten. Besonders er verträgt salzige Winde und sandige Erde.

Offenbar findet sich für jede Situation die geeignete tropische Pflanze. Selbst unter den »Standardpflanzen« gibt es faszinierende Formen. Das Gras *Cortaderia selloana* z. B. produziert riesige cremefarbene Trauben an langen rohrähnlichen Stielen. *Licuala muelleri* hat gerippte, fleckenartige Blätter. Dann gibt es noch die rotblättrigen *Cordyline*-Arten, rot-, gold-, grüngetupfte Kroton und *Hibiscus* in vielen leuchtenden Tönen. Eine Reihe exotischer Obstarten machen sich in einem tropischen Garten ausgesprochen gut. Die Passionsfrucht (*Passiflora edulis*) ist eine hervorragende Kletterpflanze mit süßen purpurfarbenen Früchten. Mango, Papaya und Avocado sind ebenso reizvoll, außerdem Gemüse wie Okra, Auberginen (Eierfrucht) und Chilli.

Das Stimmungsbild

Wichtig in einem tropischen Garten sind kühle, ruhige Bereiche als Kontrast zu Hitze und Farbe von Sonne und Pflanzen. Dort bieten sich auch Sitzmöglichkeiten in gefälliger Gesellschaft von Pflanzen. Große Pflanzen werden mit leichtgewichtigen Wänden aus Bambus- oder Grasgeflecht und Markisen kombiniert. *Bougainvillea* oder *Clerodendrum* überwachsen beispielsweise die Pergola und bieten Schatten von oben.

Wasser sorgt für Erfrischung und einen vollkommenen Stimmungswechsel. Teiche und bewegtes Wasser wie Wasserfälle und Springbrunnen sollten wegen des enormen Verdunstungsverlustes von bescheidener Größe sein. Plätschernde und blubbernde Anlagen sind am besten. Ein kühler Teich bietet die Gelegenheit, Seerosen zu ziehen.

◀ Tropische Pflanzen können durch Schnitt geformt werden. Dieser kurze schattige Weg wird von einem Baldachin der Kletterpflanze *Pyrostegia venusta* auf einem Gerüst überspannt. Als Unterpflanzung dient *Thevetia peruviana* mit fedrigen Blättern. Das leuchtende Orange wird von kräftigen Bodendeckern ausgeglichen. Auf der einen Seite die grasähnlichen Blätter von *Ophiopogon japonicum*, auf der anderen die purpurne *Hemigraphis alternata*.

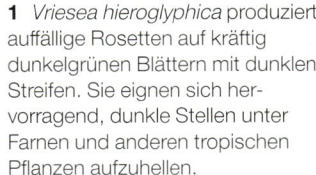

1 *Vriesea hieroglyphica* produziert auffällige Rosetten auf kräftig dunkelgrünen Blättern mit dunklen Streifen. Sie eignen sich hervorragend, dunkle Stellen unter Farnen und anderen tropischen Pflanzen aufzuhellen.

2 Wärmeres Klima läßt zarte tropische Seerosen gedeihen. Viele ihrer Blüten erheben sich deutlich über die Wasseroberfläche; manche duften sogar.

3 *Heliconia* bieten prunkvolle Blätter und Blüten. Die Blätter dieser Art sind dunkelgrün, gegen die weiße und orangefarbene Blüten wie Kerzenflammen hervorstechen.

4 *Cordyline terminalis* 'Atom' wird wegen ihrer leuchtenden kirschroten Blätter gepflanzt, die bei Sonnenschein und als Kontrast zu dunkelgrünen Blattpflanzen sehr wirkungsvoll sind.

Der Garten im Haus

Gartenzimmer, Wintergärten, auch andere Räumlichkeiten für Pflanzen sind ideale Verbindungsglieder zwischen Haus und Garten. Sie müssen nicht groß sein; schon ein Glasanbau von wenigen Metern Breite bietet eine gute Lösung.

Ausstattungsdetails

Licht ist für Pflanzen lebensnotwendig. Deshalb sollte der Garten unter Dach möglichst aus vielen Glasflächen bestehen. Trotzdem wird man im Winter häufig künstliche Lichtquellen schaffen müssen, damit die Pflanze nicht verkümmert.

Auch eine Heizung ist wichtig, weil Sie in den Raum sonst nur robuste Pflanzen stellen, ihn aber nicht zum Sitzen oder Essen nutzen können. Falls die hauseigene Heizung nicht erweitert werden kann, eignen sich am besten elektrisch betriebene Radiatoren.

Pflanzen

Sie sollten verschiedene Pflanzenformen und Pflanzenfarben zu einer gelungenen Mischung zusammenstellen. Sonnenhungrige Gewächse rücken nahe ans Fenster, schattenliebende werden weiter im Raum plaziert. Wer den Platz hat, wird hohe Pflanzen aufstellen, z. B. Palmen, die bis zur Decke ragen. Sie schaffen eine optische Verbindung zu großen Pflanzen im Freien.

Generell eignen sich jene Pflanzen am besten, die auch sonst im Gewächshaus gedeihen. Geranien (*Pelargonium*), manche Zwergkoniferen (keine buntblättrige Arten bei Lichtmangel!), Minirosen, Akazien und Eukalyptus. Kakteen und Sukkulenten sind genauso willkommen.

Ein Garten als Teil des Hauses

Der Wintergarten und ähnliche Räumlichkeiten müssen sowohl zum Haus als auch zum Garten passen. Möbelstücke, Textilien oder andere Einrichtungsgegenstände sollten den vorherrschenden Stil des Hauses widerspiegeln. Wo immer möglich, empfiehlt es sich, drinnen und draußen die gleichen Bodenbeläge zu verwenden.

Ein überdachter Garten muß natürlich nicht unbedingt ans Haus anschließen. Jedes Häuschen im Garten stellt eine reizvolle Einrichtung dar, sofern es ein verglastes Dach hat und den Pflanzen ausreichend Licht bietet.

▶ In einem kleinen Wintergarten oder Anbau werden Pflanzen am besten in Trögen oder Behältern gezogen. So können sie je nach Bedarf umgestellt werden. Eine breitblättrige Banane (*Musa paradisiaca* 'Cavendish'), die spitze *Yucca elephantipes* und die Palme *Howea fosterana* sorgen zusammen mit purpurner *Setcreasea purpurea* 'Purple Head' und grünen *Nephrolepsis exaltata* in Ampeln für Höhe. Im Vordergrund links steht ein glänzender grüner Wunderbaum (*Ricinus communis*), und die Stufen werden teilweise von *Kalanchoë* bedeckt.

▼ Das Schwimmbad ist der ideale Ort für einen tropischen Garten, wenn man darauf achtet, daß keine Pflanzenteile ins Wasser fallen. Erhöhte gekachelte Beete wurden mit exotischen Palmen (*Howea fosterana*) und weißblühenden *Spathiphyllum* 'Mauna Loa' bepflanzt.

▲ In einem überdachten Garten im Haus ist verschieden großes Blattwerk wichtig, vor allem unter der Decke, wo es eine optische Verbindung zu den größeren Pflanzen im Freien darstellt. Dazu kombiniert man in die Höhe wachsende Pflanzen in Töpfen am Boden mit hängenden Pflanzen an der Decke. Hier sorgen *Ficus benjamina* und *Philodendron* 'Royal Queen' gemeinsam mit einem von der Decke hängenden Farn (*Nephrolepis exaltata*) für kräftiges Grün.

Bepflanzte Gefäße und Tröge

Jede Pflanze kann in einem Behälter wachsen – nicht nur Frühlingsblumen, schnellblühende Einjährige und Kräuter, auch Gemüse, Bäume und Sträucher. Auf einer gefliesten Veranda, einem Gartendeck oder Dachgarten hat man normalerweise keine andere Wahl, als Pflanzen im Topf zu ziehen, um zu Farben und Formen zu kommen. Trotzdem bringt diese Art Garten Gewinn, auch auf ebener Erde sowie als Bereicherung einer etwas weniger streng geschnittenen Gartenfläche.

Abgesehen von den unterschiedlichen Höhen und dem neuen Gestaltungsmaterial bietet die Kultur im Topf oder Kübel eine Möglichkeit, all jene Pflanzen zu halten, die in Ihrer Gartenerde nicht gedeihen. Wenn man regelmäßig auf den Nährstoff- und Wasserbedarf der Pflanzen achtet, können sie auch ohne großen Aufwand gehalten werden.

Auswahl der Behälter

Behälter haben einen ähnlichen optischen Stellenwert wie die Pflanzen darin und müssen sorgfältig ausgesucht werden. Antike oder asiatische Vasen passen eher zu einem schlichten Garten, Terrakotta-Behälter eher zum ländlichen Stil. Versuchen Sie vor allem Harmonie zwischen den verschiedenen Strukturen und Farben herzustellen. Die Einfachheit von Terrakotta oder luftgetrocknetem Holz kontrastiert gut z. B. mit glattem Stein oder glasierter Keramik.

Eine gelungene Zusammenstellung berücksichtigt Behälter verschiedener Höhen und Größen.

So entsteht Harmonie zwischen einem niedrigeren breiten Topf voll von leuchtenden Blüten und einer hohen Röhre mit hän-

▼ Eng zusammengesetzte einfarbige Pflanzen in Fässern sind ein Blickfang in der Mitte einer sehr einfachen Veranda. Unter anderen wurden die Behälter mit *Verbena peruviana*, *Cleome spinosa* 'Pink Queen' mit ihren hohen Köpfen und *Eupatorium atrorubens* bepflanzt.

◄ Pflanzentröge sollten zu ihrer Umgebung passen. Dieser weiße gleichmäßige Behälter ergänzt das weiß und pastellblau bemalte Spalier, an dem eine *Wisteria sinensis* klettert. Ihre Begleiter sind die spitze *Iris germanica*, das kriechende *Cerastium tomentosum* und die im Sommer blühenden Begonien und *Dianthus*.

▲ Behälter, die der Umgebung angepaßt wurden, sind besonders wirkungsvoll wie die hölzernen Pflanzgefäße auf diesem Gartendeck. Die schlichten Streben der Pergola setzen sich gegen gelbe und weiße Blumen vor einem Hintergrund aus Blattwerk ab. Weiße *Impatiens sultanii* und *Chrysanthemum frutescens* überspielen zusammen mit *Nicotiana alata* und weißer *Cleome spinosa* Ecken und Ränder.

▶ Das richtige Gefäß macht Eindruck in ansonsten langweiligen Gartenecken. Die großen grünen Blätter und hängenden Blüten von *Nicotiana sylvestris* ragen aus einer Woge *Impatiens sultanii* empor. Einfarbig gestaltete Pflanzungen erzielen in Gefäßen oft den besten Effekt.

gendem Efeu oder sternförmigen Glokkenblumen.

Pflanzvorschläge

Das Pflanzen in Gefäße folgt denselben Gestaltungsprinzipien wie im übrigen Garten. Eine kräftige Hintergrundbepflanzung aus Immergrün wird mit einer Vielfalt von Blattformen, Blattfarben und sorgfältig ausgewählten blühenden Pflanzen geschmückt. Versuchen Sie von den üblichen Pflanzenkombinationen wegzukommen. Reizvolle Grünpflanzen, z. B. *Hosta*, graue *Senecio maritima* oder der silberne *Eucalyptus* bilden den idealen Hintergrund für einen Japanischen Ahorn, kleine Rhododendron oder eine kräftige Hanfpalme (*Trachycarpus fortunei*).

Hängepflanzen sind ideal, um Ecken und Kanten von Behältern zu überspielen und um Arrangements lockerer kriechender Pflanzen zu verbinden: Efeu oder Glockenblume sind nur 2 Vorschläge. Setzen Sie diese in Gegensatz zu etwas Hohem und Elegantem wie Bambus und fügen Sie mit einigen einjährigen Sommerblumen Farbe hinzu.

Duftende Pflanzen machen sich hervorragend in Gefäßen. Man stellt sie einfach so auf, daß der Duft voll zur Geltung kommt. Große buschige Tuffs von Lavendel oder Töpfe mit Kräutern finden neben der Hintertür Platz, wo man sie leicht schneiden kann. Früchte und Gemüse, z. B. Erdbeeren oder Buschtomaten, die sich unter der Last der Früchte biegen, können durchaus reizvolle Topfpflanzen sein.

▲ Schnellwüchsige kleinblättrige Gewächse mit einer Menge Blüten sind ausgesprochen gute Topfpflanzen, vor allem, wenn sie über die Ränder der Gefäße hängen. Warme Farben, z. B. die orange *Tagetes patula* 'Pascal' und hellgelbe *Sanvitalia procumbens*, wurden hier gelungen eingesetzt.

▲ Die Kombination von Rot und Grün ist um so ausdrucksvoller, je mehr Behälter man zusammenstellt. Hier wurden *Lobelia fulgens* 'Queen Victoria' und rote *Nicotiana affinis*, *Pelargonium peltatum* und *Salvia coccinea* zusammengepflanzt. Eine lebhafte Zusammenstellung vor einer akurat gestutzten Hecke.

◄ Bemühen Sie sich um ungewöhnliche Gefäße und reizvolle Pflanzideen. Eine Schale oder ein Tontopf könnte mit Steinen und Gebirgspflanzen besetzt werden; so entsteht ein Miniatursteingarten in der Ecke einer Veranda. Töpfe mit der blühenden *Pelargonium* sorgen für helle Farben.

Den Rahmen gestalten

Bringt man Veranden, Wege, Rasenflächen, Stufen, Trennmauern oder Hecken erst nachträglich an, werden sie fast immer wie Anhängsel wirken und nie wirklich in das Gesamtbild passen. Die Gestaltung des Rahmens steht deshalb an erster Stelle. Wenn Sie Grenzen und Trennlinien festlegen, werden Sie sofort ein Gefühl für Form und Charakter Ihres Gartens bekommen, wo Intimsphäre entstehen oder der Blick auf einen besonderen Punkt gerichtet werden soll. Ein- und Ausgänge sind von gleicher Bedeutung: sie können abhalten oder einladen. Ebenen, gepflasterte oder befestigte Bereiche für Unterhaltung, Freizeit oder Spiel werden dort entstehen, wo die Sonne ungehindert einstrahlt oder ein bestimmtes Maß an Schatten herrscht. Auf Pfaden, Wegen oder Trittsteinen über Gras, Wasser oder Beete erschließt man bequem den Garten. Mauern, Hecken und Wände dienen zur Abgrenzung kleinerer Bereiche innerhalb des Hauptgartens. All das muß festgelegt werden, bevor mit Pflanzen gearbeitet werden kann.

Pforten und Eingänge

Mit Ein- oder Ausgang, Pforte, Tür und Bogengang trift man eine unmißverständliche Aussage und gibt einen ersten Hinweis auf das Dahinterliegende. Gestaltung und Lage können den Gesamteindruck des Gartens verändern. Der Eingang ist einladend, manchmal etwas geheimnisvoll, während ein Ausgang weitere Überraschungen offenbart oder unerwünschte Einflüsse von außen abhält.

Echte oder falsche Pforten

Ein Ein- oder Ausgang muß nicht echt, aber zumindest ein Blickfang sein. Eine falsche Pforte erweckt den Eindruck, als führe der Garten irgendwo hin. Eine Täuschung, die mit Hilfe von Spiegeln verstärkt werden kann. Dieser Trick gelingt auch mit Bogengängen. Ein an der Wand befestigter Bogen, der nirgendwo hinführt, spiegelt einen Ausschnitt Ihres Gartens wider.

Die echte Ausführung bedarf gleichermaßen einer sorgsamen Planung. Eine Pforte kann einen Tempowechsel z. B. von einer verkehrsreichen Straße zu einem Rastplatz ankündigen oder den Stimmungswechsel zwischen zwei Gartenbereichen anzeigen: von einem mehr waldähnlichen Teil zu einem schlichten Rasen, von einem Blumen- zu einem Gemüsegarten. Auf dem Land gilt eine Pforte oder ein Gatter als Grenze zwischen Garten und freiem Land.

Der Nutzen von Pforten

In einem kleinen Garten kann eine Pforte wie ein Rahmen empfunden werden. Das Auge wird durch eine Öffnung auf einen bestimmten Punkt gelenkt. Pforten und Türen können in ihrer Bestimmung aber auch nur zweckmäßig sein, was allerdings eine robuste und sichere Konstruktion erforderlich macht.

Sicherheit und Privatsphäre sind wichtige Überlegungen. Eine massive abschließbare Tür in einer hohen Mauer hält unwillkommene Gäste und neugierige Blicke ab. Einfachere Tore halten z. B. Kinder von einer verkehrsreichen Straße fern oder von den Gartenbereichen, die nur von Erwachsenen oder unter Aufsicht betreten werden sollen. Das wird vor allem am Swimmingpool oder einer anderen größeren Wasserfläche im Garten vonnöten sein.

Zweck und Umgebung bestimmen die Größe, Höhe und Festigkeit der Pforten. Stil und Material sollten mit den anderen Bestandteilen des Gartens harmonieren. Holz z. B. sieht im allgemeinen gut aus und paßt vom schlichten bis zum Naturgarten. Auch schmiedeeiserne Tore können wie angegossen passen. Dekorativen Zwecken in einem schlichten Garten genügen ge-

▼ Auf einem gefliesten Vorplatz bewähren sich Pflanzen in Trögen. Nach Jahreszeit ausgewechselt, bieten sie Abwechslung und Reiz: anmutige Blumen im Frühling, hellblühende Einjährige im Sommer und immergrüne Pflanzen im Winter. Die Palmen (*Phoenix roebelinii*) rechts und links der Eingangstür werden im Haus überwintert.

▲ Stufen und Veranden sind der ideale Untergrund für kriechende und kletternde Pflanzen. Eine der schönsten Kletterpflanzen für einen Vorplatz ist *Wisteria sinensis* mit duftenden Trauben weißer oder lilafarbener Blüten. die Wisterie blüht in der vollen Sonne, wurzelt aber gern im Schatten. Hier liegt der Fuß im Schatten der silberblättrigen *Atriplex lentiformis*.

schlossene Wände, Spaliere, Bambus- oder Weidenzäune.

Wo Sicherheit oder Wahrung der Privatsphäre nicht ausschlaggebend sind, ist ein Eingang ohne Tor oder Tür viel schöner. Auf diese Weise bieten sich verlockende Einblicke auf Bereiche z. B. hinter einer hohen Mauer oder einem Zaun. Jede Öffnung macht sich noch einmal besser, wenn man sie von Pflanzen bewachsen läßt: Kletterpflanzen, die Mauern überwuchern, Bodendecker, die sich auf Eingangstreppen tummeln, ein Knäuel kriechender Pflanzen und süß duftender Blüten im Eingangsbereich.

▼ Ein einfacher Vorplatz wurde mit blühenden Pflanzen belebt. Weiße Petunien hängen über die erhöhten Beete zu beiden Seiten des Tores. Wandgefäße an den schlichten Torpfosten wurden mit goldgelben *Tagetes patula* bepflanzt.

▶ Ein schmückendes Tor rahmt einen Teil des Gartens ein und lenkt die Aufmerksamkeit auf einen bestimmten Punkt. Die grazile Bogenbrücke in Form eines Regenbogens wurde perfekt plaziert.

▲ Der klassische schmale Eingang eines Stadthauses scheint mit seinen hohen Mauern und dem verzierten Geländer wenig Raum für Pflanzen zu bieten. Diese Situation wurde mit Pflanzen in Töpfen gemeistert und einem seitlichen erhöhten Beet entlang der steilen Stufen. *Cordyline stricta* und die farbenprächtige *Aucuba japonica* 'Aureomaculata' beeinträchtigen den Zugang nicht.

Wege und Pflaster

Wege sind vor allem dazu da, um ohne nasse Füße durch den Garten spazieren gehen zu können. Größere gepflasterte Bereiche dienen dem Zeitvertreib oder Freizeitaktivitäten. Beide Flächen bedürfen sorgsamer Planung, wenn sie zum Gesamtbild des Gartens passen sollen. Im Japanischen Teegarten z. B. werden Pfade derart gestaltet, daß sie den Besucher auf unbeschwerte Weise führen.

Im Garten kann schon ein kleiner Rundweg die wahren Grenzen verstecken. In einem großen Garten sollten Pfade nie den kürzesten Verlauf nehmen, sondern Neugierde wecken, in verschiedene Richtungen führen und Bereiche, die dem Blick entzogen sind, miteinander verbinden.

Praktische Überlegungen

Wasserdurchlässigkeit ist eine wichtige Voraussetzung für einen sauberen, trockenen Belag. An manchen Stellen sind z. B. Stauwände oder Abflußrohre notwendig. Wenn Sie den Garten während eines Regens beobachten, können Sie genau feststellen, wo das Wasser abfließt und wo nicht. Beachten Sie die Topografie des Grundstückes: ein Bereich mit Schlagseite macht u. U. ein kostspieliges Einebnen erforderlich. Ist die Wasserdurchlässigkeit des Bodens gering oder das Gefälle zu steil, werden Sie einen Landschaftsarchitekten hinzuziehen müssen.

Andere Faktoren, beispielsweise die Materialauswahl, sind vom Wetter abhängig. Harte Frostperioden oder pralle Sonne werden bestimmte Arten von Ziegeln, Fliesen oder Beton zu Schutt verwandeln.

Materialien

Materialien für Wege und Pflaster gibt es im Überfluß. Lediglich Preis, Verfügbarkeit und persönlicher Geschmack werden die

◀ Backsteine ergeben reizvolle Muster. Diese Bruchstücke wurden geschickt verlegt, wobei die Steine nach außen immer größer werden. Das Rondell wurde mit Absicht nicht vervollständigt, um einen Teich, bepflanzt mit *Iris*, *Hosta sieboldiana* 'Elegans' und einer hohen *Arundinaria japonica*, zu integrieren. Das wirkt wesentlich natürlicher und gefälliger.

1 Grobe graue Quader wurden kreisförmig angeordnet. Dieses vielseitige Material läßt sich auch als Fischgrät- und Flechtmuster verlegen.

2 Eine einfache Anlage aus neuen Ziegelsteinen als Muster verlegt. Setzt man die Backsteine übereck, entstehen schmale Streifen und Kanten.

3 Pflastersteine als Trennstreifen zwischen Pflanzbeeten. In diesem schlichten Kräutergarten wurden die wuchernde Melisse, Thymian, Rainfarn und Fenchel voneinander abgegrenzt.

4 Besondere Effekte gelingen mit ungewöhnlichen Pflastersteinen. Diese Verbundpflaster wurden um ein zentrales rundes Beet gelegt und mit rechteckigen Steinen eingefaßt.

▶ Pflaster kann Wege, Sitzgelegenheiten, Mauern, Veranden und abgrenzende Elemente ineinander übergehen lassen. Dieser Garten wurde in mehrere Bereiche unterteilt und zeigt die Vielseitigkeit eines einzigen Materials. So entstanden erhöhte Beete, Sitzmöglichkeiten, Grillplatz und ein schlichter Teich – alles aus einem Guß. Die Wirkung wird durch einfache Pflanzen, wie geschnittene Hecken (kleines Bild), unterstrichen.

Auswahl begrenzen. In manchen Fällen werden Veranda, Terrasse oder Pfad an überdachte oder halbüberdachte Bereiche wie Wintergarten, Sommerhaus oder Schwimmbad anschließen; hier wird man durchgehend dasselbe Pflastermaterial verwenden wollen.

Innerhalb der Grenzen, die von den Materialien gesetzt werden, bieten sich Spielräume für die Gestaltung von Mustern

▲ Die dunklen Ziegelsteine lassen diesen Weg überraschend weich erscheinen. Eingefaßt wird er auf dekorative Weise vom üppigen Blattwerk der *Ligularia stenocephala* 'The Rocket', *Ligularia clivorum* 'Desdemona', *Rodgersia* und dem Farn *Polystichum setiferum*.

▶ Eine gelungene Zusammenstellung: Dieses unregelmäßige Arrangement verwitterter Platten wurde mit hellen Steinen belebt.

und Formen. Pflastersteine können kompliziert in Verbänden, Flecht- oder Fischgrätmustern verlegt werden. Verschiedene Größen und Formen werden kombiniert, als Kontrast oder in unterschiedlichen Höhen und Tiefen angeordnet (s. Gestaltungselemente Seite 209).

Gebrauchte Steinplatten sind wegen ihrer leichten Abnutzung und unregelmäßigen Form ideal für die Terrasse und als Trittsteine. Am besten pflanzt man niedrige oder kriechende Pflanzen dazwischen. Kombinieren Sie diese Pflanzen nicht mit anderen Materialien, da ihre grobe Gestalt schnell einen schlampigen Eindruck entstehen läßt. Auf größeren Flächen eignet sich auch Beton, vorausgesetzt man beweist Fingerspitzengefühl. Sichtbare, dem Beton beigemischte Zusätze sorgen für Strukturen und verhindern das Rutschen bei Nässe, was sehr wichtig am Wasser und auf Stufen ist. Verandateile aus Beton und Verbundpflaster in Mustern verlegt können durchaus attraktiv sein.

Wenn Sie Materialien mit schmalen Oberflächen lieben, gefallen Ihnen vielleicht Ziegel- und Bruchsteine oder Keramikfliesen. Ziegelsteine eignen sich ganz hervorragend für geometrische Muster und sind in vielen Formen und Strukturen erhältlich. Bei Fliesen wählen Sie rutschfeste, vor allem wenn der Bodenbelag aus dem Freien z. B. in den Wintergarten weitergeführt wird. Kopfsteinpflaster ist zwar möglich, aber unbequem und rutschig. Es eignet sich am besten unter großen Sträuchern oder Bäumen, um innerhalb einer größeren gepflasterten Fläche die Struktur zu ändern.

Weiche oder lockere Materialien wie Kies, Sand, Holz- oder Rindenstücke werden auf Pfaden und Wegen immer gebräuchlicher. Sie wirken vor allem vorteilhaft, wenn sie mit dem Holz von Gartendecks, Pergolen oder Spalieren kombiniert werden.

Um große Bereiche zu untergliedern, Muster zu gestalten und den Wechsel zwischen hartem und weichem Boden zu unterstreichen, dient die Zusammenstellung verschiedener Materialien. Trotzdem sollten Sie nicht zu sehr mischen. Mehr als zwei oder drei Formen und Farben, wenn auch vom gleichen Material, geraten leicht zum Durcheinander.

◀ Ein breiter gerader Weg zwischen hohen Hecken lenkt die Aufmerksamkeit auf eine grazile Sonnenuhr an seinem Ende. Die Gleichförmigkeit der geschnittenen Hecken steht im Gegensatz zum Belag aus weichen Rindenstücken.

▼ Pflaster muß kein jähes Ende finden, wenn es auf Grasflächen stößt. Diese Backsteine wurden fächerartig in der Wiese verlegt. Das stumpfe Grau der Steine wird durch die dunkleren Farben im Beet belebt. Dort steht purpurfarbenes Blattwerk vor einem grünen Hintergrund aus *Arundinaria japonica* und *Macleaya cordata*.

Trittsteine

Trittsteine sind immer ein Anlaß, eine Fläche, ob naß oder trocken, zu durchqueren.
Ob im Zickzack durch einen flachen Bach,
durch Gras, in einem Kiesbeet oder zwischen Rindenschrot, immer entsteht der
Eindruck, man gelange an einen interessanten Ort.

Die Steine müssen groß genug sein, um
bequem darauf stehen und laufen zu können, gut befestigt und rutschfest. Stein ist
natürlich nur eines von vielen möglichen
Materialien. Selbst Pflastersteine, Platten
und Bretter eignen sich. Probieren Sie ein
bißchen hin und her, bis Sie die passende
Anordnung gefunden haben, und denken
Sie daran, daß ein gerader Verlauf selten so
gut aussieht wie ein unregelmäßiger.

◀ Legt man die größeren rechteckigen Platten
weiter auseinander, entsteht ein weniger strenges
Bild. Die mit Kieseln aufgefüllten Zwischenräume
verstärken den Eindruck eines sich schlängelnden
Weges zwischen holzverkleideten Hochbeeten mit
dichter Bepflanzung aus *Hosta sieboldiana, Pinus
aristata, Agapanthus campanulatus* und *Eccremocarpus scaber.*

▼ Einfache Holzblöcke ergeben hervorragende
Trittsteine im Gras oder Wasser. Von Zeit zu
Zeit behandelt man sie mit ungiftigen Imprägniermitteln und schabt Moos oder Algen ab, um
der Rutschgefahr vorzubeugen.

◀ Unregelmäßige Felsbrocken
dienen als Trittsteine, vorausgesetzt, sie haben eine flache
Oberfläche. Man verwendet sie
häufig in asiatisch anmutenden
Gärten, wo sie über Sand,
Gras oder Kies zu einer Brücke,
einem Sommerhaus oder
einem Teich führen.

▼ Ineinandergreifende Farben
und Strukturen verschönern die
grauen Trittsteine. Ein einfach
gepflasterter Pfad endet am
Wasser. Die harten Oberflächen
und die natürliche Bepflanzung
mit *Alchemilla mollis* und
Zwergrhododendren passen
gut zueinander.

Gartendecks

Holz ist ein Naturmaterial, das sowohl Wärme und Gediegenheit ausstrahlt als auch eine wirtschaftliche und vielseitige Alternative zu Fliesen oder Pflaster bietet. Ob in einem großen Landgarten, einem Hinterhof, einem fernöstlichen, einfachen oder Naturgarten, Holz integriert sich überall. Sie können es mit Farbe streichen, in Mustern verlegen oder roh und natürlich belassen. Kein anderes Material fügt sich so bereitwillig, sei es um Bäume oder Teiche, als Erweiterung des Hauses, als Spielfläche und am Wasser.

Gebräuchliche Formen, Hölzer

Gartendecks sind als Fertigteile, die man einfach auf die Erde legt, erhältlich. Sie können auf einer begrenzten Fläche musterartig zusammengefügt oder als veränderbare Oberfläche eingesetzt werden.

Anspruchsvoller und anpassungsfähiger ist das Gartendeck, das Sie selbst gestalten. Aus neuem oder gut getrocknetem Holz (auch gebraucht) werden Wege, Veranden, Brücken in der passenden Höhe gebaut.

Hartholz wie Rot- oder Zedernholz eignet sich hervorragend für Gartendecks, weil es nicht so schnell fault oder sich verzieht und nur wenig Pflege braucht. Die weniger teueren Weichhölzer wie Lärche oder Fichte werden trotzdem häufiger benutzt, müssen aber jährlich einmal mit Holzschutzmittel

eingelassen werden. Außerdem wird die Oberfläche eines jeden Holzes ein- oder zweimal jährlich mit einer harten Bürste und Antipilzmittel abgebürstet werden müssen, um es von Schlamm und Algen zu befreien. Daneben müssen Metallbolzen und Befestigungen regelmäßig auf Abnutzung oder Rost geprüft werden.

Sicherheitsvorkehrungen

Eine Plattform wird an der Hausseite auf einer selbsttragenden Konstruktion aus Stahl oder Holzstreben, die man mit Bolzen oder Nägeln verbindet, errichtet. Freistehende Gartendecks liegen auf einem Gerüst oder auf Tragebalken mit einem Betonsockel. Größe und Anzahl der Träger richten sich nach der Oberfläche der Plattform und eventuellen Unebenheiten des Geländes. Pfosten müssen kräftiger sein, wenn sie noch eine Dachkonstruktion, offen oder geschlossen, tragen sollen.

Etwas Handwerkserfahrung sollte man beim Bau eines Gartendecks bereits haben. Es ist weiterhin ratsam, vor Arbeitsbeginn die örtlichen Baubestimmungen und Vorschriften zu prüfen.

Ein einheitliches Bild

Holzdecks passen gut zu anderen hölzernen Gegenständen im Garten. Es enststeht ein einheitliches Bild, das durch hängende und kriechende Pflanzen etwas aufgelockert werden kann. Für Privatsphäre und Schutz sorgen Spaliere, Wände und Pergolen, bewachsen von schnellwüchsigen Pflanzen. Hölzerne Tröge, Holzmöbel, eingebaut oder freistehend, und eingelassene Wasserbecken sorgen für eine harmonische Gestaltung. Weitläufige Gartendecks werden von Skulpturen oder Blattpflanzen, Sträuchern und kleinen Bäumen profitieren.

◀ Durch Höhenunterschiede oder Richtungswechsel wirken weitläufige Gartendecks interessanter. Schmale Planken werden im rechten Winkel zueinander oder diagonal verlaufend gelegt. Die Einfassung des Swimmingpools paßt zu den halbverschalten Gebäuden, die den Pool umgeben.

1 Freiliegende niedrige Garten-decks als Wege, Brücken oder Trittflächen. Sie können nach Bedarf verändert werden.

2 Ein Deck als Brücke über einen Teich, knapp an der Wasserober-fläche entlanggeführt. Es wurde mit der hölzernen Veranda verbun-den. Am Rand eine üppige Bepflanzung aus *Iris laevigata* und *Lysimachia punctata*.

3 Weitläufigere Abdeckungen rahmt man mit überhängenden Pflanzen, Trögen und Behältern ein. Die Tontöpfe mit geschnittenen *Buxus sempervirens* wurden zu beiden Seiten der Holzstufen aufgestellt.

◀ An einem Abhang ist ein Holz-podest die weitaus zweckmäßi-gere Alternative zu Pflaster. Diese Veranda in Anthony Pauls eigenem Garten bietet eine hervorragende Aussicht. Sie umschließt einen großen Baum, der einer Sitzecke teilweise Schatten bietet. Im Gartendeck sind Aussparungen für Pflanzungen vorgesehen. Die pflegeleichte *Arundinaria japonica* belebt die Szenerie und stellt einen praktischen Windfang dar.

Stufen

Stufen müssen sicher von einer Ebene zur anderen führen, ohne plump auszusehen. Als Bestandteil der Gartengestaltung werden sie nach zweckmäßigen wie ästhetischen Gesichtspunkten entworfen.

Verschiedene Ebenen sind immer reizvoll. Stufen sollten zum Hinauf- und Hinabsteigen einladen, egal von welcher Richtung man sich nähert. Selbst halbversteckt müssen sie bequem zu begehen sein, die Steigung nicht zu steil, die Stufen nicht zu schmal. Legt man Stufen leicht nach vorne geneigt an, ungefähr 0,3 cm auf 30 cm (1 %), wird sich kein Wasser sammeln und das Begehen nicht unsicher machen. Auch das Leben hölzerner Stufen wird mit dieser Maßnahme verlängert.

Geländer sind vor allem dort sinnvoll, wo die Stufen von Älteren, Behinderten oder Kindern benutzt werden oder die Treppe steil ist. Gehen Sie sicher, daß das Geländer befestigt ist und aus einem Material besteht, das zu den Stufen paßt.

Umfang und Ausmaße

Optisch gesehen ist es wichtig, daß die Stufen zu Haus, Veranda und Umgebung passen. Eine große Terrasse, die zu einem weitläufigen Rasen führt, verlangt breite Stufen mit ausladenden Dimensionen. Einer kleinen, niedrigen Erhöhung entspräche eine schmale, kurze Treppe mit kleineren hölzernen Stufen. Wo immer Stufen in einen Weg münden, sollten sie die gleiche Breite haben. Lange Treppenfluchten sehen besser aus, wenn sie ein- oder zweimal die Richtung wechseln und dabei von einer Plattform oder einem Treppenabsatz unterbrochen werden.

Als Treppenbeläge kommt jedes rutschfeste Material in Frage. Gefühlvoll verarbeitet und mit einer Randbepflanzung geschmückt, werden Holz, Betonplatten, Ziegel mit Granit und sogar vorgefertigte Betonstufen zu dekorativen Gartenelementen (s. Gestaltungselemente Seite 209).

▲ Breite, flache Stufen ermöglichen unbeschwertes Gehen und führen mit einer gewissen Leichtigkeit von einer Ebene des Gartens zur anderen. U-Steine verbinden auf dekorative Weise Wege der beiden Ebenen und dienen als Sitzbänke zu beiden Seiten.

◀ Stufen müssen nicht ausschließlich zweckmäßig sein. Diese Pyramide, von einfachen Tontöpfen mit blühenden Geranien flankiert, wirkt künstlerisch. Im kleinen Bild betont die Treppe einen reizvollen Blickfang, bestehend aus einer Skulptur und einem Teich mit einer besonderen Pflanze.

▲ Die steile, kurze Treppe wurde mit *Hedera helix* und *Lonicera nitida* 'Baggesens Gold' verschönert. Die Verwendung alter Ziegelsteine gibt dem Bild etwas Vollkommenes.

▶ Die Stufen wurden passend zur Umgebung angelegt und Ecken und Kanten mit lebhafter Bepflanzung abgerundet, hier mit Blüten- und Blattpflanzen in Trögen und Töpfen.

Rasen, weiche Oberflächen

Rasen ist im Garten lange nicht mehr so beliebt, weil selbst kleine Rasenflächen zeitraubender Pflege bedürfen. Trotzdem kann Gras, setzt man es zurückhaltend ein, wertvolles Gestaltungselement sein. Grasflächen sollten nie als Lückenbüßer zwischen Bäumen und Pflanzbeeten dienen, sondern bewußt als Teil des Gesamtbildes angesehen werden.

Es gibt abseits vom üblichen Vorstadt-Rasenstreifen viele Möglichkeiten, Gras einzusetzen. Es kann problemlos mit anderen Materialien wie Holz, Ziegeln oder Stein kombiniert werden (s. Seite 116). So entstehen Wege und Muster. Mit Trittsteinen oder Tritten aus Holz entstehen trockene Wege. Grasböschungen bieten Schutz; man sollte die Krone aber mit Blumen und Büschen bepflanzen. Selbst ein Sitz mit einem Kissen aus Gras ist möglich.

Pflege und Planung

Jede Rasenfläche bedarf der Pflege. Das bedeutet regelmäßiges Mähen, Bewässern, Düngen, gelegentliches Vertikutieren und Entfernen abgestorbener Pflanzenteile. Deswegen dürfen Grasflächen nicht zu dicht sein und das Mähen erschweren. Man vermeide auch besonders unzugängliche Ecken, schmale Wege und enge Kurven, wie z. B. um Bäume.

Verbessert man einen bereits vorhandenen Rasen oder legt einen neuen an, dürfte sich ein kräftiger, gleichmäßiger Rasen eher mit Aussaat ergeben. Mit Rasensoden hat man schneller Erfolg. Welche Methode Sie auch immer wählen, entscheidend ist, daß die der Nutzung und den klimatischen Bedingungen entsprechende Sorte gewählt wird: eine feine Mischung für samtartiges Aussehen und gröbere Mischung für die all-

▲ Die Blumenwiese bietet im Frühling und Frühsommer ein farbenprächtiges Schauspiel. Sie ist wesentlich leichter zu pflegen als Rasenflächen. Hier breitet sich ein leuchtender Teppich aus Butterblumen (*Ranunculus acris* und *Ranunculus repens*) vor einem Hintergrund aus purpurnen *Rhododendron ponticum* und hohen Bäumen aus.

▶ Wo weite Teile des Gartens im Schatten von Bäumen liegen, ist Rasen die zweckmäßigste Bodenbedeckung. Eine Skulptur oder andere schmückende Gegenstände werden als Anziehungspunkte eingesetzt. Hier ist eine Schattenfläche vom Hauptgarten abgetrennt worden, aber über eine Brücke erreichbar.

▲ Gras ist eine gute Verbindung zwischen natürlichen Gartenelementen, z. B. als Abgrenzung um Teiche und an Wegen. Auf größeren Flächen schaffen Stein- und Holzwege oder Trittsteine einen trockenen Zugang zu allen Gartenbereichen.

gemeine Beanspruchung. Außerdem gibt es Grassorten für extremes Klima, z. B. Bermudagras für südliche Gegenden.

Alternativen zu Gras

Neben Gras gibt es auch andere Pflanzen, die sich rasenartig verwenden lassen. Einige niedrige, kriechende Arten breiten sich schnell aus, vorausgesetzt, das Unkraut wird während der ersten ein bis zwei Jahre gejätet.

Einige süßduftende Kräuter wie Thymian und Kamille nehmen es nicht übel, wenn man sie, nachdem sie ausgewachsen sind, etwas drückt oder auf ihnen geht. Ihr betörender Duft wird sich ebenso einstellen wie ein unkrautverhindernder Teppich in üppigen Farben.

Weitere Oberflächen

Für einen Strukturwechsel auf Flächen stehen noch andere Materialien zur Verfügung. Rinden- oder Holzstückchen sind ein weicher und dauerhafter Untergrund. Eine dicke Lage sollte für etwa 3 Jahre genügen. Rindenschrot von Fichte ist eine weitere kostengünstige Alternative, ebenso Holzspäne. Ein anderes naheliegendes Material ist Sand. Eine sandige Fläche wird allerdings mit Steinen o. ä. eingefaßt und hin und wieder aufgeschüttet werden müssen. Das hängt von der Beanspruchung ab.

Beete

Für den modernen Gartengestalter sind Beete notwendigerweise keine langen, geraden pflanzenreichen Rabatten, voll mit pflegeintensiven Einjährigen und Mehrjährigen. Auch keine kunstvollen Inseln, wie sie im frühen 19. Jahrhundert bekannt waren. Beete kann man erhöhen, mit Steinen oder Holz umranden, ganz in der Tradition chinesischer Gemüsebeete. Beete können einem einzigen Strauch Platz bieten und zwischen Gartendecks oder Pflaster angelegt werden. Beete können weitläufig sein mit einer üppigen Zusammmenstellung von Formen und Farbtönen und dem Garten zu jeder Jahreszeit Gestalt und Vielfalt verleihen.

Erhöhte und vertiefte Beete

Hochbeete sind vor allem dann nützlich, wenn die Wasserdurchlässigkeit des Bodens schlecht ist oder Pflanzen gezogen werden, die in der vorhandenen Gartenerde nicht gedeihen wollen. Die Einfassung kann je nach Umgebung aus schlichten Ziegeln,

grauen Steinen oder massiven Holzbohlen sein. Im streng gestalteten Garten werden die Beete mit Holzschwellen, Mauersteinen oder modernen Terrakottateilen eingefaßt.

Vertiefte Beete werden neuerdings beliebt, weil sich geschickt begrenzte Bereiche darstellen lassen. Zusammen mit Stufen und Sitzmöglichkeiten erlauben sie, Duft und Farben der Pflanzen in vollen Zügen zu genießen. Tiefer gelegene Beete sind ideal in einem thematisch abgestimmten Garten, in dem z. B. ausschließlich duftende Blumen, Pflanzen einer einzigen Farbe oder besondere Pflanzen konzentriert sind.

Die Ansichten über die Harmonie zwischen Form und Farbe hat sich inzwischen geändert: Auffällige Kombinationen von großen, fleischigen oder kurzen stacheligen Blattformen stehen neben einfachen Farbmischungen. Sogar in Landschaftsgärten tendiert man zu Schattierungen einer oder zweier Farben und weicheren Pflanzen. Eine Flut leuchtender Farbtöne kann bei

unvorsichtiger Behandlung einen konfusen und verfehlten Eindruck machen. (Weitere Vorschläge siehe Gestalten mit Pflanzen, Seite 173.)

▶ Mit Fliesen oder Platten belegte Veranden sollten im allgemeinen bepflanzte Bereiche beinhalten. Hier wurde mit *Euonymus*, *Hosta* 'Thomas Hogg' und anderen pflegeleichten Pflanzen, die wegen ihres Blattwerks gut zur Geltung kommen, ein Rahmen geschaffen. Sommerliche Farben steuern *Petunia*, *Lobelia* und *Tropaeolum majus* bei. Die einjährigen Pflanzen leuchten aus dem kräftigen immergrünen Hintergrund (glänzende grüne Japanische Mispel und Efeu, die die eingrenzende Mauer verdecken) hervor.

▼ Unten rechts: Das auffällige Gold und Orange der Pflanzenzusammenstellung vermittelt den Eindruck von einer traditionellen Blumenrabatte. Sie besteht aus *Tropaeolum majus* am Rand, dahinter den hohen, flachen Köpfen von *Achillea* 'Coronation Gold' und orangefarbenen Blüten von *Helenium* 'Moerheim Beauty'.

◀ Eine Einfassung aus Ziegelsteinen und die Beschränkung auf eine Farbe gibt dieser Blumeninsel ein eindrucksvolles Aussehen. Die Malven- und Purpurtöne der *Petunia x hybrida*, *Salvia superba* und *Brachycome iberidifolia* sind innerhalb der Einfassung gut aufgehoben, was das Rasenmähen erleichtert.

Hecken

Eine Hecke aus dichtem Blattwerk, manchmal mit Duft und Blüten, ist hervorragender Windfang, Grenze oder Sichtschutz und weitaus natürlicher als Mauern oder Zäune. Auch wenn Hecken billiger sind, erfordern sie Geduld, bis sie zur gewünschten Größe herangewachsen sind. Einige Arten wie Liguster oder Buchs benötigen überdies Schnitt und Pflege.

Es gibt jedoch viele brauchbare Arten, die wenig geschnitten werden und die reizvollste Hecken bilden. Dazu gehören *Escallonia*, *Mahonia* und *Pyracantha*; auch Rosmarin oder Lavendel wachsen zu einer kleinen, hocharomatischen Hecke heran. In einen Naturgarten paßt eine freiwachsende Hecke sicher besser, z. B. aus Weißdorn, (*Crataegus*), Buche (*Fagus*) und Haselstrauch (*Corylus*), durchwoben von Kletterpflanzen, die für Farbe sorgen.

Obwohl sie langsam einwachsen, haben Hecken viele praktische Vorteile und hohe gestalterische Qualitäten. Vor allem in Küstengebieten sind sie ein wirkungsvoller Windschutz. Besonders *Aucuba*, *Cotoneaster* oder *Hydrangea* halten den grazileren Gartengewächsen einen Großteil des beißenden, salzigen Windes vom Leibe. Hecken sind außerdem wirkungsvolle Lärm- und Schmutzfilter.

▼ Hecken verleihen dem Garten einen Hauch von Geheimnis und Überraschung. In die Höhe gewachsen oder als strenge flache Form – immer geben sie einen Hinweis auf bestimmte Blickpunkte oder teilen den Garten in Abschnitte auf. In diesem Garten wurde durch die Vielfalt der Pflanzen und unterschiedlichen Formen ein zusätzlicher Reiz geschaffen.

Größe der Hecken

Eine hohe Hecke dient in aller Regel als Sichtschutz, kann aber auch andere Aufgaben übernehmen, z. B. das Ende des Gartens verdeutlichen. Durch Unterteilung von Flächen entstehen verschiedene Ansichten. Dichte Hecken pflanzt man, um ein unattraktives Gebäude zu verstecken.

Halbhohe Hecken dienen zum Hervorheben oder Eingrenzen von Auffahrten oder Wegen. Diese Heckengröße eignet sich hervorragend für besondere Formschnitte, die wiederum Blickpunkte bilden. Behalten Sie auch die vielen duftenden und blühenden Heckenpflanzen im Gedächtnis: *Choisya*, Lavendel und *Artemisia* sind bemerkenswert; wegen der Blüten sollte man Ginster

(*Cytisus*) oder Berberitze (*Berberis*) auswählen.

Zierliche, niedrige Hecken, z. B. auch Buchs, dienen ausschließlich dekorativen Zwecken. Man kennt sie als Einfassungen ausgefallener Pflanzbeete oder in den verschnörkelten Gärten, wo verschiedene Kräuter in ausgetüftelten Mustern angeordnet sind. Sie müssen während der Wachstumsperiode täglich geschnitten und gepflegt werden.

▼ Heckenschnitt in höchster Vollendung. Der kunstvoll geschnittene Buchsbaum umgibt eine Kugel, die hoch über das sauber geschnittene Rund erhoben wurde. Andere Heckenformen außerhalb dieser Anordnung führen zum Hauptteil des Gartens. Leuchtende Blumen wurden so plaziert, daß sie in den Vordergrund nicht eingreifen.

◀ Öffnungen oder Lücken in einer Hecke erlauben Einblicke in den Garten oder die Landschaft. Eine Lücke kann ohne weiteres auch mit einer Skulptur ausgefüllt werden.

Mauern und Spaliere

In fast allen Gärten ist eine Art Mauer oder Sichtblende wichtig, um Privatsphäre und Schutz zu haben. Leider führt dies oft zu einer aufdringlichen oder unpassenden Gestaltung, obwohl es viele brauchbare Materialien und gute Vorschläge gibt. Stein, Holz, Bambus und Weidengeflecht passen zu jedem Garten, wenn man sie sorgsam einfügt.

Im streng gestalteten Garten sehen verwitterte, rauhe Materialien am natürlichsten aus, z. B. alte, mit Efeu bewachsene Ziegel oder einfache Trockenmauern in Gegenden, wo es viel Steine gibt. Als Alternative bieten sich vorgefertigte Betonteile an, falls sie vorteilhaft angeordnet werden können. Im klassischen Garten wird sich ein lackiertes Metallgitter als luftiger Sichtschutz besser machen.

Andere Materialien

Ein Rahmen mit einem Bambus- oder Weidengeflecht ist ein unaufdringlicher, schnell zu erstellender Sichtschutz, der sich ideal an einem Platz im Freien oder in einem fernöstlichen Garten einfügt. An manchen Stellen werden Sie auch ein Geflecht aus Ruten oder Reisern anbringen können.

▲ In diesem kleinen Hinterhof wurde aus einem klassischen Spalier in griechischem Stil, komplett mit Vase und Säule, ein Blickfang. Das Spalier ist von süß duftendem Jasmin bedeckt. Die dahinterliegende Wand wurde weiß bemalt, um die Blumen voll zur Geltung zu bringen.

◀ Gucklöcher und Fenster bieten reizvolle Aus- oder Einblicke und verstärken die dekorative Wirkung. Dieses schmucke Gitterwerk wäre ansonsten völlig mit *Solanum jasminoides* zugewachsen.

◀ Große Holzschwellen bilden eine starke rustikale Mauer in einem von einer Holzpergola überschatteten Garten. Ein Holzsteg verläuft um und über mehrere einfache Teiche. Der untere Teil der Schwellen wurde mit Pflanzen verschönert.

1 Schnellwüchsige Kletterpflanzen eignen sich zur Begrünung neuer Mauern oder Zäune. Diese Ziegelsteinmauer verschwindet unter einer Decke von *Parthenocissus*.

2 Eine ungewöhnliche stahlgraue Trennwand im Kettenmuster wurde mit *Clematis*, die eine Unmenge zarter Blüten hervorbringt, überwachsen. Sie bildet einen Kontrast zur starren geometrischen Form.

3 Verwittertes Holz ist ein ausgesprochen neutraler Hintergrund für zarte Bambus mit hohen Stengeln und hellgrünen Blättern.

Anstatt häßliche Lattenzäune zu bauen, gestalten Sie Ihren eigenen Zaun aus einfachen, horizontal oder vertikal angeordneten Balken. Holzmasten, Eisenbahnschwellen, sogar Kanalrohre wirken nicht unschön.

Mauer oder Sichtschutz profitieren optisch erheblich, wenn sie von Pflanzen bewachsen werden. Häßliche Mauern werden mit Kletterpflanzen oder einem dekorativen, bunt bewachsenen Spalier verdeckt. Zäune werden auf Bodennähe mit Hängepflanzen in Töpfen verschönt. Bereiche lassen sich auch durch Pflanzen trennen, indem man große und reizvolle Arten einfach über ein Spalier wachsen läßt.

▼ Kräftige, unregelmäßig angeordnete Holzpfosten bieten ein Gerüst für Kletterpflanzen wie *Lonicera* oder Rosen und bilden eine ungewöhnliche Wand.

▲ Holzplanken ergeben, horizontal angeordnet, einen Jalousie-Effekt. Der untere Teil wurde mit grünen und grauen Blattpflanzen verdeckt. Unter diesen befinden sich *Eccremocarpus*, *Eucalyptus*, *Artemisia* und *Senecio*.

▼ Die engen, vertikal angeordneten Bambusstäbe bilden eine mehr natürliche Wand. Hier läßt man *Ficus pumila* hochwachsen.

Gartenzubehör

Was der Zuckerguß auf dem Kuchen, das sind die vielen, nicht unbedingt nötigen, dennoch reizvollen und oft brauchbaren Ausstattungsdetails im Garten. Besitzer kleinerer Flächen müssen wählerischer vorgehen; trotzdem gibt es für jeden Gartentyp etwas Passendes. Ob es eine Skulptur, ein Springbrunnen oder ein Pflanzentrog ist, alles muß in erster Linie dekorativ sein. Ob einfach oder verziert, die Details werden danach ausgesucht, ob sie in die jeweilige Umgebung passen, denn sie sollen den Stil des Gartens unterstreichen und ihn nicht übertönen. Das gelingt, wenn man das Objekt im passenden Material auswählt: Holz oder Stein, Ziegel oder Terrakotta. Damit werden umliegende Formen oder Farben betont, der Stil des Gartens unterstrichen. Hier sind, wie sonst nirgendwo in Ihrer Gartengestaltung, Originalität und Einfallsreichtum gefragt. Es zahlt sich aus, nach dem Objekt zu suchen, das der Anlage die richtige Note verleiht. Diese Ausstattungsdetails können nach einigen Jahren vielleicht ersetzt oder umgestellt werden, um einen etwas anderen Eindruck zu schaffen.

Pergolen

Eine Pergola ist ein dreidimensionales Gerüst, das ursprünglich nur dazu gedacht war, Kletterpflanzen eine Ausbreitungsmöglichkeit zu geben, z. B. dekorativen Arten wie Wein, Rosen, Obst und Kletterpflanzen wie *Clematis* oder *Wisteria*, die einen Baldachin duftender, herabhängender Blüten hervorbringen.

Zweckmäßig und schön

Von Pflanzen bedeckte Pergolen haben heute noch einen weiteren Sinn. In einem heißen, trockenen Klima spenden sie willkommenen Schatten. Unabhängig von der Klimazone umrahmen Sie z. B. den Eßplatz, vor allem im Stadtgarten, oder sie begrenzen eine gemütliche Laube. Eine Pergola kann als grünes Dach mit duftenden Blüten oder leuchtenden Früchten das Haus mit anderen Gebäuden verbinden oder einen Weg überspannen.

Pergolen sind üblicherweise aus Holz (roh, gebeizt oder lackiert), können aber ebensogut aus Metall, z. B. Stahlträgern, bestehen. Ein gepflegteres Aussehen erreicht man, wenn die Pfosten auf Sockeln aus Ziegeln oder Steinen stehen.

Planen und pflanzen

Höhe, Breite und strukturelle Beschaffenheit müssen auf den übrigen Garten abgestimmt werden. Nicht das Gerüst, sondern die Pflanzen sollten dominieren, denn es steht eine großartige Auswahl von Pflanzen zur Verfügung, angefangen bei duftenden Kletterrosen über Geißblatt bis zu schnellwüchsigem Wein.

Im Hinblick darauf, daß eine Pergola sowohl Überdachung als auch Schattenspender und Sichtschutz ist, bietet sie viele Gestaltungsmöglichkeiten. Sie paßt z.B. gut zu Toren und Eingängen, eignet sich hervorragend für einen Dachgarten und kann als Rahmen eines Sitzplatzes im Garten dienen. Um Vielseitigkeit und ausgezeichneten Sichtschutz zu gewährleisten, sollten Sie Kletterpflanzen mit rustikalen Materialien wie Bambus, Holzbrettern oder schlanken Lattenzäunen kombinieren.

▶ Eine hübsche, rustikale Pergola, die unter dem Blattwerk (*Parthenocissus*) fast verschwindet, bietet Teilschatten für eine kleine sonnige Terrasse. Das Ganze harmoniert mit dem dichten Baldachin der umliegenden Bäume. Im Bodenbereich wird das Ensemble durch süß duftende *Lavandula spica* eingerahmt.

▲ Exotische Umgebung und ausdrucksvolle architektonische Pflanzenformen verlangen nach klaren Strukturen. Diese Pergola spiegelt die gebogenen und gefächerten Formen der Palmen wider. Der untere Teil ist von einer Hecke aus *Spathiphyllum* 'Mc Coy' bedeckt, die sowohl Schatten als auch Rückzugsmöglichkeit bietet.

Markisen und Schirme

Schutz von oben bedeutet nicht nur Abhalten der Mittagshitze, kühler Brisen oder des Regens im Sommer. Es entstehen auch nachts geschützte, abgeteilte Bereiche, vor allem in Verbindung mit einer Außenbeleuchtung. Was immer Sie auch aufbauen, um sich vor den Unbilden des Wetters zu schützen, es muß praktisch sein und einfach zu handhaben. Eine dauerhafte Einrichtung muß jedem Wetter standhalten, Winden, Schnee und Regen. Eine mobile muß einfach auf- und abgebaut und an einem sicheren und trockenen Platz untergebracht werden können.

Die zweite wichtige Überlegung ist das Aussehen der Markise, die schließlich zum Gesamteindruck des Gartens passen muß. Eine Veranda für die Familie wird z. B. von einer hellen, gestreiften Markise oder einem Schirm profitieren, nicht aber die Grillecke oder der Swimmingpool. In andere Teile des Gartens werden weniger auffällige, vielleicht hölzerne Konstruktionen, Segeltuch oder Bambus besser passen.

Das Angebot

Für Vordach oder eine Markise gibt es viele Möglichkeiten und die verschiedensten Materialien. Perfekt verbinden sich mit dem umliegenden Blätterwerk Bambus oder Strohmatten, Holzleisten, Segeltuch und sogar Sackleinen. Es wird auf einen Rah-

▲ Über einen Metallrahmen gezogene Segeltuchbahnen bieten Schatten und Schutz. Hier wurde ein rundes Fenster ausgespart, das für Licht sorgt und eine Palme einrahmt.

▶ Eine leuchtende gelbe Markise bedeckt eine geschützte Veranda. Sie spendet Schatten an heißen und Helligkeit an trüberen Tagen. Sie wird eingerollt in einem Schutzgehäuse aufbewahrt und kann entweder elektrisch oder mechanisch bewegt werden.

▼ Ein freistehender Segeltuchschirm auf einem Holzgestell ist ein willkommener Schattenspender für die sonnige Liegefläche entlang des Swimmingpools. Das klare Design und das natürliche Material passen zu den weißen Wänden und den Bodenfliesen aus Ton.

▲ Hier werden Licht und Schatten gut kontrolliert. Ein großer Schirm überdeckt den Sitzplatz, während sich das schwarz-weiß gestreifte Vordach schützend über einer Terrasse ausbreitet.

men oder einer Pergola so befestigt, daß es zurückgerollt werden kann (s. Seite 136).

Selbstverständlich bieten sich maßgefertigte Markisen an. Diese werden an der Hauswand befestigt und spenden einer Veranda oder einem Balkon Schatten. Manche kann man als Seitenabschirmung verwenden, um seitlich einfallenden Wind abzuhalten. Gute Hersteller führen eine breite Auswahl passender Textilien.

Schirme

Denkt man an Schatten, darf man Sonnenschirme nicht vergessen. Diese Vorrichtungen sind nicht zu überbieten, wenn es darum geht, irgendwo schnell zu schattieren; Schirme sind schnell zusammengefaltet und können auf kleinstem Raum verstaut werden. Man befestigt sie in Lochhalterungen in der Mitte von Gartentischen, auf Gartendecks oder gepflasterten Bereichen. Freistehende Modelle mit beschwertem Fuß verwendet man auf Wiesen oder am Swimmingpool.

Wasser

Kleine schmückende Anlagen mit Wasser haben im großen wie im kleinen Garten ihre Berechtigung. Selbst dort, wo der Platz beschränkt ist, bietet eine in der Größe passende Wasseranlage einen Blickfang. Ein aufwendig gestalteter Wassergarten wird sicher eine Augenweide sein (s. Seite 90).

In kleinen Anlagen wird man oft bewegtes Wasser finden. Aber genauso können Sie Wirkungen erzielen, die auf Formen und der Ausgeglichenheit des Wassers, das den Himmel und die Umgebung der Pflanzen widerspiegelt, beruhen. Dazu benötigen Sie geeignete Materialien, um einen einfachen Teich zu umranden, und setzen wenige, dafür wirkungsvolle Pflanzen an.

Der richtige Stil

Schmücken bedeutet nicht immer Verschönern; oft sind auch die einfachsten Ideen am besten, d. h. Beschränkung auf natürliche Materialien und Grundformen. Größenverhältnisse sind ebenso wichtig, wenn die Anlagen nicht zu klein oder zu auffallend erscheinen sollen.

Der jeweilige Standort wird Form und Stil der Wasseranlage bestimmen. In der Mitte einer Terrasse oder eines großen Teiches stellt sie immer einen Blickfang dar. Eine weniger auffällige Anlage, die mehr überraschen soll, gestaltet man so natürlich wie möglich und etwas vor den Blicken versteckt, z. B. hinter einem Arrangement von Pflanzen.

Der einfache Teich beruht auf klaren Konturen in Kreis-, Quadrat- oder Rechteckform. Er muß deswegen nicht gleichmäßig sein, sondern kann vertieft oder erhöht, als Teil einer Veranda oder inmitten eines Naturgartens angelegt werden.

Geometrische Formen eignen sich selbstverständlich für die unterschiedlichsten Teiche und passen sich, ineinandergreifend oder erhöht, aus Stein, Ziegeln, Pflaster oder Holz, den umliegenden Flächen an. Diese Materialien sind wichtig, da der klar umrissene Teich nicht dieselben ausdrucksvollen Konturen und denselben Raum für feuchtigkeitsliebende Pflanzen bieten kann wie der natürlich geformte Teich. Breite, erhöhte Rand- oder Schlußsteine ergeben ideale Standflächen für Pflanzen in Töpfen

▶ Der erhöhte Teich ähnelt einem alten Brunnen und wurde passend zur Veranda gestaltet. Die einfache runde Anlage mit breitem Backsteinrand paßt zum rechteckigen Garten, der von einer hohen dunklen Koniferenhecke und niedrigem grünem geschnittenem Buchs eingeschlossen wird. Im Wasser des Teichs spiegeln sich die beiden auf dem Rand stehenden Töpfe mit *Pelargonium*. In den Fugen zwischen den Backsteinen ließ man Moos wachsen.

▼ In einem kleinen Innenhof sprudelt das Wasser aus einem alten Metallhahn in einen Steintrog. Ein Zierkürbis rankt über die weiße Wand und zieht mit seinen schön geschnittenen Blättern und der weißen Frucht den Blick auf das Ensemble.

◀ Ein Rinnsal aus mehreren Bambusrohren bringt die Oberfläche eines ruhigen Teiches in Bewegung. In diesem einfachen Garten nach asiatischer Art wurden Anlagen auf ein Minimum reduziert. Stein und Fels stehen im Vordergrund. Klang und Bewegung des Wassers ergeben einen wichtigen, aber untergeordneten Anziehungspunkt

▼ Meistens sind die einfachsten Ideen die besten. Läßt man Wasser über eine dunkle Steinkugel laufen und hält es mit einer versteckten Pumpe in Umlauf, bringt es einen erstaunlichen Blickpunkt in eine Ecke des Gartens.

▶ Eine Ecke innerhalb eines Gardendecks zusammen mit eingelassenen und erhöhten Behältern. Einer wurde mit hohen *Butomus umbellatus*, der andere mit eleganten, schlanken Rohrkolben (*Typha stenophylla*) bepflanzt.

▲ Wasser kann als natürliche Markierung und Grenzlinie fungieren. Ein langgestrecktes Becken mit Mosaik ausgelegt ist nicht nur schön, sondern Trennlinie zwischen Garten und Abhang.

oder für Sitzgelegenheiten mit Blick auf Pflanzen und Wasser.

Ein schlichter eingelassener Teich paßt gut in bestimmte Gärten. Er kann in ein Gartendeck aus Holz, eingerahmt von Ziegelsteinen, in eine Terrasse, eine gefliese Veranda oder eine gepflegte Rasenfläche eingelassen werden. Teiche sollten mit nur wenigen einwandfrei aussehenden Seerosen bepflanzt werden; es gibt auch kleine Seerosenarten für den begrenzten Raum. Genauso passend wäre eine Ansammlung hoher Gräser oder eine Gruppe *Iris*.

Unter diesen Umständen werden Pflanzungen auf das notwendige Maß beschränkt werden müssen, weil der Teich sonst an Form verliert. Umliegende Bereiche müssen ebenso anmutig sein. Dem Ausdruck Ihres Gartens entsprechend lassen sich noch große, glatte Steine, dekorative Töpfe mit Bambus, Hochbeete mit Blattpflanzen,

Sitzgelegenheiten oder eine Skulptur hinzufügen.

Das Wasser in Bewegung bringen

Sollten Sie keinen durch den Garten fließenden Wasserlauf haben, können Sie mit einer Umwälzpumpe, das Wasser in Umlauf bringen. Dazu muß ein sicherer Stromanschluß im Freien vorhanden sein, falls es nicht gelingt, spezielle Kabel oberflächlich sicher zu verlegen.

Es ist notwendig, eine Pumpe auszuwählen, die den Wassermengen gewachsen ist, die in der Anlage fließen sollen. Es gibt zwei Arten von Pumpen: unter Wasser versenkbare Pumpen oder Pumpen, die über Wasser installiert werden. Unterwasserpumpen sind teurer, aber kräftiger und widerstandsfähiger. Überwasserpumpen benötigen einen wetterfesten Behälter und können im Winter nicht im Freien bleiben.

Springbrunnen und Wasserspeier

Springbrunnen machen Spaß und sind verhältnismäßig einfach zu installieren. Ihre Größe muß unbedingt im Verhältnis zum Umfeld stehen. Viel zu oft sind sie falsch proportioniert. Zu groß oder zu kitschig beherrschen sie das Bild. Zu klein geraten sind sie ganz einfach ausdruckslos. Ein Springbrunnen kann aus einer einzigen Wasserdüse bestehen und wird hauptsächlich wegen des Plätscherns der steigenden und fallenden Tropfen installiert. Selbstverständlich lassen sich mehrere Wasserdüsen einbauen, die den Druck variieren.

Abhängig vom Typ gibt es Springbrunnen mit »Kuppel- oder Schirmeffekt«, deren Fontänen bis zu einer Höhe von etwa 3,50 m aufsteigen können. Das Höchste ist die aus einem Schmuckgegenstand oder einer Skulptur austretende Fontäne.

Vor allem auf der Veranda eignet sich ein Wasserspeier mit ständig plätscherndem Wasser, das in eine Schale, ein Becken, einen kleinen Teich, über einen Stein oder Kieshaufen fließt. Das Wasser wird mit Hilfe einer versteckten Pumpe in Umlauf gehalten. Wasser kann auch geradewegs aus einer großen Öffnung zwischen Steinen oder Kieselsteinen sprudeln, aus einem alten Messinghahn, über eine hölzerne Rinne oder aus einer an der Wand befestigten Skulptur fließen.

Andere Ideen

Eine Alternative zu den herkömmlichen Springbrunnen oder Wasserspeiern ist eine niedrige Sprudelfontäne, die man dort anbringt, wo das Wasser über Felsen oder Steine, eine größere Kugel oder aus der Mitte eines alten Mühlsteins plätschern soll. Hier ist die Wasserquelle ein unterirdischer Speicher mit Unterwasserpumpe. Sprudelbrunnen sind dort geeignet, wo Kinder in Gärten spielen und es kein tiefes Wasser gibt.

Mit etwas Phantasie können Sie unzählige weitere Anlagen erfinden. Ein alter Tontopf oder eine Vase können, auf die Seite gelegt, eine Wasserkaskade für einen kleinen Teich ergeben. In einem asiatischen Garten kann Wasser über ein Bambusrohr in eine broncefarbene Schale oder einen einfachen Teich laufen. Kaskaden und Wasserfälle müssen nicht aus einer natürlichen Felsgruppierung, sondern können auch aus gekachelten Stufen oder Plexiglasscheiben bestehen.

Oft sind Anlagen aus scheinbar nutzlosen Materialien, die sich auf natürliche Weise in ihre Umgebung einfügen, am schönsten.

▶ Eine weitere einfache, aber wirkungsvolle Idee für eine Gartenecke oder den Hinterhof ist dieser flache Teller, der in ein Steinbeet eingelassen wurde und von Blattpflanzen wie *Alnus* und *Pachysandra* beschattet wird. Denselben Effekt erreicht man mit jedem Behälter aus Naturmaterial, z. B. einem alten Steintrog, einem eingelassenen Topf oder einer verzierten Vase.

Wasserfälle und Wasserläufe

Große bewegte Anlagen sollten im Garten eingesetzt werden, um Höhe vorzutäuschen oder um den Eindruck zusätzlicher Länge und Breite zu erwecken. Wichtig ist die richtige Pumpe, damit sie der Wassermenge, die in Umlauf gebracht werden soll, gewachsen ist.

Eine Kaskade bauen

Ein Wasserfall, vor allem in Form einer Kaskade, ist ein hervorragendes Mittel, Gartenbereiche miteinander zu verbinden, und ein auffälliges Gartenelement. Natürlich aussehende Wasserfälle sind schwierig zu gestalten. Sie müssen nach und nach mit Erde aus anderen Gartenteilen oder gekauft, Felsen und Felsbrocken aufgebaut und so natürlich wie möglich arrangiert werden. Gestaltungshilfe sind Wasserfälle in der freien Natur. Dann heißt es so lange probieren, bis das richtige Bild entstanden ist.

Die Wirkung

Eine Seite ist die Zusammenstellung der Felsbrocken, eine andere der Wasserlauf. Viel zu oft verschwindet das Wasser hinter

▶ Umsichtige Pflanzung sorgt für Farbenfreude entlang eines felsigen Wasserfalls. Die gelben Blüten der Sumpfdotterblume (*Caltha palustris*) passen hervorragend zum purpurnen Ahorn und rosa Rhododendron.

▼ Moos und Steine wurden für die Gestaltung dieses natürlich anmutenden Baches durch einen schattigen, waldartigen Garten verwendet. Dieses Ensemble ist schwierig zu schaffen und paßt nur auf ein weitläufiges Grundstück.

◄ Eine Reihe von Kaskaden zaubert Stimmung und Bewegung auf eine Lichtung mit Rhododendron. Vor einer Erhebung aus Fels fällt Wasser in Steinbecken hinab und verbindet so natürliches Gestein mit der von Menschen geschaffenen Anlage.

▲ Diese Miniaturlandschaft in der Ecke eines Gartens besteht aus einem winzigen Wasserfall aus Felsgestein und hängenden *Asparagus densiflorus* 'Sprengeri'. Diese Anlage wird durch eine weiß getünchte Mauer im Hintergrund und die leuchtend orangefarbenen Blüten der *Bougainvillea* aufgehellt.

Felsbrocken oder tröpfelt kärglich hinunter. Das Geheimnis liegt in der Auskleidung des Wasserlaufs mit einem dichten Material. Passen Sie auf, daß es nicht reißt, und verstecken Sie es seitlich. Ein gelungener Wasserfall zeigt oben einen Vorsprung, d. h. einen Stein oder auch ein Stück klares Plexiglas, so daß ein Wasservorhang entstehen kann. Schließlich und endlich können um den Wasserfall feuchtigkeitsliebende winterharte Pflanzen wie Sträucher und Farne eingesetzt werden.

Wasserläufe und Bäche

Ein gerader Wasserlauf ist wirkungsvoll, wenn auch nicht so reizvoll wie ein sich schlängelnder Bach. Bei sorgfältiger Planung können sowohl der ungezwungene Wasserlauf wie der eher formstrenge Kanal Wunder wirken, wenn man Grenzen oder schwerfällige Formen verwischen will. Man teilt den Garten in verschiedene Bereiche oder schafft Inseln, die nur über Brücken oder Trittsteine erreichbar sind.

Welchen Stil Sie auch immer wählen, ein Wasserlauf oder Bach darf fast kein Gefälle haben. Statt dessen soll eine Umwälzpumpe das Wasser zum Fließen bringen. Leichtes Gefälle läßt das Wasser zu schnell ablaufen; sollte die Pumpe einmal ausgeschaltet sein, entsteht sofort ein trockenes Bett.

Der Bach ist ein natürlicher Wasserlauf. Vergewissern Sie sich, daß sie nicht zu viele unnatürliche Windungen und seltsame Formen einbauen. Ein vollständiges Bild entsteht, wenn die Ufer mit Steinen, Moos, Farnen und anderen Uferpflanzen wie Ringelblumen, Binsen und Gräsern eingefaßt sind. Eine eher formale Anlage wird aus klar umrissenen, rechteckigen Wasserläufen oder Kanälen bestehen, die z. B. das Haus nach Art eines Burggrabens umgeben oder eine Schlinge mit einer Insel bilden.

Mitunter brauchen Sie gar kein Wasser, um einen wirkungsvollen Wasserlauf zu gestalten. Anstelle von Wasser werden Steine und Kiesel derart angeordnet, daß sie fließendes Wasser symbolisieren. Dies ist ein Element japanischer Gärten (s. Seite 94) und wirkt erstaunlich gut, wenn man den Wasserlauf mit feuchtigkeitsliebenden Pflanzen einfaßt und Brücken darüberführt.

Brücken

Ebenso wie Trittsteine (s. Seite 120) laden Brücken zum Überqueren und zum Erforschen des anderen Ufers ein. Sie sind ein wertvolles Element im Garten, egal welche Größe sie haben. Außerdem ermuntern sie zum Verweilen und dazu, den Garten aus einer neuen Perspektive zu betrachten. Niemand scheint jemals über eine Brücke zu eilen.

Deshalb ist es egal, ob eine Brücke Wasser, einen Kies- oder Grasstreifen oder sogar Pflanzungen überspannt. Nutzen und Zweck decken sich in jedem Fall: Die Brücke dient zum Überqueren und ist Aussichtspunkt.

Typen

Eine niedrige einfache Steinplatte kann eine Brücke sein, ein Baumstamm über einen Bachlauf ebenso wie ein breiter Holzweg über einen Teich als Verlängerung eines Gartendecks. Verzierte, gebogene Brücken sind in einem großen einfachen Garten richtig, aber aufwendig und umständlich aufzubauen. Ein Bogen ist im Grunde nur dort notwendig, wo Boote passieren. Niedrige Brücken sind aus vielerlei Gründen vorzuziehen; nicht nur weil sie leichter zu bauen und weniger teuer sind, sondern weil man leichter ans Wasser und zu seinen Bewohnern kommt. Hinzuzufügen wäre, daß Holz und Ziegel als Baumaterialien leichter zu handhaben sind als Stein oder Beton. Ziegelsteine sehen gut aus, wenn sie an ein Gebäude anschließen; sie können z. B. in niedrige Bögen auf Betonpfeiler einbezogen werden.

Welchen Stil Sie auch immer wählen, bedenken Sie, daß einfache Konstruktionen oft am besten aussehen. Eine Brücke sollte nicht übermäßig Aufmerksamkeit auf sich

▼ Eine große Steinplatte oder wie hier eine Schieferplatte ist eine nützliche, einfache Brücke über einen schmalen Wasserlauf und schließt an einen Weg oder an Trittsteine an.

ziehen und das Gesamtbild des Gartens beherrschen. Die Materialien müssen zum übrigen Garten passen. Holz kann in Form einfacher Planken oder Holzschwellen die Ufer verbinden. Es gibt einfache vorgefertigte Betonbrücken mit leichtem Bogen. Große Granitplatten überbrücken die Lücke zwischen zwei gegenüberliegenden Grashügeln am Ufer.

Holz kann in allen möglichen Farben gebeizt werden, einschließlich Blau, Grau, sogar Rostfarben. Ziegelsteine sehen in dumpf Gelbbraun, Grau und Blau, vor allem, wenn sie sich im Wasser spiegeln sollen, besser aus. Jedes Betonfundament oder andere Konstruktionen sollte mit reizvollen und schnellwüchsigen Pflanzen bedeckt werden.

Sicherheitsvorkehrungen

So wie jeder Weg muß auch eine Brücke sicher zu begehen und stabil gebaut sein. Die Teile werden sorgfältig befestigt; alle unterstützenden Ufer, Hölzer, Betonteile, Ziegelsteine usw. sollten jährlich geprüft werden. Die Gehfläche muß rutschfest und breit genug für ein bequemes Stehen und Überqueren sein. Dies bedeutet Anbringen von Handläufen aus Holz, rustikalen Planken oder Seilen. Eine weitere praktische wie dekorative Einrichtung ist die Beleuchtung, z. B. als Strahler oder Laternen (s. Seite 164).

▲ Kräftige, gebeizte Holzplanken, zickzack in Paaren angeordnet, bilden eine reizvolle Brücke über einen breiten Wassergürtel mit wechselnden Aussichtspunkten.

▶ Eine leicht gebogene Holzbrücke wird von einer Uferbepflanzung aus *Iris* und *Ligularia* begleitet. Das kräftige Handseil spiegelt die Bogenform wider und ist ein Beweis dafür, daß Sicherheitsvorkehrungen auch dekorativ sein können.

▼ Eine Brücke über einen lockeren Bachlauf kann einfach sein; ein paar Planken wurden so verlegt, daß sie einen breiten Weg bilden. Hier verbinden sie eine kleine Terrasse mit einem Pfad aus Stein und Holz.

Skulpturen

Eine Skulptur gibt dem Garten eine besondere Note. Man setzt sie ein, um etwas Aufregendes hinzuzufügen, um zu einer sorgfältigen Betrachtung der Umgebung anzuregen, oder weil sie einfach nur schön ist. Da jede Art von Skulptur entscheidend zum Gesamtbild des Gartens beiträgt, ist sorgfältige Auswahl ausgesprochen wichtig.

Eine Skulptur zieht sofort jede Aufmerksamkeit auf sich. Der umliegende Garten sollte diesen Eindruck verstärken. Denken Sie nicht, daß die Skulptur unbedingt in der Mitte des Rasens aufgestellt werden muß. Ein graziles Stück kommt oft am Ende einer Allee oder in einer Ecke des Gartens am besten zur Geltung, wenn man sie mit Bäumen oder Sträuchern einrahmt. Skulpturen machen sich auch hervorragend nahe am Wasser. Stellt man sie an das Ufer eines Teiches, spiegeln sie sich im Wasser. Andere Stücke kann man ins Wasser stellen, das sie umspielt.

Arten von Skulpturen

Wenn Sie eine Skulptur auswählen, werden Sie nicht nur den Stil, sondern auch Größe und Gestalt berücksichtigen müssen. Das Stück muß gut gearbeitet und in jeder Hinsicht geschmackvoll sein. Berühren Sie es vor dem Kauf, um zu prüfen, ob Gefühl und Aussehen harmonieren. Außerdem ist es notwendig herauszufinden, ob das Material im Freien tauglich ist. Neue Fertigungsmethoden haben den Anwendungsbereich von Metall und Holz im Freien erweitert. Einige Steinarten springen z. B. weniger leicht als andere, wenn sie extremen Temperaturen ausgesetzt sind.

Der Stil ist eine Sache des Geschmacks. Abstrakte Formen sehen dann gut aus, wenn sie die Struktur umgebender Pflanzen widerspiegeln. Mensch und Tier sind daneben auch für moderne Skulpturen immer aktuelle Modelle. Das bietet auch die Möglichkeit, Originelleres zusammenzustellen, z. B. eine wühlende Ferkelfamilie aus Stein in der Ecke einer Veranda.

Schließlich wird Ihre Wahl natürlich von Ihren Vorlieben abhängen, gleichwohl die Entscheidung für das passende Stück manchmal schwerfallen mag. Manche Aussteller oder Galerien gestatten es, ein Stück mitzunehmen, um es zunächst einige Tage probeweise aufzustellen.

Sie werden herausfinden, daß die meisten Skulpturen von einem Hintergrund aus Blattwerk, hohen Sträuchern, aus Kletterpflanzen oder Pflanzen mit starken großen Blättern oder kräftigen Stämmen profitieren. Andere passen ideal zum Wasser. Wo es notwendig ist, wird ein Sockel in die Erde gesenkt und mit Gras oder Bodendeckern versteckt. Vielleicht finden Sie Gefallen an aufeinander abgestimmten Pflanzen und Skulpturen, z. B. ein Mädchen mit blühenden Azaleen im Hintergrund oder ein langbeiniger Vogel, der zwischen dichten Gräsern steht.

▼ Pflanzen schaffen eine natürliche Umgebung für eine Skulptur wie für dieses Mädchen von Glyn Williams, das sich zwischen Farnen und bodenbedeckenden Pflanzen zurücklegt. Zu starker Bewuchs wird selbstverständlich verhindert. Pflanzen sollten Umrahmung und nicht Decke sein. Diese Skulptur wurde auf einem Naturfelsen ausbalanciert.

◀ Es ist wichtig, daß jede Skulptur mit Verstand in den Garten eingefügt wird. Diese Schafe der Holländerin Ire Bollen Slolwyk scheinen sich am langen Gras unter dem schattigen Baum zu laben.

▶ Große Skulpturen benötigen einen guten Hintergrund vor allem, wenn sie aus hellem Material sind. Dieses lebensgroße Pferd von Brian Taylor grast vor schattigen Bäumen und ist ein Blickfang in einem großen Landgarten.

▼ Skulpturen bieten mitunter unerwartete und eindrucksvolle Anblicke. Dieser brütende Vogel von Chris Drury wird unter den schattigen Bäumen nur per Zufall gesichtet werden, wenn man einen Spaziergang entlang des Wassers unternimmt. Der Sockel wurde von langem Gras und verwilderten Bodenpflanzen verdeckt, um das Stück in die Natur einzufügen.

Gartenschmuckstücke

Skulpturen sind eine Bereicherung für ein gut durchdachtes Gartendesign. Trotzdem braucht man eher bescheidenen Gartenschmuck, der vielleicht weniger einzigartig ist, aber genauso überwältigend wie ein Kunstwerk sein kann. Auch Einfaches läßt eine langweilige Ecke reizvoller werden oder macht sie sogar zu einem attraktiven Mittelpunkt. Gartenschmuckstücke verschönern auf ideale Weise Pflasterflächen oder Ecken des Swimmingpools und vertragen sich gut mit freistehenden Pflanzentrögen.

Möglichkeiten

Sonnenuhren, sowohl die herkömmlichen Arten aus Stein wie moderne aus Metall oder Plexiglas, erleben ein Comeback. Sie kommen in der Mitte des Rasens oder in einem Kräutergarten wunderbar zur Geltung. Ähnlich wirkt ein verziertes und rustikal gestaltetes Vogelbad oder ein Tisch. Auf einem Gartendeck wird eine Zusammenstellung eleganter Vasen oder Krüge allein wegen ihrer Formen und Größen Gefallen finden.

Sie können in der Größe von großen bauchigen Tongefäßen bis zu sehr viel kleineren, zierlicher gearbeiteten Stücken reichen. Schalen, chinesische Ingwerkrüge

und Amphoren sind dekorative Dinge. Sogar gesprungene oder zerbrochene Stücke wirken dort vorteilhaft, wo es auf ein rauhes, verwittertes Bild ankommt.

Eher traditionelle Gartenschmuckstücke, die nur in begrenztem Umfang wirkungsvoll eingesetzt werden können, sind imitierte Stücke meist aus Stein, Antiquitäten, Statuen, verzierte Vasen, Säulen, Ballustraden an Stufen und Terrassen. Unter Umständen kommen auch mit Schnitzereien verzierte Toreinfahrten und Eingänge in Frage.

Weniger teuer, aber oft eindrucksvoller sind Stücke, die man zufällig gefunden hat – mit ungewöhnlichen Formen oder Strukturen wie Treibholz, Flußkiesel oder rauhe, verwitterte Steine.

Wie bei jedem Blickpunkt im Garten, ist auch hier Vorsicht geboten; weniger ist mehr. Dies trifft vor allem bei asiatischen Stücken zu wie Schalen, winzigen Tempeln und »Garten-Buddhas«, die nur gut aussehen, wenn man sie sparsam und am richtigen Ort einsetzt.

▼ Der klassische Garten eignet sich gut für dekorative Stücke wie für schmückende Pflanzenformen. Dieses ruhige grüne und weiße Schema aus Statuen und Blattpflanzen ist vom Schwarz und Grau des Pflasters und der Möbel abgesetzt. Zwischen den hohen, geschnittenen Hecken und dem dichten Hintergrund stehen Bäume mit gedrehten Stämmen, geschnittener Buchsbaum, Kuppeln, Spiralen und dekorative Gefäße. Die Harmonie ist perfekt; Steine, Terrakotta und Blattpflanzen passen zusammen. Geschickt angelegte Hecken und kunstvoll geschnittene Bäume schaffen reizvolle Licht- und Schattenbereiche, die den Garten größer erscheinen lassen, als er ist.

▲ Halten Sie nach lustigen, ungewöhnlichen Gartenschmuckstücken Ausschau, die man auf Stufen oder Tischen aufstellen kann. Diese Enten aus Ton bilden einen auffallenden Mittelpunkt auf einem verwitterten Holztisch, im Schatten eines blühenden *Impatiens*.

◀ Gartenschmuckstücke als Ausgangspunkt für eine Pflanzung. Diese Ente aus Stein wird halb bedeckt von den weichen haarigen grauen Blättern der *Senecio cineraria* und *Stachys lanata*, den silbrigen *Lavandula*, dem Grün von *Pittosporum tenuifolium* und *Nepeta*. Die Pflanzen wurden um die beiden Schmuckelemente als Mittelpunkt gesetzt. Eingerahmt von den kleinen gekräuselten Blättern der *Nepeta* wurden sie zum Bestandteil des Bildes und hellen die Ecke des Gartenhofes auf.

▼ Suchen Sie nach ungewöhnlichen Stücken, die, mit Pflanzen kombiniert, zu einem Blickpunkt werden können. In dieser Ecke wirft ein alter Vogelkäfig seinen Schatten auf die weiß getünchte Wand. Sein Drahtwerk, umgeben von Töpfen mit *Ophiopogon japonicum*, nimmt den Stil des Tisches auf.

Der letzte Schliff

Der Garten lebt ebenso wie die Inneneinrichtung des Hauses von kleinen persönlichen Dingen, die seiner Grundstruktur Leben und Originalität verleihen. Der Erfolg hängt von der phantasievollen Plazierung dieser scheinbar zufällig vorhandenen Objekte ab: das farbig gebeizte Holz, eine Sammlung großer Steine oder ein Steintrog.

Sie werden viele Dinge auf Fotos in diesem Buch entdecken können, die diese Gärten einzigartig und ansprechend machen. Trotzdem wäre es keine gute Idee, sie einfach so zu übernehmen. Ein Motiv auf einen andersartigen Garten zu übertragen, wird selten gelingen.

Andererseits gibt es immer die Möglichkeit, Materialien auf gelungene Weise zu arrangieren: z. B. verschiedene Töpfe, Tröge und Hängekörbe auf einem Gartendeck, einer Veranda oder Terrasse, das Gruppieren der Tische oder Sitzgelegenheiten um einen großen, gut gewachsenen Baum, Sichtblenden, gemütliche Möbel, Matten und Kissen, die man bei schönem Wetter ins Freie bringt.

Pflanzenbehälter und -tröge

Der »Garten« in Pflanzbehältern (s. Seite 110) lebt ebensosehr von der Güte der Tröge und Töpfe wie von den Pflanzen. Im allgemeinen sollten Töpfe in unterschiedlichen Höhen und Größen und eine Auswahl von Materialien vorhanden sein.

Das Zusammenstellen von Pflanzbehältern orientiert sich am Geschmack und dem Gefühl für Gestaltung. Üblicherweise stehen höhere Behälter im Hintergrund. Weiße Tröge wirken vor einer Ziegelsteinmauer besser als Tontöpfe usw. Dreiergruppen geben oft ein gelungeneres Bild ab, wenn sie in Dreiecksform plaziert werden.

Halten Sie ständig Ausschau nach Materialien und Objekten, die in Ihrem Garten von Nutzen sein könnten. Ein alter Tisch mit Marmorplatte, ein aus Eisen gefertigtes Nähmaschinengestell oder ein Waschzuber ergeben einen hervorragenden Tisch für ein Essen im Freien (s. Seite 166), für Arrangements von Sommerblumen oder Kräutern in Töpfen.

▶ Die Ecke einer großen Terrasse wurde auf gelungene Weise mit Trögen, Körben, Schalen und Pflanzen ausgestattet. Ein reizvolles Arrangement um den stilvollen Liegestuhl.

▼ Ein hübscher Tisch aus einem Eisengestell mit Marmorplatte und einem verzierten Trog mit *Agave attenuata* bilden den Mittelpunkt zwischen den beiden Lorbeerbäumen. Die kräftig tonfarbene Wand gibt die Farbtöne der Fliesen und der Tröge wieder.

Töpfe und Behälter

Die Auswahl von Pflanzgefäßen ist breit. Sie reicht von halbierten Fässern über asiatische Krüge, alte Steintröge, Schubkarren bis hin zu großen mit Folie ausgeschlagenen Körben.

Stellen Sie sich vor, wie reizvoll eine Reihe gewöhnlicher Tontöpfe aussieht, wenn sie mit Draht an einer Wand oder einem Spalier befestigt werden, oder Körbe, die man nicht nur an einer Wand, sondern auch von einer Pergola herabhängen läßt.

▼ Das Unerwartete kann ein echter Blickfang sein. Eine Zinkwanne wurde leuchtend blau bemalt und an starken Ketten aufgehängt. Sie bietet viel Platz für die gelben und purpurnen *Lobelia*, *Tagetes* und *Crepis*.

▲ Schnittblumen finden auch im Garten ihren Platz. Leuchtend orangefarbene Gladiolen ergeben einen wundervollen Kontrast zum tiefen Blau des Swimmingpools. Die Vase wird von einem ungewöhnlichen und attraktiven Korb verdeckt.

◀ Asiatisch anmutende Töpfe eignen sich gut für Blattpflanzen, wie diese glänzend grüne *Alpinia purpurata* in ihrem schwarz-goldenen Behälter. Sie sollten darauf achten, daß Pflanzen und Topf miteinander harmonieren.

◀ Töpfe und Behälter als Dreiergruppe sehen immer gut aus. Diese schlichten Tontöpfe sind eine gute Gesellschaft für die exotische *Cordyline* und die blättrige *Griselinia lucida*.

Leben mit Stil

Mehr und mehr wird der Garten als Erweiterung des Hauses betrachtet, als eine willkommene Umgebung für Entspannung, Sport, Mahlzeiten und Unterhaltung. Solche funktionellen Bereiche müssen auf Erscheinungsbild und Bepflanzung des übrigen Gartens abgestimmt werden. Trotzdem sollten Freizeitbereiche nicht nur gut aussehen und zur Umgebung passen, sie müssen auch praktisch sein. Swimmingpools und Sprudelbäder benötigen ein Heiz- und Filtersystem. Sitzgelegenheiten müssen stabil und bequem sein. Grillecken sollten, wenn sie nicht in Betrieb sind, unauffällig, aber trotzdem groß genug sein, um die notwendigen Küchenutensilien aufzunehmen. Glücklicherweise sind die Möglichkeiten zahlreich, funktionelle Details zu verdecken und zu integrieren. Sicherheit und Komfort sind ebenso wichtige Überlegungen, wenn es um adäquate Wasser- und Stromversorgung, trockene Hauseingänge und Beleuchtungsanlagen geht. Derartige Dinge sind nicht billig und müssen sorgfältig geplant werden, um sichergehen zu können, daß sie über viele Jahre hinweg den Bedürfnissen gerecht werden.

Sommerhäuschen und Lauben

Sommerhäuser oder Lauben mögen einen Hauch von Extravaganz haben, dabei sind sie nur ein weiterer Platz, wo Sie sitzen und den Garten genießen können. Der Garten braucht hin und wieder ein solches Element, das gleichermaßen dekorativ und praktisch ist.

In einem weitläufigen Garten ist es sinnvoll, diesen Platz zum Entspannen am äußersten Ende des Grundstücks einzurichten. In einem kleinen Garten dagegen wird er zum Blickfang.

Der Stil

Ein Sommerhaus ähnelt einem Miniaturhaus mit Dach und Fenstern. Es gibt ganz unterschiedliche Ausführungen, und man sollte sich für jene entscheiden, die zu Größe und Rahmen des jeweiligen Grundstücks paßt: ein Blockhaus in einem natürlichen, waldartigen Garten, ein Pavillon in einem formstrengen Garten, eine Pagode in chinesischem Stil, die dem Garten eine fernöstliche Note gibt. Je nach Lage kann ein Sommerhaus/Laube in kreis- oder achteckiger Form mit Rundumsicht oder im Stil eines kleinen Landhauses mit Veranda und Flügeltüren gebaut werden.

Ob rund oder eckig, mit flachem oder spitz zulaufendem Dach – eine Laube bildet einen abgeschlossenen, teils geschützten Ort, wo Sie von Blumen und Blätterwerk umgeben sitzen können. Häufig sind Lauben aus Metall oder Holz mit einem naturfarbenen oder bunten Schlußanstrich versehen. Einige Modelle sind abbaubar.

Zimmer mit Aussicht

Ein Sommerhaus oder eine Laube muß dort stehen, wo die Aussicht auf den Garten besonders schön ist, z. B. neben einem Teich oder Wasserlauf. Sie sollten auch überlegen, ob das Sommerhäuschen noch einen weiteren Nutzen haben könnte. In der Nähe eines Swimmingpools könnte es mit Schränken, Kühlschrank und Dusche ausgestattet werden oder böte sich als Umkleideraum an. Mit Tisch und Telefon wäre es ein Sommerarbeitsplatz. Eßtisch und Stühle, Beleuchtung, Bücher, Spielsachen verwandeln es in eine Eßecke, ein Teehaus, Spiel- oder Studierzimmer.

▲ Die Laube ist nicht immer ein freistehendes Element im Garten. Hier ist sie mit Efeu und *Clematis* bewachsen und mit einer Pergola verbunden, wo sich Kletterpflanzen ausbreiten können.

Kräftige Träger und das verschnörkelte Schieferdach bilden einen reizvollen Eckplatz vor dem dichten Hintergrund aus Bäumen. Ein schattiger Sitzplatz, wenn die Sonne am höchsten steht.

◀ Größe und Stil eines Sommerhauses richten sich ganz nach der persönlichen Vorstellung. Ein stark architektonisches Element wurde über die weißgetünchten Wände hochgezogen. Mit seinen Säulen, den Spalieren und kreisförmigen Fenstern behält es selbst bei Hitze seinen leichten und luftigen Charakter. Der schwarz-weiß gefließte Fußboden läßt den Eindruck von Kühle entstehen. Die offene Gestaltung betont das üppige Grün der umliegenden Bäume, das von den Blattpflanzen im Inneren aufgenommen wird. Die weißen und pastellblauen Töne und der Rahmen aus Koniferen macht dieses Sommerhaus zu einem ausgezeichneten Sitzplatz.

Balkone und Veranden

Balkone repräsentieren Gärten auf kleinstem Raum; gewöhnlich zwar nur auf einem kleinen, abgetrennten Teil, aber manchmal entsteht auch eine Miniaturlandschaft. Immer aber ist der Balkon ein angenehmer Ort, wo man sitzt und die Sonne genießt. Balkone sind klein, und man betrachtet sie am besten als einen ins Freie verlängerten Raum. Dessen große Glas-, Schwing- oder Schiebetüren lassen sich auf ganzer Front öffnen und erlauben auch bei schlechtem Wetter einen Ausblick auf die Pflanzen.

Der Garten in der Höhe

Der Balkon läßt sich zum Sommer-Frühstückszimmer, zum privaten Erholungsraum oder in einem Apartment als einen nur Ihnen zugänglichen Garten ausgestalten. Die Aussicht von oben ist zwar angenehm, aber auf Balkonen bestehen dieselben Schwierigkeiten wie auf Dachgärten (s. Seite 78), die ungeschützt dem Wind ausgesetzt sind.

Schutzwände aus wetterfestem Bambus, Holz, Glas, Spaliere oder hohe, in Trögen wachsende Pflanzen, Markisen oder Plexiglasscheiben dienen nicht nur als Schutz, sondern bilden auch eine Art Sonnenfalle, in der man sich entspannen kann oder wo man verschiedenste Gemüsearten und Früchte reifen läßt.

Wie auf einem Dachgarten müssen Sie sich vergewissern, daß der Balkon stabil genug ist, um das Gewicht von Erde, Pflanzen, Töpfen und Möbeln zu tragen. Selbst wenn nur Topfpflanzen verwendet werden dürfen, lassen sich kleine Bäume, Sträucher, blühende und fruchttragende Kletterpflanzen, Ihre Lieblingskräuter, Blumen und Blattpflanzen ziehen.

Wenn Sie die Bepflanzung Ihres Balkons planen, sollten Sie immer daran denken, daß er in erster Linie dekorativ sein muß, weil er an der Außenseite eines Gebäudes liegt und aus der Entfernung wie von innen gleichermaßen wirkungsvoll aussehen soll. Hängende und kletternde Pflanzen sind sehr nützlich, weil sie die äußeren Strukturen umschmeicheln und eine langweilige Außenwand verdecken. Ein wichtiger Punkt ist das Aufstellen tiefer Untersetzer für die Pflanzbehälter. Das ablaufende Wasser ist nicht nur für Passanten unangenehm, sondern führt auch zu unschönen Flecken auf Boden und Wänden. Ein tiefer Untersetzer wird ebenfalls dafür sorgen, daß die Pflanzen an heißen Tagen ausreichend Wasser haben.

Ebenerdige Veranden

Eine Veranda oder Terrasse befindet sich normalerweise auf Bodenniveau und besteht aus einer von einem Vordach überdachten Fläche, die sich über die gesamte Länge des Hauses erstreckt. Eine Veranda ist nicht nur eine bauliche Verbindung zwischen Haus und Garten, sondern auch ein wichtiges Element in heißen Klimazonen oder vor sonnenzugewandten Gebäudeteilen, weil sie einen dauerhaft schattigen Aufenthaltsbereich bieten.

In erster Linie sollte die Veranda allerdings eine bequeme Aussicht auf den Garten und eventuell auf die dahinterliegende Landschaft bieten. Deswegen wird sie leicht erhöht oder mit Fliesen belegt und mit Stufen versehen, die zum Hauptgarten führen. Pfeiler und Stützen sind manchmal getäfelt und in die Zwischenräume bis Hüfthöhe verkleidet. So entsteht der Eindruck, als sei die Veranda ein großes offenes Fenster.

Im allgemeinen sind Veranden nicht besonders breit, deshalb muß sich die Gestaltung mit Pflanzen auf einige wenige sorgfältig ausgesuchte beschränken. Sie stehen an der Vorderseite, um viel Licht und Sonne zu erhalten. Kletterpflanzen in Töpfen bedecken die hinteren Wände.

▲ Ein Balkon sollte zweckmäßig und dekorativ sein und auf kleinstem Raum möglichst vielen Pflanzen Platz bieten. Dieses kräftige Holzgatter ist nicht nur Sicherheitsvorkehrung, sondern auch ein reizvoller Zusatz, umgeben von blühenden Kletterpflanzen und Blumenampeln.

▶ Die Veranda bietet einen schattigen Aussichtsplatz auf den Garten, von Pfeilern und Stützen umrahmt. Pflanzen in Töpfen stellen die Verbindung zum Garten her.

▼ Ein stark verzierter Rahmen profitiert von kriechenden und kletternden Pflanzen. Hier ranken Wein und Geißblatt über den stilvollen schmiedeeisernen Balkon.

Gartenmöbel

Gärten und Veranden entwickeln sich immer mehr zu anspruchsvollen Räumen im Freien und verlangen bei der Möblierung gleiche Sorgfalt, wie sie dem Eß- oder Wohnzimmer gewidmet wird. Wo früher die Picknickbank oder der Klappstuhl auf die Schnelle wohl ausreichte, fordert man heute wesentlich bequemere Sitzgelegenheiten. Natürlich gibt es auch hier wieder eine breite Auswahl luxuriöser Möbel z. B. für das Sonnenbad auf Gartendeck, Rasen oder am Swimmingpool.

Fest eingebaute Möbel

Materialien wie Platten, Fliesen, Ziegelsteine und Holz ließen die Beliebtheit eingebauter Gartenmöbel ansteigen. Sitzmöglichkeiten, Tische und andere Dinge werden z. B. in eine Wand oder eine Veranda integriert, mit einem Teich oder Pflanzungen verbunden. Ebenso wie in Wohnungen kann man in einem kleinen Garten mit dieser Art Möbel Platz sparen; in einem großen, eher formalen werden abgetrennte Bereiche geschaffen. Sitzgelegenheiten aus Stein oder Ziegeln, um einen erhöhten Teich angeordnet, bieten beispielsweise die Möglichkeit, Fische und Pflanzen zu beobachten, aber auch einen Platz, um auszuspannen und die Sonne zu genießen.

Auf der Veranda werden Stühle, Sitze, Grillplatz so angelegt, daß sie einen Wohnraum mit Kochmöglichkeit ergeben. Holzdecks sind anpassungsfähig und gestatten eine Gestaltung mit hölzernen Pflanzentrögen, Sitzen, Tischen, sogar für Grillutensilien, Kissen, Werkzeug und Spielsachen. Holz hat darüber hinaus den Vorteil, daß man es für den Bau von Möbeln um bereits bestehende Elemente verwenden kann,

▼ Gartenmöbel sind wie Blumen und Blattwerk Farbtupfer im Garten. Diese einfachen Stühle wurden blau gestrichen und inmitten einer blau-, gelb-, malvenfarbenen Pflanzung mit *Verbascum* und *Epilobium* aufgestellt. Eine geschnittene Hecke bildet die hintere Grenze, läuft um den Sitzplatz herum und wird zu einem dunkelgrünen Hintergrund für Blumen und Möbel. Eine achteckige Marmorplatte ist der Mittelpunkt der Sitzgruppe.

▶ Farbige Gartenmöbel als Kontrast. Die tiefroten Stühle und Tische sind die einzigen Farbtupfer in diesem Bild und werden vom Blattwerk der Bäume, Büsche, kletternden und niedrigen Pflanzen eingerahmt. Das Licht, das durch die Baumkronen fällt, spiegelt sich in den Lehnen der Stühle.

▼ Leichtgewichtige Möbel und ein einziger Farbton sorgen auf diesem kleinen Dach- und Balkongarten für ein Gefühl von Raum. Die eleganten grauweißen Terrassenmöbel aus Metall passen hervorragend zu dem schmiedeeisernen Geländer, das sich über die Frontseite dieses Stadtbalkons zieht. Die grün-weiße Pflanzung verstärkt die anspruchsvolle Note. Als Vordach dient eine glatte weiße Markise. *Polygonum baldschuanicum* ließ man entlang der vertikalen Streben wachsen; die Töpfe mit weißblühenden Pflanzen beherbergen *Impatiens*, Lilien und einfache Rosen.

z. B. Sitze um einen Baumstumpf, Regale für Pflanzen um einen Baum oder einen Tisch in einer ungünstigen Ecke.

Sitzmöglichkeiten passen sich perfekt in die Umgebung ein, wenn man sie von lebenden Kissen aus Moos oder kleinwüchsigen Kräutern überwachsen läßt, wie z. B. eine Bank aus Stein oder Holz, die mit der Erde verbunden ist. Kleinwüchsiger Thymian oder Kamille eignen sich hervorragend und verströmen einen süßen Duft.

Freistehendes Mobiliar

Freistehendes Mobiliar muß mit Sorgfalt geplant und aufgestellt werden. Es muß bequem sein, als Eßgarnitur auf einem festen Untergrund, ansonsten auf einem sonnigen Rasenstreifen, Gartendeck oder einer gepflasterten Fläche plaziert werden. Wenn Sie eine Möbelgarnitur kaufen, prüfen Sie immer, ob die Stühle die richtige Höhe zum Tisch haben. Nichts ist schlimmer als unter der Tischplatte eingezwängte Knie

▲ Diese Liegestühle sind bequemer, als sie aussehen, und ein Merkmal auf einer kleinen, sonnigen Rasenfläche. Es loht sich, nach Möbeln wie diesen Ausschau zu halten, wenn Sie Ihrem Garten oder Ihrer Veranda eine besondere Note verleihen wollen.

oder die Nase nur wenige Zentimeter über dem Essen.

Wenn Sie keine wetterfesten Möbel lieben, müssen Sie sich auf regelmäßige Pflege einstellen und im Winter für eine kühle, trockene Unterbringung in einem Schuppen, einem Sommerhaus, einer Garage oder im Innern des Hauses sorgen. Dafür empfehlen sich stapel- oder klappbare Stühle und Tische.

Pflege

Es gibt Möbel in traditionellem Stil, die nur einmal jährlich überholt werden müssen und ansonsten während des ganzen Jahres im Freien stehen können. Harthölzer wie Teak sehen attraktiv aus, sind wetterbeständig und erfordern wenig Pflege. Weiche Hölzer wie Pinie sind nicht weniger reizvoll, müssen aber jährlich mit Holzschutzmittel eingelassen werden und haben eine wesentlich kürzere Lebensdauer als Hartholz.

Heutzutage sind die gußeisernen Tische und Stühle eher aus Aluminium. Wenn sich Spuren von Verwitterung zeigen, muß jedes Möbelstück aus Metall abgeschmirgelt und mit einem neuen Anstrich versehen werden.

Zubehör

Wie gut Möbel aus Holz, Stein und Metall auch aussehen mögen, für bequemes Sitzen über längere Zeit sind sie nicht geschaffen. Dafür benötigt man Kissen, die, sorgfältig ausgesucht, ein absoluter Blickfang sein können. Man muß sie nachts oder vor einem Regenschauer aber immer nach drinnen bringen. Große Kissen sind bequem und werden bei schönem Wetter einfach auf den Rasen oder Garten gelegt. Die Bezugs-

stoffe müssen zum Stil des Gartens passen und variieren von Streifen über Blumenmuster bis hin zu asiatischen Motiven.

Polstermöbel haben oft einen Kunststoff- oder Holzrahmen und sind in vielen Ausführungen erhältlich. Viele sind äußerst aufwendig, wie Liegestühle, Stühle oder verstellbare Lehnstühle mit passenden Tischen, Schirmen, Hockern und Servierwägen, wie man sie immer wieder an Schwimmbecken sieht.

Alle Möbel profitieren davon, wenn man ihren Standplatz durch Böschungen, Hecken, Mauern oder Sichtblenden von anderen Gartenbereichen abteilt (s. Seite 132). Tröge mit Pflanzen und Kletterpflanzen an Spalieren oder Pergolen bieten auch Schutz.

▲ Eine Gartenbank kann aus einer einfachen Stein- oder Holzplatte bestehen. Hier wird sie von bodendeckenden und lebhaften Hängepflanzen wie dieser *Fuchsia* fast verdeckt. Die Sitzfläche wurde auf Blöcke gesetzt und die Rückenlehne leicht geneigt.

▲ Die Suche nach passenden Gartenmöbeln lohnt sich. Die ausladenden weißen Holzmöbel passen ideal zum Vordach. Mit Stoff überzogene Polster machen die Sitzmöbel bequemer und werden am Abend ins Haus gebracht.

◀ Holz ist ein Werkstoff für alle möglichen Verandamöbel. Der altmodische Liegestuhl ist auf seine Art ein reizvolles Stück. Zartblau lackiert steht er auf tonfarbenen Fliesen und neben glasierten Töpfen.

Bänke

Die Gartenbank hat eine völlig andere Aufgabe als die übrigen Gartenmöbel. Immer steht sie dort, wo sich der beste Blick auf den Garten oder die beste Möglichkeit zu Erholung und Entspannung bietet. Dort fängt man am Abend die letzten Sonnenstrahlen auf, legt eine kurze Pause bei der Gartenarbeit ein oder liest die morgentliche Zeitung, bevor die Hetze des Tages beginnt. Sie ist ebenso Teil des Gartens wie Pflanzen und wird genau dort aufgestellt, wo sie von Sträuchern oder anderen Pflanzen eingerahmt wird.

Eine Bank kann ein einfacher auf zwei Stümpfen angebrachter Baumstamm sein oder eine Steinplatte, die von Ziegelpfeilern getragen wird. Gebräuchlicher ist die traditionelle kräftige Holzbank mit Rücken- und Armlehnen.

◀ Es besteht kein Grund, warum Gartenmöbel inmitten eines formstrengen Gartens nicht verspielt sein sollten. Diese Art-deco-Bänke wurden am Ende einer großen Rasenfläche vor einem dunkelgrünen Hintergrund aufgestellt.

▼ Die traditionelle Bank wurde in einer Nische oder Laube plaziert, die auf einfache Weise mit einem von Blattpflanzen verdeckten Spalier und erhöhten Trögen mit blühenden Petunien ausgestaltet wurde.

Licht

Ohne ein gut durchdachtes Beleuchtungssystem werden Sie Ihren Garten nicht vollständig genießen können. Abgesehen davon, daß Sie mit Licht auch nach Anbruch der Dunkelheit im Freien sitzen, einen lauen Sommerabend genießen und essen können, dient Licht auch dazu, Besonderheiten hervorzuheben.

Zwei wichtige Faktoren – Sicherheit und Harmonie – erfordern, daß Beleuchtung nicht zur Nebensache werden darf. Rechtzeitige Planung und Installation gewährleisten eine sichere und ausreichende Versorgung mit Licht.

Wirkungsvolle Gartenbeleuchtung

Gelungene Gartenbeleuchtung beruht nicht auf grellem Flutlicht, sondern bedeutet kleine beleuchtete Bereiche, die individuell geschaltet werden. So entsteht eine Vielfalt räumlich begrenzter Effekte, die zusammengenommen die Gesamtbeleuchtung bilden.

Die verschiedenen Typen von Außenleuchten bieten eine Reihe von Anwendungsmöglichkeiten. Es gibt Strahler, um Bäume, Springbrunnen, Skulpturen und andere Besonderheiten anzuleuchten, Lampen für Pfade und Brücken und Unterwasserleuchten für Brunnen. Die Veranda wird von Wandlampen und Laternen, die von einer Pergola hängen, profitieren, umliegende Beete von Bodenstrahlern. Für Feste benötigt man etwas Besonderes, z. B. Kerzen.

Ein Weg wird am besten durch weiche indirekte Beleuchtung aus einzelnen Lichtquellen erhellt; das macht sich besser als eine Reihe von Strahlern. Freistehende Bodenstrahler geben weiches Licht ab. Dieselbe Wirkung erhalten Sie, wenn Sie hin und wieder Pflanzen beleuchten. Brücken werden von Leuchten, die unten oder oben installiert sind, erhellt.

Mit Licht gestalten

Neben einer streng zweckmäßigen Ausrichtung der Gartenbeleuchtung sind erstaunliche Effekte möglich. Pflanzen nehmen z. B. nachts eine völlig andere Gestalt an, wenn man ihre Größe und Form mit Licht dramatisch unterstreicht. Direkte Lichtstrahler betonen die Gestalt und werfen geheimnisvolle Schatten auf Wände oder Zäune. Licht von oben wird durch Zweige und Blätter aufgefächert.

Wasser erwacht zum Leben, wenn man es nachts beleuchtet. Ein Springbrunnen oder Wasserfall wird am besten von unten angestrahlt, ebenso ein Teich oder ein anderes ruhiges Gewässer. Nichts ist schlimmer, als grelles Licht direkt auf die Wasseroberfläche richten.

Mit all diesen Effekten müssen Sie vorsichtig umgehen, besonders aber mit farbigem Licht. Rot und Orange werden möglichst vermieden. Dagegen ist Blau und Grün eine dankbare Beleuchtung für Blumen, Blattwerk und Gewässer.

◀ Skulpturen und Wasser sind zwei Objekte, die man nachts wirkungsvoll anstrahlen kann. Hier wurden springende Delphine über einem Teich in Szene gesetzt.

▶ Idealerweise bringt man mehrere Lichtquellen an verschiedenen Stellen des Gartens oder der Veranda an. So entsteht eine dezente Atmosphäre. Nach oben strahlende Leuchten wurden zwischen Pflanzen versteckt; nach unten strahlende beleuchten Sitzgelegenheiten auf der großen Veranda. Blumen und eine beleuchtete Markise unterstreichen den orientalischen Gesamteindruck

▶ Kleines Bild: Bäume wirken besonders gut, wenn sie von unten beleuchtet werden. Äste und Blattwerk zeichnen sich gegen den Nachthimmel ab. Lichquellen sollten, wenn immer möglich, versteckt werden, wie dieser Strahler hinter langen Gräsern. Mit farbiger Beleuchtung ist Vorsicht geboten. Ein leichter Grünfilter bringt das Grün der Blätter zur Geltung, ohne die Konturen der Äste zu schwächen.

Essen im Freien

Bei warmem Wetter und einladendem Garten werden Sie kaum im Haus bleiben wollen, auch nicht zu Essenszeiten. Im Garten, auf der kleinen Hinterhofveranda oder dem Balkon, der Platz für einen Tisch und ein paar Stühle bietet, ist es ein Vergnügen, das Frühstück in der Kühle des Morgens und das Mittagessen im Schatten des Sonnenschirmes einzunehmen oder den Sonnenuntergang am Abend zu genießen. Gemütlichkeit und Sonne sind gleichermaßen wichtig, wobei trotzdem an einen Schutz vor zu praller Sonne, Wind und Regen gedacht werden sollte.

Die Küche im Freien

Ist die Veranda oder Terrasse das Eßzimmer unter freiem Himmel, ist der Grill die Küche im Freien. Es gibt keinen Grund, an den Herd im Haus zu stehen, wenn der Grill allen Anforderungen, vom schnellen Mittagessen bis zur Dinnerparty am Abend, gewachsen ist. Zweifellos schmeckt das Essen im Freien besser. Wenn es auf einem Grill oder Rost zubereitet wurde, nimmt es den typischen rauchigen Geschmack an.

Grillen ist eine wunderbar ungezwungene Art zu kochen, die sich dennoch zu einer Kunst entwickelt hat. Es beschränkt sich längst nicht mehr auf Würstchen oder Steaks nach Pfadfinderart. Grillen ist ideal, um Kebab, Hühnchen, Kotelett, Fisch oder in Alufolie gewickelte Gemüse und Früchte zuzubereiten.

Die besten Beilagen sind verschiedene Brotsorten, Dips und Salate. Sie passen zum neuen gesunden Lebensstil mit einfachen Mahlzeiten aus frischen Zutaten, kurz und mit wenig Nährstoffverlust zubereitet. Ein Vorteil dieser Art zu kochen sind die verschiedenen delikaten Saucen und Marinaden mit neuen Kräuterkombinationen.

Freistehende Grills

Erfolgreiches Grillen erfordert den richtigen Grill. Er muß vor allem der Menge des Grillguts gewachsen sein. Es macht keinen Spaß, zehn Leute mit Essen versorgen zu müssen, das auf einem Zwei-Personen-Grill zubereitet wird.

Es gibt Grillroste für jede Gelegenheit und in jeder Größe. Angefangen beim winzigen Modell, das man auf die Veranda oder eine Bank stellt, bis zu großen, freistehenden Modellen mit Gestell, Rädern, Doppelgrillfläche, Fächer und sogar eingebautem Weinregal. Gehen Sie sicher, daß Sie genügend Bewegungsfreiheit haben, um den Grill zu betätigen und daß Stauraum vorhanden ist. Dieser Gesichtspunkt kann Ihre Wahl entscheidend beeinflussen, obwohl viele Grills gut auf eine Veranda passen.

Eingebaute Grills

Bei fest installierten Grills ist der Rost in eine Steinkonstruktion aus Ziegeln oder Holz integriert, die zur unmittelbaren Umgebung paßt. Eine ideale Gelegenheit, eine ganze Küche im Freien aufzubauen, die eventuell mit Regalen, kleinen Schränken und einer gefliesten Arbeitsfläche ausgestattet ist. Mitunter ist ein Kamin vorteilhaft, damit der Rauch abziehen kann.

Im allgemeinen wird der Standplatz des Grills von der Lage des Eßplatzes abhängen, weil das Essen unmittelbar nach der Zubereitung serviert wird. Vom Tisch aus können Sie zudem immer den Grill beobachten. Windschutz sollte aus Gründen der Gemütlichkeit und der wirkungsvollen Handhabung des Grills ebenso gegeben sein.

Automatische Grills

Die Art des Grills kann seinen Standort bestimmen. Traditionelle Holzkohlegrills werden ganz nach Geschmack aufgestellt, obwohl es sich als gute Idee erwiesen hat, das Brennmaterial in der Nähe zu haben. Daneben gibt es immer mehr automatische Grills, die zeitsparend arbeiten und mit denen sich herrliche Mahlzeiten zubereiten lassen.

Gas- und elektrisch betriebene Grills funktionieren höchst einfach. Während der Holzkohlegrill aufgebaut, mit Material gefüllt und angeheizt werden muß, zündet der gas- oder elektrisch betriebene Grill per Knopfdruck und erlangt nach 5 bis 15 Minuten die gewünschte Temperatur.

Natürlich ist das die teurere Version einer Küche im Freien. Für elektrische Modelle muß ein Stromanschluß zur Verfügung stehen. Bei Gasmodellen muß man mit Gasflaschen hantieren.

◀ Kleines Bild: Essen im Freien ist ein Erlebnis und kann alle Köstlichkeiten bieten, die auf einem Grill zubereitet werden können. Dieses Modell ist mit praktischen Fächern für die Vorbereitung der Speisen, der Aufbewahrung von Wein oder Früchten und ausreichend Grillfläche ausgestattet.

◀ Ein gedeckter Tisch im Schatten eines großen Baumes, umrahmt von reizvollen Pflanzen. Ob Grill, Nachmittagstee oder ein entspannendes Glas Wein, je größer der Tisch, um so besser; denken Sie daran, daß Frischluft Appetit macht.

▼ Ein Gas- oder Elektro-Grill ist sauber und unkompliziert im Gebrauch. Dieses Modell wurde geschickt an die Gasleitung angeschlossen, was sperrige Gasflaschen auf der Veranda überflüssig macht. Es ist auch von Vorteil, den Grill mit leuchtenden einjährigen Pflanzen und glänzendem Immergrün in Töpfen etwas abzuschirmen.

Schwimmbecken

Viele würden liebend gerne ein eigenes Schwimmbecken im Garten haben, unternehmen jedoch nichts, weil sie ihr Grundstück für zu klein halten oder weil sie fürchten, es würde das Gesamtbild ihres Gartens beeinträchtigen. Es läßt sich nicht bestreiten, daß ein Schwimmbecken groß und auffällig ist, was eine gelungene Planung erschwert. Mit etwas intensiverem Nachdenken ist das Problem aber zu bewältigen.

Lage und Gestaltung

Schon bevor Sie anfangen, Form, Stil und Farbe Ihres Schwimmbeckens zu planen, werden Sie feststellen, daß seine Lage wegen praktischer Überlegungen schon vorgegeben ist. Beispielsweise sind Stromanschluß, Abfluß und wasserdichte Unterbringung für Pumpe und Filteranlage notwendig. Trennwände werden nicht nur als Sicht-, sondern auch als Windschutz gebraucht. Falls das Becken nicht beim Haus liegt,

benötigt man einen Umkleide- und Duschraum. In vielen Gärten bietet sich ein Sommerhaus als Lösung an, es sei denn, es besteht die Möglichkeit, alles in einem Badehaus zusammenzuschließen.

Aus Gründen der Gemütlichkeit ebenso wie der Sicherheit legt man ein Schwimmbecken am besten in der Nähe des Hauses an, von wo aus man z. B. Kinder im Auge behalten kann. Trotzdem sollte man irgendeine Form der Abgrenzung, eine Mauer oder einen Zaun mit abschließbarer Tür in Betracht ziehen.

Grundsätzlich kann das Becken innerhalb der verfügbaren Fläche und der finanziellen Möglichkeiten jede Form und Größe einnehmen. Gleichwohl wird eine aufwendige Gestaltung teuer sein. Beschränken Sie sich auf offene und einfache Formen. Kreise, Ovale und Rechtecke oder eine Verbindung verschiedener geometrischer Formen machen sich bestens. Oftmals werden die

▲ Der eindrucksvolle Blick über den Hafen von Sydney sollte bei der Gestaltung des Hallenbades nicht verloren gehen. Das Wasser im Becken scheint geradewegs hinauszufließen, dabei verschwindet es nur unmerklich in einer schmalen Rinne neben den Panoramafenstern. Himmel, Meer und Becken bilden gleichsam eine Einheit.

▲ Schwimmbecken können andere Elemente wie Wasserfälle oder Fontänen integrieren, vorrausgesetzt, die Verschmutzung des Wassers durch Pflanzenteile ist ausgeschlossen. Ein Wasserfall verbindet ein großes Becken mit einem breiten, erhöhten Vorsprung, auf dem sich eine Statue und dicht aneinandergereihte Pflanzen in Trögen befinden.

◀ Dieses Becken im Lagunenstil mit geschwungenen Linien, der dichten immergrünen Pflanzeninsel mit Felsen und kühlenden Fontänen, die auf der Wasseroberfläche spielen, wirkt sehr natürlich.

▼ Bei diesem streng rechteckigen Becken in einem kleinen Innenhof ist die Bepflanzung auf Tröge beschränkt. Ein steinerner Löwe ziert den Belag, der sich von der Fassade des Hauses ableitet.

1 Das lebhafte Blau der Fliesen im Becken und das Rotbraun der Einfassung liefern einen interessanten Gegensatz in Farbe und Struktur.

2 Drei Bestandteile wurden hier mit Erfolg zusammengefügt. Eine geschwungene Kante aus Granit, ein blaues Mosaik und ein unregelmäßiger mit Steinplatten belegter Innenhof.

3 Für eine deutlich weichere Wirkung wurden Sandsteinplatten verwendet, die ein einfarbig blaues Becken mit stilvollen Abrundungen versehen.

▲ Ein lagunenförmiges Becken in einem Badehaus. Unregelmäßige Steinplatten und Hochbeete mit exotischen Palmen und Farnen schaffen eine tropische Atmosphäre. Von den Dachsparren herunterhängende Ampeln sorgen für eine interessante Deckengestaltung. Die Anlage kann abends und nachts beleuchtet werden. Beleuchtung ist für jedes Becken wichtig, ob im Haus oder im Freien.

strengen Linien eines Beckens durch Einfügen eines Planschbeckens aufgelockert.

Sie werden mit Formen und Maßen innerhalb der Grenzen Ihres Gartens experimentieren müssen. Es sei denn, das Schwimmbecken soll in seiner ursprünglichen Form in einen großen Garten eingegliedert werden. Führen Sie sich die Form vor Augen, indem Sie, wie bei einem Zierbecken oder Teich (s. Seite 88 und 140), mit einer Schnur oder einem Stück Schlauch die Konturen des Beckens auslegen.

Begutachten Sie das Bild aus jedem möglichen Blickwinkel, auch aus dem Fenster eines höhergelegenen Stockwerks.

In einem kleinen Garten, wo ein Schwimmbecken viel Platz einnimmt, könnte eine lockere, lagunenartige Form die beste Lösung sein. Unregelmäßige, jedoch nicht übertriebene Einbuchtungen werden von einem Hintergrund aus Felsbrocken und Pflanzen gesäumt und von Stützmauern oder Hochbeeten eingefaßt. Auf regelmäßigen Flächen paßt das Oval besonders zur rechtwinkligen und der Kreis zur quadratischen Gartenfläche.

Das Becken verkleiden

Sorgfältige Planung und Gestaltung sind wichtig, um ein Becken gelungen im Garten zu integrieren. Dies kann Abschirmung durch Bäume, Mauern, Hecken oder Zäune, Planung des umliegenden Gartens im Hinblick auf das Becken oder eine natürliche Ausformung des Beckens selbst beinhalten.

Die Innenfarbe des Beckens wird entscheidend für das Gesamtbild sein. Türkis und Seegrün z. B. leuchten in der Sonne, was zu einem Garten mit südlichem oder subtropischem Flair passen mag. In einer weniger üppigen Umgebung werden diese Farben oft fehl am Platz erscheinen.

Sichtblenden verstecken das Becken oder entziehen es sogar gänzlich dem Blick. Wände sind teuer, aber bieten hervorragenden Schutz. Vielleicht kann man eine bereits bestehende Mauer nutzen. Spaliere, durch Bambuswände abgetrennte Bereiche und Zäune sollten mit hohen oder kletternden Pflanzen verbunden werden, um harte Umrisse aufzulockern. Denken Sie an Pflanzen mit immergrünem Laub oder hohe Hecken.

Der Rand des Beckens muß aus rutschfestem Material sein, das leicht zu putzen und beständig ist. Lassen Sie sich von der Beschaffenheit nahegelegener Flächen leiten und verwenden Sie entsprechend Klinker, Stein, Holz oder Fliesen.

◀ Ein Schwimmbecken kann vollkommen in die natürliche Landschaft mit einbezogen werden. Dieses Becken liegt inmitten eines waldartigen Gartenteils und wird von großen Felsbrocken einer Uferzone aus Kies und einem kleinen Wasserfall eingeschlossen. Pflanzen sorgen für Schutz.

▶ Das Schwimmbecken sollte so gestaltet werden, daß es den Bedürfnissen gerecht wird und sich gleichzeitig gut in die Umgebung einfügt. Dieses Becken im Lagunenstil wurde für Behinderte geplant und eingerichtet. Man geht über eine spiralenförmige Rampe ins Wasser.

Warmbäder

Ein belebendes heißes Bad, bei dem der Körper von Hochdruckdüsen oder von Luftblasen massiert wird, ist der ideale Ort, um eine Mußestunde zu verbringen oder sich nach den Strapazen des Tages zu entspannen. Warmbäder werden üblicherweise aus hartem Rotholz, Zeder oder ähnlichen feuchtigkeitsbeständigen Hölzern hergestellt. Der runde Zuber mit senkrechten Wänden ist am weitesten verbreitet und fügt sich gut in rechteckige oder frei geformte Innenhöfe ein. Runde Zuber sehen versenkt ebenso gut aus wie leicht angehoben plaziert.

Im Zuber sind Sitze, damit der Wasserspiegel bequem bis an den Hals reicht. Für die Zirkulation und die Sauberkeit des Wassers ist eine Pumpe mit Filtern und eine Heizung vorgesehen.

Da man ein solches Bad natürlich bequem erreichen möchte, wird es im Innenhof, eingefügt in ein Holzdeck in Hausnähe oder in Kombination mit dem Schwimmbecken, angelegt. Es ist aber möglich, das Bad in jeder anderen geschützten Ecke des Gartens unterzubringen.

Heilbäder

Sie funktionieren im Prinzip wie Warmbäder, sind aus Fiberglas hergestellt und deswegen wesentlich billiger. Wegen ihrer Bauweise benötigen sie eine gute Verkleidung. Sobald sie jedoch in einer Terrasse, einen Innenhof oder eine erhöhte Ebene eingelassen und mit Pflanzen umgeben sind, wirken sie genauso einladend.

Die Anforderungen an den Platz sind die gleichen wie für Warmbäder. Heilbäder sollen bequemen Zugang haben, benötigen Stromversorgung und eine geschützte Lage, damit man das Wasser ungestört genießen kann. Zu diesem Zweck sollte man eine Art Holzspalier, Bambusmattenblende oder Pergola (s. Seite 136) mit Sonnensegeln versehen. Um eine mehr natürliche Umgebung zu schaffen, kann man eine lebende Wand aus großblättrigen Pflanzen, eine Hecke, Sträucher in Kübeln oder erhöhte Pflanzbeete vorsehen.

Für die umgebende Fläche von Warm- oder Heilbädern sollte man Materialien wählen, die sich in die benachbarten Oberflächen einbinden lassen und mit ihnen harmonieren. Holzbeläge sehen besonders gut aus, wenn Höhenunterschiede, Sitze, Ablageflächen und Pflanzflächen in die Anlage eingebaut werden können. Andere Materialien wie Ziegelpflaster und Fliesen können auch verwendet werden.

▲ Integriert in eine Schwimmbadanlage bildet ein Warm- oder Heilbad einen auffälligen Blickpunkt. Das kreisförmige Becken unterbricht die rechtwinklige Form des Schwimmbeckens. Holzbeläge binden es gut in die Gesamtanlage ein.

◀ Das Warmbad ist ein perfekter Partner für Holzgedecks, wenn es in der Fläche eingesenkt plaziert werden kann oder von Kübelpflanzen umgeben wird, die die Linien überspielen. Blenden und eine Pergola schützen das Warmbad vor Wind und Sonne.

Gestalten mit Pflanzen

Pflanzen geben dem Garten seinen eigentlichen Sinn und bilden ein immer wechselndes Muster von Gestalten und Farben, frischen Düften und anregenden Formen. Um diese Art der Balance zu erreichen, um Vielfalt und jahreszeitliche Besonderheiten berücksichtigen zu können, müssen Pflanzen und Pflanzflächen mit Bedacht ausgewählt und geplant werden. Die Auswahl der Pflanzen muß sich genau an Größe, Farbe, Form und Wuchs orientieren. Dabei ist nicht beabsichtigt, die Spontaneität aus der Planung eines Gartens zu nehmen. Die neue Generation von Gärtnern zieht natürlichere und weichere Ausprägungen vor, großflächige Verwendung einer einzigen Art und die Auswahl einheimischer Pflanzen, die zu üppigeren und leichter zu erhaltenden Pflanzungen führen. In diesem Kapitel wird nicht versucht, Pflanzen zu beschreiben oder zu empfehlen, weil dies von den örtlichen Verhältnissen und persönlichen Vorlieben abhängt. Ein gutes Nachschlagewerk wird die notwendigen Einzelheiten liefern. Statt dessen werden Hinweise auf spezifische Pflanzentypen als Gestaltungsmaterial und Ratschläge gegeben, wie diese am besten zu kombinieren und gegeneinander zu setzen sind im Spiel von Form und Farbe. Ausgerüstet mit diesem Wissen und der breiten Palette von Pflanzen sollten Sie in der Lage sein, »Ihr eigenes Gartenbild zu malen«.

Bäume

Bäume sind das Rückgrat des Gartens und werden aus diesem Grund zuerst eingeplant. Durch ihre Vielfalt von Farben, Formen und dem jahreszeitlichen Wandel leisten Bäume das ganze Jahr über einen elementaren Beitrag. So ist es möglich, Waldsituationen und Lichtungen mit minimalem Pflegebedarf zu schaffen.

Oftmals sind Bäume Ausgangspunkte für unterschiedliche Pflanzungen mit anderen Arten oder Gruppen weiterer Bäume, die sowohl praktisch als auch ästhetisch eine Rolle spielen. Abgesehen von ihrer Funktion als Sichtschutz spenden Bäume Schatten, was in heißen Klimaten besonders bedeutsam ist; dichtes Kronenwerk verwandelt eine Hoffläche in eine kühle Oase.

Als Blickpunkte sind Bäume unübertroffen. Sie wirken zu allen Jahreszeiten durch Form und Farbe der Rinde, durch Zweige, Blüten, Laub und Früchte, oft alles in einem einzelnen Exemplar vereint. Bäume, die als besonders »gartenwürdig« gelten, weil sie im Wandel der Jahreszeiten ein wechselndes Bild bieten, sollten als einzelstehende Exemplare gepflanzt werden, und zwar dort, wo sie ein Blickfang sind.

Form und Farbe

Bedenken Sie die Form von Bäumen bei Ihrer Planung. Sie können konisch, rund, hängend, aufrecht oder flachkronig sein. Für eine mehr formale Wirkung lassen sich Bäume wie Obst- oder Spaliergehölze schneiden und formen.

Farbe ist ein sehr wichtiger Gesichtspunkt. Das gilt nicht nur für so wunderbare Frühlingsblüher wie Japanische Kirschen, Zieräpfel oder Weißdorn, sondern auch für die üppigen Laubfarben, angefangen beim atemberaubenden Gelb von *Gleditsia triacanthos* 'Sunburst' oder *Catalpa bignonioides* 'Aurea', über die großen tiefgrünen Blätter des Blauglockenbaumes (*Paulownia tomentosa*), dem seidenen Grauton der schlitzblättrigen Erle (*Alnus incana* 'Laciniata') oder dem frischen immergrünen *Arbutus unedo* bis zum exquisiten Herbstlaub der

▲ Ein wunderbarer *Juglans regia* beschattet einen verborgenen Garten, der von hohen Hecken umgeben ist. Der Stammfuß ist von Bodendeckern überwuchert, die Hauptpflanzung allerdings auf die Ränder beschränkt, wo die Pflanzen mehr Sonne haben.

◀ Bäume als Gruppe: ein geschlossener grüner Baldachin. Die Erlen formen einen schattigen Laubengang und betonen die geschnittene Hecke, die darunter wächst. Man bedenke, daß dieses dichte Blattwerk zum Teil Wasser abhält, was zu einem trockeneren Boden führt.

▶ Der ländliche Gartenweg zwischen gemischten Stauden wird zur Allee, wenn man ihn mit Stammformen des *Acer pseudoplatanus* 'Brillantissimum' säumt. Die kleinkronigen Bäume mit ihrem lieblich frischen Laub stehen in Kontrast zum Hintergrund mit seinem dunklen Grün.

Japanischen Ahorne oder dem Gelbton der Papierbirke (*Betula papyrifera*).

Bäume können viel Attraktives bieten: die langen eleganten Blätter der Weide, die ungewöhnliche grüne, fächerförmige Belaubung des *Gingko biloba*, die stacheligen Büschel der Blauen Atlaszeder (*Cedrus atlantica* 'Glauca') oder die früh im Sommer blühenden Goldregen und Flieder. Auch Magnolien gehören dazu.

Im Winter zeigt sich das tiefe Grün der Immergrünen im Kontrast zum Skelett der kahlen Laubbäume oder zum hellen roten Winterholz von *Salix alba* 'Chermesina'. Dazu die leuchtenden Beeren und die faszinierende Vielfalt der Rindenfarben und -formen, wie z. B. die abblätternde orangefarbene Papierrinde des *Acer griseum* und die grau marmorierte Rinde von *Parottia persica*.

Sträucher

Sträucher bestimmen Form und Linien des Gartens. Sie bilden den Rahmen, in den die anderen Elemente eingefügt werden. Innerhalb dieses Rahmens erfüllen Sträucher noch andere Aufgaben: Sie bieten Schutz und unterteilen, besonders die Immergrünen, die zu allen Jahreszeiten wegen ihrer Farbe, Duft und Form gleich gut zur Geltung kommen und die meist geringer Pflege bedürfen. Wirkung wird erzielt, wenn man Sträucher kombiniert, die in Farbe, Wuchs, Form und Laubstruktur kontrastieren. Mit etwas Sinn für das Entwerfen, das Zusammenbringen von Formen und Farben, sollte das gelingen.

Vor der Kombination von Sträuchern, die nicht von Natur aus unter den gleichen Bedingungen gedeihen, wird gewarnt. Sie wirken zusammen äußerst ungeschickt, z.B. Rosen mit Rhododendron oder alpine Pflanzen im Gemisch mit Pflanzen, die sonst über mediterrane Klippen wuchern.

Ein Rahmen aus immergrünen Sträuchern wie *Fatsia japonica*, *Cotoneaster* und *Rhododendron* hält den Garten zusammen und gibt ihm ein interessantes Erscheinungsbild selbst in den Herbst- und Wintermonaten. Aber man sollte das Sortiment durch sommergrüne Gehölze anreichern, die normalerweise wüchsiger und in der Lage sind, besondere, wenn auch oft nur kurzlebige Wirkungen zu erzielen. Viele der beliebten sommergrünen Blütengehölze wie Magnolien, Forsythien, Seidelbast und Falscher Jasmin haben nur eine kurze Blütezeit. Es ist deshalb ratsam, besonders für den kleineren Garten, nach ungewöhnlichen Pflanzen mit Laubvarianten zu suchen, wie *Choisya variegata*. Wo Sträucher dicht an einem Sitzplatz stehen, empfiehlt es sich, duftende Gehölze wie *Mahonia*, *Philadelphus*, *Daphne* und *Choisya ternata* zu pflanzen.

Viele Bäume werden auch in Strauchform gezogen und oft als Sträucher angeboten. Mit der Zeit entwickeln sie sich trotzdem zu großen Bäumen. Wenn man sie aber schneidet und formt, sind sie ausgezeichnetes Beiwerk für Sträucher. *Cornus alba* 'Sibirica' hat eine rote Winterfarbe und steht am besten in großen Gärten, wo man die Möglichkeit hat, durch Gruppierung einen Farbakzent zu setzen. Der kleine Japanische Ahorn *Acer palmatum* 'Dissectum Atropurpureum' ist auch als Kleinbaum geeignet, da er sehr langsam wächst.

▲ Viele Sträucher bringen bezaubernde Blüten hervor. Einer der wertvollsten ist *Hydrangea*, eine Gattung mit 80 sommer- und immergrünen Arten. *Hydrangea paniculata* 'Foribunda' (oben) bildet lose Dolden grünweißer Blüten zwischen dichtstehenden grünen Blättern. Die flachen lila Dolden von *Hydrangea acuminata* 'Bluebird' (rechts) sind besonders hübsch.

Rosen

Rosen sind eine Klasse für sich. Für viele wäre ein Garten ohne Rosen nicht vollständig. Buschrosen entwickeln nicht nur schöne Blüten, delikate Düfte und atemberaubende Farben, einige wie *Rosa rubrifolia*, *Rosa moyesii* und *Rosa rugosa* haben auch sehr hübsches Blattwerk. Stellen Sie sich eine Hecke von *Rosa rugosa* 'Rubra' vor, die vom frühen Sommer bis zum Herbst mit ihrem pikanten Duft und später mit leuchtend ovalen Hagebutten Freude bereitet. Auch andere Arten bieten ähnliche Vorteile: Kletterer wie *Rosa sempervirens*, eine winterharte immergrüne Art oder die duftreiche 'Stanwell Perpetual', die zu einer losen Hecke zusammenwächst.

▲ Kletterrosen sind ausgezeichnet als Decker für Gartenmauern geeignet. An der Außenwand eines Gebäudes gezogen, entwickeln sie im Sommer eine Unmenge Blüten. Um ihre Wirkung herauszustellen, stimmt man die Farben mit der Umgebung ab, so wie es mit diesem rosa-grünen Vordergrund gelungen ist.

▶ Strauchrosen erzielen liebliche Wirkungen, wie die halbgefüllte Form der *Rosa* 'New Dawn', deren einfache weiße Blüten sich von der glänzend dunkelgrünen Hecke abheben. Die einzelne Rose zeigt ein natürlicheres Aussehen (ganz rechts): *Rosa canina* mit rosa Blüte und gelber Mitte hat den Vorteil einer interessanten Belaubung.

▲ Der Rosenbogen, üblicherweise ein einfacher Holz- oder
Metallrahmen, bietet die Möglichkeit, aus Kletterrosen ein
besonderes Element zu formen.
Man sollte ihn an einem Weg
plazieren oder einen Laubengang damit gestalten. Auch eine
dichte Hecke aus Blüten und
Laub ist möglich. Moderne
Kletterer wie *Rosa complicata*
zeigen ein spektakuläres Blüten-
meer.

▶ Ein winterharter Strauch mit attraktivem Laub und schönen Blüten ist ein wertvolles Schmuckstück. *Hydrangea arborescens* bringt hellgrüne Blätter und flache weiße Blütenköpfe hervor, die vom Hoch- bis Spätsommer blühen. Die Blüten sind oft so schwer, daß sie herunterhängen. Beim Verblühen gehen sie in einen Bronzeton über. Da sie lange einen Blickpunkt darstellen, sind diese Sträucher besonders gut für kleinere Gärten geeignet.

▼ Um größere Sträucher zur Geltung zu bringen, sollte man auf ihren Hintergrund achten. Ein weiß bemalter und detailreicher Hintergrund bringt hier *Leptospermum scoparium* am besten zur Geltung, das Helligkeit für die Betonung seiner rosafarbenen Blüten und hellgrünen Blätter benötigt (ganz unten).

▼ Sträucher mit variierender Laubfarbe können eine besondere Wirkung erzielen wie z. B. die Aufhellung einer dunklen Ecke. Diese *Choisya ternata* 'Sundance', hier in einem einfachen Holzgefäß, belebt die Ecke in einem Atrium.

Andere Bäume können als Halbstamm gezogen werden – *Malus* 'Red Jade', *Catalpa bignonioides* 'Aurea' oder *Eucalyptus gunnii* – und geschnitten, um sie klein zu halten. Andere Effekte dieser Art erzielt man mit Sträuchern, die in skulpturähnliche Formen gebracht werden.

Bei der Verwendung dieser Art von Sträuchern sollte man mit Bedacht vorgehen, da sie im Garten durch ihre Erscheinungsform für viele Jahre dominieren. Sträucher sehen am besten aus im lockeren Arrangement verschiedenartiger Gruppen. Ausgedehnte Landschaftsgärten können Einzelpflanzen schlucken. Dort werden Sträucher deshalb in Gruppen von 5 bis 7 eingesetzt. In kleineren Gärten mit intimeren Räumen möge man eher eine Rarität als ein besonderes Solitär pflanzen. Man wählt eine Pflanze mit einer Besonderheit, wie z. B. Großblättrigkeit, leuchtende Blüten, Duft oder hübsche Belaubung.

Um einen kräftigen Hintergrund für andere Pflanzen zu schaffen, läßt man Sträucher an einer Pergola hinaufklettern: Die Japanische Quitte (*Chaenomeles*), *Ceanothus* oder *Hydrangea petiolaris* sind gut geeignet (s. Kletterpflanzen Seite 180).

Es dürfte leichtfallen, mit Sträuchern, ihren bizarren Formen und unterschiedlichen Farben in Laub und Blüten, einen Garten zu gestalten, der außer einem gelegentlichen Schneiden nur geringe Pflegeansprüche stellt. Gut geplant dürfte das Resultat beeindruckend sein und ideal für jeden, der wenig Zeit für Gartenarbeit hat.

Schwierige Bedingungen

Einige Sträucher eignen sich ausgezeichnet als Kübelpflanzen. So können die nicht ganz winterharten Arten in einer geschützten Lage oder im Gewächshaus überwintern. Kübel lassen sich in Innenhöfen oder auf Terrassen, bei Schwimmbecken oder in der Nähe von Beeten als besondere Blickpunkte plazieren. Nicht nur *Viburnum*, *Daphne*, *Escallonia* und *Mahonia* wachsen gut in Kübeln, auch die nicht ganz harten Oleander, Fuchsien und die schöne *Abelia grandiflora*. Diese Pflanzen können, wenn sie blühen, in einem Innenhof oder auf einem Dach zusätzliche Akzente setzen.

Wenn Sie mit Vorsicht auswählen, werden Sie feststellen, daß viele Sträucher selbst unter schwierigen Bedingungen gut gedeihen.

Küstenlagen sind oft problematisch, da viele Pflanzen Salz und Wind nicht ertragen. Auf Dachgärten und Balkonen herrschen oft ähnliche Probleme, weil sie wenig Wind-

schutz bieten. Sträucher, die heftige und kalte Winde tolerieren und trotzdem wirkungsvolle Barrieren schaffen, sind u. a. Oleander, *Cotoneaster*, *Pyracantha*, *Pittosporum*, *Hebe*, *Grevillea*, *Escallonia* und Myrthe. Ähnliche Probleme findet man an kalten, schattigen Standorten, wo *Aucuba*, *Fatsia japonica*, *Escallonia* und *Berberis* benutzt werden können.

In heißen, ungeschützten Lagen entstehen Probleme durch große Trockenheit, die für viele Pflanzen einen schnellen Tod bedeutet. Pflanzen, die diese Bedingungen überleben, sind z. B. *Carpenteria*, *Ficus*, *Ceratostigma*, Zylinderputzer (*Callistemon*), Rosmarin und Bougainvillea.

Wenn Sie Pflanzen kaufen, suchen Sie nach größeren Exemplaren in einem größeren Behälter. 3 oder 4 solcher Pflanzen mögen zwar etwas teurer sein, helfen aber sofort, dem Garten eine gewisse Vollständigkeit und ein Rückgrat zu geben. Stellen Sie sicher, daß Ihre Pflanzen ausreichend Humus erhalten, und seien Sie großzügig mit Mulch und Wasser. In heißen und trockenen Klimaten mag es nötig sein, ein Bewässerungssystem zu installieren. Falls Ihnen Ihr frisch gepflanzter Garten zu leer erscheint, können Sie zu Beginn überpflanzen und später Pflanzen herausnehmen, was aber teuer ist. Leichter zu pflanzen sind Sommerblumen, die auch Lücken zwischen den größeren Sträuchern auf ideale Weise schließen.

▲ In einem baumbestandenen Garten können Azaleen mit ihren frühen Blüten und dem frischen Laub vor einer dunklen Baumkulisse hervorragend wirken. Form und Farbe variieren stark, von großen, dichten, strauchförmigen Arten bis zu lichten, breiten Formen mit einzelnen und doppelten Blüten in Rot, Rosa, Lila und Orange.

▼ Versuchen Sie, einige duftende Sträucher nahe ans Haus oder an die Terrasse zu pflanzen. Lavendel ist ein alter Favorit und zieht Bienen und Schmetterlinge an. Die abgebildete *Lavandula spica* kann eine niedrige Hecke oder eine Fläche aus silbergrauen Blättern und blaßlilafarbenen Blüten bilden.

Kletterpflanzen

Ausdauernde Kletterpflanzen sind ein wichtiger Bestandteil der Gartengestaltung, ob man sie nun an Spalieren, Pergolen, Wänden oder Zäunen zieht, sie als Schutz oder als einzelnstehende Elemente verwendet. Kletterpflanzen eignen sich auch, um den einen belaubten Bereich mit einem anderen zu verbinden, um Elemente abzuschirmen, die man nicht sehen möchte, und um schnell erste Gestaltungsideen im Garten umzusetzen.

Weißbunte und immergrüne Kletterer eignen sich ideal für das Abschirmen und Verdecken; sie bieten das ganze Jahr reichlich Farbe. Efeu steht vorrangig zur Wahl. Er ist schnellwüchsig, selbstklimmend und hat kaum sichtbare Blüten. Ein großes Angebot an Blattvarianten steht zur Verfügung, z. B. der cremefarbig punktierte *Hedera canariensis* 'Canary Cream', der gelbgerandete *Hedera helix* 'Golden Jubilee' oder *Hedera helix* 'Atropurpurea', der sich im Winter rötlich verfärbt.

Weine bilden eine andere Gruppe beliebter Kletterer mit stark variierenden Blattformen und -farben; anders als Efeu, der Schatten liebt, mögen sie viel Licht. Wo es gelingt, gute Wachstumsbedingungen zu schaffen, tragen sie auch Frucht. Ein sehr wüchsiger und gleichzeitig gut deckender Wein ist 'Black Hamburg', der auch wohlschmeckende Früchte hervorbringt. Einer der härtesten wilden Weine mit einer

▼ Mit schnell- und dichtwüchsigen blühenden Kletterern kann man in den Sommermonaten charmante Kombinationen von Blatt und Blüte schaffen. Das kletternde Geißblatt (*Lonicera*) wächst gern über Mauern, Zäune und entlang von Brücken und sollte so plaziert werden, daß es dicht an Wegen oder Terrassen steht, wo man den Duft voll wahrnehmen kann.

auffälligen Herbstfarbe ist *Vitis coignetiae*. Die wilden Weine mit ihren leuchtenden Herbstfarben sind generell winterhart, während *Rhoicissus* zwar immergrün, aber nicht ganz winterhart ist.

Andere Kletterpflanzen werden wegen ihrer Blütenpracht oder wegen ihres Duftes angepflanzt, besonders dann, wenn sie an einer Pergola oder einem Gerüst dicht an einer Terrasse gezogen und die Blüten aus der Nähe bewundert werden können. Es gibt wenige Blickpunkte, die mit den hängenden und duftenden Rispen der *Wisteria*, mit der Blütenpracht von *Clematis*, den Kletterrosen oder (in mildem Klima) den leuchtenden Hochblättern der *Bougainvillea* konkurrieren können. Die exotische Passionsblume (*Passiflora*) ist nicht winterhart.

Vom Duft her sind die kletternden Geißblätter und Jasminarten unschlagbar und dazu noch sehr attraktive Pflanzen. Weitere ungewöhnliche Kletterer sind die relativ winterharte und raschwüchsige Chinesische Stachelbeere (*Actinidia chinensis*), der winterharte Hopfen (*Humulus lupulus*) und die halbharte *Thunbergia grandiflora*.

▼ Einige der Weine sind nicht nur wegen ihren dekorativen grünen Blättern im Sommer an einer Pergola oder am Spalier wertvoll, sondern auch wegen ihrer herrlichen Herbsttöne. *Vitis coignetiae* zum Beispiel verfärbt sich zu einem wunderbaren Tiefpurpur und Gold.

▲ Gezogen an einem einfachen Spalier ist diese großblütige *Clematis* 'Jackmannii' sehr dekorativ.

◀ Blühende Kletterer erzielen wunderschöne Effekte, wenn man sie an Bäumen oder Bauwerken hochwachsen läßt. Diese *Clematis* 'Jackmannii' hat die grün-goldene Ulme *Ulmus hollandica* 'Wredei' mit purpurnen Blüten bedeckt.

▼ Ein dichter Vorhang weiß-bunter Kletterer wie *Hedera helix* 'Goldheart' hilft eine Wand aufzuhellen.

Stauden

Ausdauernde Stauden sind für Experimente im Garten mit Formen und Strukturen ideal geeignet. Aufgrund ihrer biologischen Eigenschaften haben sie geringe Pflegeansprüche und können ganz nach Wunsch ohne Schwierigkeiten geteilt, verpflanzt oder ausgetauscht werden. Das scheinbar endlose Sortiment von Formen und Farben bringt frische Ideen in eine Pflanzung oder bietet sich an, neue Ideen auszuprobieren.

Wie auch bei anderen Gruppen von Pflanzen ist es ratsam, einen Rahmen verläßlicher Immergrüner zu schaffen, um die Grundstruktur des Gartens über die Jahreszeiten hinweg zu erhalten. Man sollte hier auf Vielfalt im Laubwerk und die jahreszeitlichen Besonderheiten achten. Einige der besten Laubkontraste findet man unter den Wolfsmilchgewächsen: *Euphorbia robbiae* mit glatten, grünen, rosettenbildenden Blättern ist besonders wertvoll. Sie wächst auf den meisten Böden.

Die immergrünen *Helleborus* sind eine weitere Gruppe mit attraktivem Laub und häufig winterblühend. *Helleborus corsicus* (auch bekannt als *H. erigutifolius*) ist eine wüchsige, winterharte Pflanze mit stark gezähnten Blättern und grün-gelben Blüten. Eine Wildform für Waldgärten ist die Christrose (*Helleborus nigra*), die schöne, große, weiße und wachsartige Blüten bildet. Eine andere Pflanze mit frühen Blüten ist *Ligularia*, die gern an Wasserrändern oder im Sumpfbeet steht und die ein prächtiges Bild in Gold oder Gelb zeigt. Erwägenswert ist auch *Tellima grandiflora* aus Nordamerika, die das ganze Jahr hindurch attraktive Blätter hat, oder *Tiarella cordifolia* aus dem östlichen Nordamerika mit behaarten, ahornähnlichen Blättern.

Um Vielfalt zu erzeugen, sollte man auch Immergrüne in Farbvariationen verwenden, wie z. B. *Lamium maculatum* mit silbrig gestreiften Blättern, *Stachys lanata* mit silbrig behaartem Laub oder *Pulmonaria* mit weißgefleckten grünen Blättern und lila Blüten.

Für die besten und subtilsten Gegensätze und Wirkungen sollte man Stauden wählen: wegen der Vielfalt ihrer Blattformen und -größen, wegen der sanften, natürlichen Blütenformen. Grelle und hervorstechende Blüten sind weniger gefragt. Dies wird Sie in die Lage versetzen, Farbschattierungen besser abzustimmen. Sie werden feststellen, daß einige der Wildformen ausgesprochen hübsche Blätter und sanfte Blütenfarben haben: z. B. der Ziegenbart (*Aruncus*) mit großen, gefiederten weißen Blütenständen und einer farnähnlichen Belaubung.

Phormium mit immergrüner, säbelartiger, spitzer Belaubung ist nur in milden Lagen winterhart. Die riesige *Gunnera* mit grünen schirmähnlichen Blättern, *Crambe cordifolia* mit dunkelgrünem Laub und kleinen weißen Blüten, die federige *Astilbe* und die dunkelgrüne *Alchemilla mollis* vermitteln eine Vorstellung von der Vielseitigkeit des Sortiments.

Bei der Planung eines Staudengartens ist es besonders wichtig, die erste Grundregel im Auge zu behalten: größere Arten nach hinten, kleinere Arten in den Vordergrund. Dahinter steht die Absicht, vom Boden aufwärts einen durchgehenden Fluß von Blattwerk und Farben zu schaffen, und zwar mit dichten Gruppen verschiedenartiger Blätter und Blüten. Selbsttragende Formen, die kein Hochbinden benötigen, verringern den Pflegeaufwand.

▶ Wenn man Stauden in einer Farbgruppe pflanzt, lassen sich interessante Kontraste in Form und Oberfläche erzielen. Die rosafarbene *Lychnis coronaria* gibt einen kräftigen Vordergrund für den rosafarbenen *Phlox paniculata*.

▼ Ziel einer Staudenpflanzung ist es, Gruppen interessanter Formen und Farben zu schaffen. Stauden bieten viele Möglichkeiten zum Experimentieren; hier eine Zusammenstellung aus leuchtendem Rot, Orange und Gelb unter Verwendung von *Alstroemeria*, gemischten Lilien und leuchtend roter *Verbena*.

▲ Stauden müssen nicht auf langen, geraden Beeten angeordnet werden. Sie sehen ebenso gut aus, wenn sie in großen Gruppen gegensätzlicher Formen gepflanzt werden. Gruppen von *Miscanthus sinensis* 'Gracillimus' und der rosafarbenen *Echinacea purpurea* sind hier in Lücken des Ziegelpflasters in einem Innenhof gepflanzt worden.

▲ Planen Sie Ihre Staudenpflanzung mit Bedacht. Die Plazierung der delikaten rosafarbenen *Papaver orientalis* vor dem tiefvioletten *Limonium perezii* ist beeindruckend.

▶ Wo Pflanzen spektakuläre Wirkung erzielen sollen, muß man ihnen Einzelpositionen anbieten, damit sie sich voll entfalten können. Die Strauchpaeonie mit ihren hellgrünen Blättern und überdimensionalen weißen Blüten ergibt eine prächtige Situation nahe der Haustür und hinter der streng geschnittenen kleinen Hecke.

183

Gräser und Bambus

Gräser und Bambus mit ihren schlanken, hohen Stielen und grazilem Blattwerk sind eine willkommene Abwechslung zwischen den anderen Pflanzen im Garten. Die architektonischen Pflanzen, fast Kunstformen, bringen vertikale Linien ins Bild und schaffen mit ihrer Vielfalt unterschiedlich gefärbter Stengel, Blüten und Quasten Kontrast in einer Bepflanzung. Sie benötigen aber viel Platz, und man muß ihnen die Möglichkeit einräumen, dichte Gruppen und Horste zu bilden. Das Auslichten schafft stärkere und gesündere Pflanzen.

Man kann sich auf Bambus verlassen, wenn eine exotische Note in den Garten eingebracht werden soll. Bambus zeigt sich erstaunlich vielfältig an Arten und Formen, vom nur wenige Zentimeter hohen Zwergbambus bis zu den großen *Phyllostachys* und *Bambusa*, die 6 bis 10 m hoch werden. Sie vermitteln nicht nur eine exotische Atmosphäre, sondern geben auch der Sommerlaube Schutz oder schaffen andere reizvolle Bereiche.

Bambus verlangen feuchte und kühle Lagen. Sie gedeihen gut in Wassernähe, solange ihre Wurzeln nicht direkt im Wasser stehen. Generell ziehen sie nach dem Blü-

hen ein und sehen dann nicht mehr gut aus. Da die meisten aber erst nach Jahren blühen, sind sie wertvoller Bestandteil eines Gartens. Alle Arten können auf japanische Art geschnitten werden, um stärkere und kräftigere Stiele zu erzielen. Dies trifft vor allem auf *Phyllostachys* zu, der eine Vielzahl dekorativer Stämme entwickeln sollte.

Es ist nicht nur die elegante Form, die graziöse Haltung, die den Bambus zu einer ausgezeichneten Pflanze für die Gartengestaltung macht. Er bietet auch eine große Vielfalt an Strukturen und Farben von Blättern und Stämmen. *Phyllostachys aureosulcata* hat hell gestreifte Stiele. *P. nigra* zeigt im ersten Jahr grüne Stiele, die sich dann schwarz färben. Beide haben eine federartige, flatternde Belaubung, bekannt aus japanischen und chinesischen Gärten, wo sie im Kontrast zu Steinen und Wasser stehen.

Die Gattung *Arundinaria* innerhalb der Gruppe der Bambus ist mit ihren schlanken, gefärbten Stielen und dem glänzenden Blattwerk genauso ansehnlich. Sie neigt aber zum Wuchern, dadurch wird der Platzbedarf größer oder man muß bisweilen schneiden. Die harte *Arundinaria japonica* ist die größte Art und bildet dichte Gruppen dunkelgrüner Stiele und bandförmiger Blätter. Sie gedeiht auch im Halbschatten, sofern der Boden feucht ist. Der Goldblättrige Bambus (*Arundinaria viridistriata*) mit leicht grün und gelb gestreiften Blättern ist vielleicht noch schöner. *Arundinaria nitida* wächst mit lila Stielen und hell graugrünen Blättern zu einem hohen Dickicht heran.

Ein sehr attraktiver Bambus ist *Sasa palmata*. Mit ihren großen Blättern ergibt sie eine imposante Einzelpflanze innerhalb einer Pflanzgruppe. Für einen kleinen Garten ist diese Art oft zu wüchsig und sollte daher in Kübel gepflanzt werden, wo sie hübsche Solitärs ergibt. Allerdings ist im Sommer regelmäßiges und ausgiebiges Wässern nötig. Eine andere zum Wuchern neigende Art, *Sasa veitchii*, ist wegen ihrer purpurnen Stiele beliebt.

Es gibt noch eine Vielzahl nicht immergrüner Gräser, die wegen ihrer graziösen

▲ Bambus und Gräser stehen mit ihrem schmalen, spitzen Laubwerk im reizvollen Gegensatz zu flach- und breitblättrigen Stauden. Sie ergeben eine Vielfalt von unterschiedlichen und immer interessanten Blickpunkten.

1 Eine springbrunnenähnlich geformte *Spartinia pectinata* neben der saftigen *Hosta lancifolia*.

2 Die federartigen braunen Samenstände von *Stipa gigantea*.

3 Die reizenden Streifen des großen und zum Wuchern neigenden *Phalaris arundinacea* 'Picta'.

◀ Arundinaria murielae formt eine elegante Gruppe hoher Stengel mit hellgrüner Belaubung. Der geharkte Kies und die Steingruppe sind nicht nur Bodendecke, sondern geben dieser Situation eine fernöstliche Note.

Wuchs- und Blattformen wertvoll sind. Es ist wichtig, ihren Standort mit Bedacht zu wählen, um Winterlücken zu vermeiden.

Der Gigant unter den Gräsern ist *Miscanthus sachariflorus*, der sich bis zu 3 m hohen dichten Büschen mit bandförmigem, im Wind treibendem Laub entwickelt. Er eignet sich ausgezeichnet als Kontrast zu großblättrigen Pflanzen wie *Gunnera* oder *Rheum* und dient diesen Pflanzen gleichzeitig als Windschutz. Andere *Miscanthus* gelten wegen ihrer Blattvariationen und Blütenstände als wertvoll. Viele Grasarten sind gute Gegensätze zu Stauden. Es gibt Gräser für trockene und feuchte Standorte.

Berücksichtigen Sie an feuchten Stellen auch die Vielfalt der Wuchsformen und Schattierungen z. B. von *Phalaris arundinacea* 'Picta' und seinen hohen Gruppen hellgrün und weiß gestreifter, spitzer Blätter. *Stipa gigantea* mit bogenförmigen Blättern, die im Herbst mit Bronze und Rot überzogen sind, sehen selbst im Winter gut aus. Ein weiterer Freund feuchter Standorte ist *Cyperus longus* mit hohen, gebogenen Stielen, dunkelgrünen Blättern und Trauben rotbrauner Blüten.

Für trockene, sonnige Lagen bietet die Gattung *Festuca* ein vielfältiges Angebot von Arten, die dichte, stachelige blaue Kis-

▲ Verschiedenartige Gräser und Bambus schaffen eine ideale Umgebung für Wasserbecken oder ein Atrium mit Kieseln. *Arundinaria murielae* und *Miscanthus sacchariflorus* sind hier eingesetzt worden, um die scharfen Ränder des Laufsteges zu überspielen, Höhe zu geben und um den Eindruck urwüchsiger Uferflora zu schaffen. Beide gedeihen gut am Wasserrand.

sen bilden. *Festuca glauca* ist pulverblau und wächst in voller Sonne. *Avena candida* ist eine weitere interessante Grasart. Ganz anders zeigt sich *Achnatherum* (richtig *Stipa calamagrostis*) mit schmalen grünen Blättern und fedrigen cremefarbenen Blüten.

Farne

Farne zeichnen sich durch ihre Schattentoleranz und ihre hübschen federartigen Wedel aus, die immer einen Hauch exotischer Urwüchsigkeit verbreiten. Sie benötigen wenig Erde, aber viel Humus oder Sphagnum. Obwohl einige vollen Sonnenschein akzeptieren, sind sie viel lieber im feuchten Schatten zu Hause. Ihre Pflegeansprüche sind gering.

Farne mit ihren sommer- und immergrünen Arten gibt es in 2 Typen: solche mit zentralem Wuchspunkt, um den ringförmig die Wedel stehen, wie z. B. beim Königsfarn; andere wie *Polypodium* verbreiten sich durch Ausläufer.

Unter denen, die in trockeneren Böden gedeihen, ist *Polypodium vulgare*, eine verbreitete Wildform, die sich gut als Bodendecker eignet. *Dryopteris felix-mas* gedeiht unter fast allen Bedingungen.

Eine Anzahl von Farnen liebt moorige und anmoorige Standorte, wo ihre Wurzeln ständig Zugang zu Wasser haben. Zu diesen zählt der Königsfarn (*Osmunda regalis*) mit seinen hellgrünen Wedeln, die sich im Herbst erst orange und später kupfern verfärben. Er wächst nur langsam, aber seine Schönheit ist es wert, die volle Entfaltung abzuwarten. Farne, die das Moor oder den Wasserrand lieben, sind der Perlfarn (*Onoclea sensibilis*) und der treffend bezeichnete Straußenfarn (*Matteucia struthiopteris*), der mit seinen überhängenden, federartigen Wedeln besonders gut in Gruppen steht.

Es gibt auch eine Vielzahl an Farnen, die unter gewöhnlichen Bedingungen gedeihen; es ist aber wichtig, daß sie nicht austrocknen. Der Hirschzungenfarn (*Phyllitis scolopendrium*) paßt sich sowohl an trockenere als auch an feuchtere Bedingungen an und hat hellgrüne Wedel. *Adiantum venustum* mit schleierähnlichen Wedeln ist mit dem Frauhaarfarn (*Adiantum pedatum*) verwandt. Es gibt zwei weitere interessante Varianten, den japanischen *Adiantum pedatum* 'Japonicum' mit im Frühling rosa Wedeln und Stielen und *A. pedatum* 'Klondyke' mit schwarzen Stielen.

Blechnum-Arten lieben keinen Kalk. *B. pennamarina* ist mit seinen kleinen immergrünen Wedeln wertvoll für schattige Lagen, *B. spicant* entfaltet seine helleren grünen Wedel gern im Schatten von Bäumen und wächst etwas höher. *Polystichum setiferum* 'Acutilobum' ist ein besonders hübscher sommergrüner Farn; sein frisches Laub konkurriert mit dem von *Cystopteris fragilis*.

Faszinierende Giganten sind die Baumfarne. In kühlen Klimaten zähmt man sie für den Garten, indem man z. B. Dicksonien oder Cyatheen in Kübeln zieht und sie bei warmem Wetter in den Garten bringt.

Die meisten Farne haben ein angenehmes frisches Aroma, wenn man ihr Laub zwischen den Fingern zerreibt. Wenigstens *Dennstaedtia punctilobula* sollte man wegen ihres Duftes nach frisch geschnittenem Gras anpflanzen.

1 Farne sind bestens geeignet, harte Strukturen zu überspielen. Der gezeigte *Nephrolepis cordifolia* ist auch auf der südlichen Halbkugel beheimatet. Wie die Baumfarne kann er in Kübeln gezogen und im Sommer in den Garten gebracht werden.

2 Farne wachsen sowohl in feuchten als auch in trockener Lagen und sind als Bodendecker wertvoll. Besonders an Wegrändern überspielen ihre grünen Wedel strenge Linien. Das gezeigte *Adiatum pedatum* 'Asiatic Form' ist winterhart.

3 Der Königsfarn, *Osmunda regalis*, ist eine wunderbare Solitärpflanze für den feuchten Schatten und für Wasserränder. Die hübsche Belaubung im Hintergrund stammt von *Peltiphyllum peltatum*.

◀ Baumfarne sind in nördlichen Klimaten nicht ganz winterhart; in milderen Gegenden, wo nur leichter Frost auftritt, kann man sie in Kübeln ziehen. Sie kommen am besten in Wassernähe oder in der Umgebung eines Schwimmbeckens zur Geltung. Beheimatet sind Farne im wesentlichen in Australien, Neuseeland und Südamerika.

▶ Die weiche, dekorative und luxuriös erscheinende Belaubung der Farne ist ein wertvolles Mittel der Gartengestaltung, wie diese *Matteuccia struthiopteris* beweist. Der winterharte Farn ist auch ein weiterer Kandidat für die Bepflanzung von Wasserrändern.

▲ Felsen und Farne sind gute Gefährten und harmonieren miteinander, besonders dort, wo der Garten steil ansteigt und der mit Farnen überwucherte Felsen zutage tritt. In dieser Weise gepflanzt, kommt die Belaubung besser zur Geltung.

Wasserpflanzen

Ein Wasserbecken oder -lauf, selbst eine Tonne oder ein ähnliches Behältnis bieten die Möglichkeit, eine Vielzahl wasserliebender Pflanzen zu ziehen; eine Gruppe, die sich durch Wüchsigkeit und Vielfalt im Blattwerk, in Formen und Farben von den übrigen Pflanzen abhebt. Außer den Seerosen mit ihrer kühlen Transparenz und der Vielzahl tiefgrüner schalenförmiger Blätter haben die meisten Sumpf- und Wasserpflanzen weniger bizarre und mehr natürliche Formen und ergeben, besonders durch die Reflektion im Wasser, sanftere Linien und Farben.

Die eigentlichen Wasserpflanzen sind jene, die auf oder unter Wasser wachsen. Man pflanzt sie in Körbe mit feinkörniger Erde und versenkt sie ins Wasser. Die vortrefflichsten Blüher gehören zur Gattung *Nymphea*, d.h. zu den Seerosen, von denen es viele winterharte, weniger winterharte und tropische Formen gibt. Für den kleinsten Wassergarten gibt es Zwergformen, z. B. *Nymphea pygmaea* 'Alba', die sich ideal für kleine Wasserstellen oder Tümpel eignen. *Nymphea* bietet ein breites Blütensortiment leuchtender Rot-, Weiß-, Rosa- und Gelbtöne.

Unter den Wasserpflanzen findet man den Froschbiß (*Hydrocharis morsus-ranae*) mit kleinen nierenförmigen Blättern; seine weißen Blüten muten wie Miniaturseerosen an. Weiter sind da wuchernde Pflanzen wie die Wasserfeder (*Hottonia palustris*) mit ihrer

Unmasse blaßlila Blüten und farnähnlichen Blättern, der Gemeine Wasserhahnenfuß (*Ranunculus aquatilis*), der einen Teppich von Weiß und Grün erzeugt, sowie das rote und gelbe ährenblütige Tausendblatt (*Myriophyllum spicatum*).

Seichtes Wasser oder der Bachrand sind ideale Standorte für Sumpfpflanzen wie die riesige *Gunnera manicata* mit ihren schirmähnlichen Blättern, *Iris*, die schattenliebende *Petasites japonicus*, den dekorativen Rhabarber (*Rheum palmatum*) und *Peltiphyllum peltatum* mit seinen hellgrünen Sonnenschirmblättern. Ausgleichend dazu sanfte Blütenfarben: das Lilablau der Funkien, das lockere Rosa und Rot der Rodgersien und das Gelb der *Lysimachia*. Grelle Farbtupfer werden in den grünen, grauen und blauen Hintergrund durch das orangene Greiskraut (*Ligularia*), die hellgelben Kugeln der Trollblume (*Trollius europaeus*) und das leuchtende Rot der Nelkenwurz (*Geum rivale*) eingeführt.

Für Wasserränder an Tümpeln und Bachläufen stehen weitere architektonische Pflanzen zur Verfügung: die schattenliebenden Farne (s. Seite 186), Bambus (s. Seite 184), das spitze Laubwerk des Schilfes, die klassische Simse (*Scirpus lacustris*) mit ihren dicken braunen Kolben am Ende der langen grünen Stengel, die grün und weiß gestreifte Zebra-Simse (*Scirpus tabernaemontani* 'Zebrinus') oder der cremefarbig gestreifte *Acorus calmus* 'Variegatus'.

▲ Viele Sumpfpflanzen haben hübsche Blüten und hübsche Blätter, z. B. *Pontederia cordata* mit seiner Pracht glänzender, herzförmiger, gestreifter Blätter und im Herbst lilablauer Kolbenblüten.

▲ Den Blutweiderich (*Lythrum salicaria*) mit seinen purpurnen Blüten findet man häufig an Rändern natürlicher Wasserläufe und Teiche. In dichten Beständen intensiviert sich seine Farbwirkung. Er gedeiht fast überall, außer im vollen Schatten.

◄ Unabhängig von der Größe des Gewässers kann man eine Vielzahl wasserliebender Pflanzen ziehen. Durch Pflanzen im Wasser, in Wassernähe oder um eine Wasserfläche herum wird der Kontrast im Bestand vergrößert. Eine kleine Wasserfläche, von Holzstegen umsäumt, steht im Gegensatz zu den hellgrünen Pfeilblättern von *Sagittaria sagittifolia*, den spitzen *Typha angustifolia* und den tief geschlitzten Blättern der *Fatsia japonica*.

1 *Nymphaea alba* ist die klassische Seerose, zu Hause in Europa. Sie hat hübsch gezeichnete Blätter und reinweiße Blüten.
2 *Nymphaea* 'Masaniello' zeichnet sich durch große, einander überlagernde Blätter und sternförmige Blüten mit goldgelber Mitte aus.
3 *Nymphaea* 'Marliacea Chromatella' mit hübschen grünen Blättern und gelben Blüten ist extrem winterhart und blühwillig, hat aber bisweilen Schwierigkeiten sich zu etablieren.

Bodendecker

Bodendeckende Pflanzen haben ihren Wert nicht nur deshalb, weil sie den nackten Boden bedecken und Unkräuter im Zaum halten, sie sind auch eine gute Basis, auf der man eine Pflanzung aufbauen kann. Es empfiehlt sich deshalb, immergrüne Pflanzen für alle Jahreszeiten zu wählen, obwohl es auch eine Vielzahl geeigneter sommergrüner Pflanzen gibt, die schöne Blätter, Blüten und eine Herbstfärbung zeigen.

Eine wesentliche Aufgabe der Bodendecker ist es, durch eine Pflanzendecke den Pflegeaufwand zu verringern und darüber hinaus ein verbindendes Element zum größeren Bewuchs zu sein. Bodendecker breiten sich oft wie Kletterpflanzen über Stufen, Hänge und Mauern aus, und viele Kletterpflanzen eignen sich ihrerseits gut als Bodendecker.

Das umfangreiche Sortiment läßt sich in einige Gruppen gliedern: Es gibt Horstpflanzen, im wesentlichen Stauden, die von einem Wurzelstock aus wachsen und dichte Hügel bilden. *Alchemilla mollis* mit ihren großen, silbrig-grünen Blättern und der Unmasse gelber Blüten gehört dazu wie *Helleborus*, dessen schattenliebende Arten *H. corsicus* und *H. foetidus* sich am besten eignen.

Eine zweite Gruppe neigt dazu, sich teppichartig auszubreiten. Hierzu gehören Stauden, Kleinsträucher und Alpine wie die immergrüne *Aubretia* mit ihren graugrünen Blättern und rosa bis purpurroten Blüten. Sie verbreitet sich durch oberirdische Ausläufer.

Viele Sträucher eignen sich als Bodendecker, z. B. der niedrige *Cotoneaster*, der zu dichten Matten zusammenwächst und den Unkrautwuchs unterdrückt, oder der immergrüne *Viburnum davidii* mit seinem glänzenden dunkelgrünen Laub, seinen hübschen Blüten und interessanten Beeren. Andere Sträucher wie niedrig wachsende Rosen können ebenfalls als Bodendecker eingesetzt werden.

Viele Kletterpflanzen sind gleichzeitig gute Bodendecker. Wenn sie keinen Halt zum Klettern finden, überwuchern sie alles. Das kletternde Geißblatt (*Lonicera*) gehört dazu; mit seinem lieblichen Blütenduft eignet es sich ideal zum Bedecken von Böschungen oder erhöhten Pflanzbeeten. Andere Kletterer breiten sich mit Ausläufern über dem Boden aus. *Clematis* ist ein gutes Beispiel, sofern genügend Platz vorhanden ist. Die kriechende Hortensie (*Hydrangea petiolaris*) und Stauden wie *Lathyrus* sind Beispiele für blühende Kletterer, während die Jungfernrebe (*Parthenocissus*) und Rebe (*Vitis coignetiae*) wegen ihrer grünen Blattdecke im Sommer und den herbstlichen Rot- und Orangetönen erwähnenswert sind.

▲ Niedrige Alpine ergeben ein interessantes Arrangement, wenn man sie näher an den Betrachter heranführt und in erhöhte Tröge pflanzt. Es ist wichtig, eine breite Palette von Formen und Farben zu verwenden. Ein größerer Trog verstärkt den Eindruck.

▲ Pflanzen, die von Natur aus auf kargen, steinigen Böden wachsen, eignen sich ideal zum Überdecken von Fels und Stein, hier die besonders hübsche *Saxifraga oppositifolia* 'Rosea' mit ihren langstieligen, sanft rosa Blüten.

▲ Viele Pflanzen, die in heißen, trockenen Lagen gedeihen, duften herzhaft frisch. Man sollte sie daher in Wegnähe pflanzen, um im Vorbeigehen den Duft wahrnehmen zu können. *Lavandula spica* 'Rosea' und *Ruta graveolens* 'Jackmann's Blue' mit ihren lila und gelben Blüten und ihrem graugrünen Laubwerk sind gute Gefährten.

▲ *Alchemilla mollis* ist ein ausgezeichneter Bodendecker, der auf gut drainierten Gartenböden wächst. Er entwickelt eine dichte Bedeckung aus palmenähnlichen Blättern und gelbgrünen Blüten. Eine ausgezeichnete Pflanze für Hänge.

◀ Bei der Auswahl der Pflanzen sollten Sie nach solchen suchen, die das ganze Jahr über interessante Variationen in Laub und Form bieten. Euphorbien sind wegen ihrer hellgrünen Belaubung und den leuchtend-gelben Blüten sehr nützlich. *Pulmonaria saccharata* ist immergrün und zeigt weiß punktierte grüne Blätter.

Knollen und Zwiebeln

Knollen- und Zwiebelpflanzen sind wegen ihres geringen Pflegebedarfs der Traum des Gartenfreundes: Sie bilden eine geschlossene Einheit, gedeihen fast überall und sehen am besten aus, wenn sich noch nichts anderes rührt. Abgesehen davon bringen Knollen- und Zwiebelpflanzen eine Vielfalt schöner Blumen hervor, die die jahreszeitliche Blütenpracht bereichern. Selbst zum Verwildern in Grasflächen eignen sie sich. Ihr einziger Anspruch ist, daß man das Laub bis etwa 6 Wochen nach der Blüte wachsen läßt. Das ist nötig, um die Nährstoffreserven für das nächste Jahr anzulegen. Blumenzwiebeln werden oft im Boden gelassen, können aber, sobald die Blüte abgestorben und trocken ist, ausgegraben und in einem dunklen Raum zum Trocknen aufgehängt werden. Durch diese Behandlung wird ihre Blühfähigkeit allerdings verringert.

Wenn man Knollen- und Zwiebelpflanzen zwischen andere Pflanzen setzt, empfiehlt es sich, die Position mit Stäbchen zu kennzeichnen. Damit wird verhindert, daß sie später im Jahr nach Einziehen des Laubes durch Umgraben zerstört werden. In Grasflächen sind Blumenzwiebeln in ihrem Element, besonders die Frühlingsblüher wie z. B. Krokus, Schneeglöckchen (*Galanthus*), *Scilla* und *Narcissus*, die unter Bäumen, an Böschungen und in Wildwiesen einen wunderhübschen Farbteppich abgeben.

Zum Pflanzen von Blumenzwiebeln im Rasen hebt man einfach eine Grasplatte heraus, pflanzt eine Anzahl von Zwiebeln und setzt dann die Platte wieder ein. Knollen sind auch gut für Bottiche und Kübel geeig-net. Dort pflanzt man sie so, daß die Spitzen gerade sichtbar sind. Anschließend müssen sie für etwa 8 Wochen an einem dunklen und kühlen Ort aufbewahrt werden. Sobald die Pflanzen anfangen zu wachsen, plaziert man die Gefäße auf der Terrasse, am Wasserbecken oder am Haus – dort, wo sie ihre beste Wirkung entfalten.

Die meisten Blumenzwiebeln gedeihen gut in Töpfen, besonders Tulpen, Hyazinthen, Narzissen, *Crocus* und *Chinodoxa* oder die kleinen *Muscari*. Man sollte auch einige der sommer- und herbstblühenden Knollen in Gefäßen ziehen, z. B. die hübsche Riesenhyazinthe *(Galtonia candicans)*, die im Sommer hohe Blütenstände mit cremefarbenen Glocken bildet oder eine der vielen anmutigen Mitglieder der Gattung *Lilium*. *Nerine bowdenii* blüht im Herbst und erzeugt hübsche, riemenähnliche grüne Blätter und sattrosa Blüten.

Neben den Lilien bilden die *Iris* eine der größten Gattungen unter den Knollen- und Zwiebelgewächsen. Die *Iris* mit ihren schwertförmigen Blättern und lippenförmigen Blüten bieten ein breites Sortiment an Größen, Formen und Farben, von der imposanten Bartiris bis zur kleinen südafrikanischen *Babiana stricta*.

Im Wildgarten sollte man das Pflanzen von Sauerklee (*Oxalis*) mit seinen niedrigen Büscheln kleeförmiger Blätter und zierlichen rosa, weißen oder lila Blüten, von Anemonen mit ihren leuchtenden Farben oder schattenliebenden Cyclamen in Erwägung ziehen. Diese Arten sind auch zum Unterpflanzen von Bäumen und Sträuchern gut geeignet, bringen etwas Farbe in Grasflächen waldartiger Bereiche und eignen sich auch für den Steingarten, da sie klein bleiben. Andere blühende Arten, die auch im Steingarten wachsen, aber eine feuchte Lage mögen, sind der Winterling (*Eranthis hyemalis*) und Zwergformen von *Allium*.

▶ Die sommerblühende *Crocosmia* 'Lucifer' ist eine imposante, subtropische Pflanze, die auch kühles Klima erträgt, solange der Boden gut drainiert ist. Die kräftigen, schwertförmigen Blätter und die Fülle rotgoldener Röhrenblüten ergeben ein dramatisches Farbbild in der Staudenrabatte. *Crocosmia*, die sich auch gut als Schnittblume eignet, kann alle 3 bis 4 Jahre geteilt werden und ist im allgemeinen gesund; eine nützliche, niedrige Rabattenpflanze.

1 *Lilium longiflorum* mit reinweißen duftenden Trompeten ist auch eine charmante Topfpflanze, die im Sommer auf der Terrasse einen Blickpunkt bildet.

2 Für eine ungewöhnliche Zurschaustellung von Blüten und Blättern empfiehlt sich *Eucomis bicolor* mit seinen unregelmäßigen Blättern und zerzausten rosa Blütenständen.

3 Auf Tulpen kann man sich verlassen, wenn man leuchtende Frühlingsblüher für Töpfe oder Blumenkästen sucht. *Tulipa kaufmanniana* hat hübsche rote und gelbe Streifen.

4 Die stattlichste unter den Frühlingsblühern ist die Kaiserkrone, *Fritillaria imperialis* 'Aurora', die gut in Beeten und Staudenrabatten wirkt.

5 *Fritillaria persica* mit ihren blutroten, fast schwarzen Türmen hochgebauter Blüten.

6 Die klarblauen Blüten des *Agapanthus* 'Headbourne Hybride' sind am besten in der Gruppe wahrzunehmen.

Pflanzen und Formen

Ein Garten, der gut aussehen soll, muß durchdacht sein, sowohl in seinen Formen wie in seinen Farben. Die Zahl möglicher Farben und Effekte ist erstaunlich groß, vielleicht sogar zu groß. Weil ohne Planung ein wirres Resultat herauskommt, empfiehlt es sich, nicht impulsiv zu pflanzen, sondern sich die Zeit für eine detaillierte Ausarbeitung des Pflanzplans zu nehmen (s. Seite 61 bis 70). Es ist wichtig, größere Arten im Hintergrund zu plazieren und die Pflanzenhöhen bis zu den Bodendeckern im Vordergrund abzustufen. Der Platzbedarf der Pflanzen ist eine weitere Überlegung wert: Man sollte sie zunächst etwas dichter stellen, um den Eindruck von Wüchsigkeit zu vermitteln; andererseits dürfen sie sich in ihrer Entfaltung nicht behindern. Falls Lücken in der jungen Pflanzung stören, werden ein paar Pflanzen mehr gesetzt und später ausgelichtet oder man verwendet eine Lage Rindenmulch zur Unterdrückung des Unkrauts.

Form und Beschaffenheit

Pflanzen, die ihrer Form wegen gewählt werden, haben oft sehr schönes Laub, aber nur unbedeutende Blüten. Einige wie *Rhododendron* haben beides. Es ist wichtig, daß die Zusammenstellung der Pflanzenformen mit Sorgfalt erfolgt; sie sind das Gewebe und die leuchtenden Blüten die Verzierung.

Beim Durchblättern dieses Buches werden Sie feststellen, daß viele Pflanzen des öfteren erscheinen, aber immer in anderer Weise eingesetzt werden: z. B. architektonische Pflanzen wie Funkie, *Ligularia*, *Phormium*, Gräser und *Fasia japonica*. Mit der Zeit wird Ihr Auge die Qualitäten erkennen, die sie für den Gestalter bemerkenswert machen. Sie werden sehen, warum ein spitzlaubiges Schilf oder Gras genau richtig neben Pflanzen mit flachen oder schalenförmigen Blättern steht.

Vieles ist sicher abhängig vom Geschmack und erfordert einen Blick für Kontraste. Aber es gibt Richtlinien, denen Sie folgen sollten: Wichtig ist eine Ausgeglichenheit in den Wuchshöhen, wobei nicht nur die größeren Pflanzen im Hintergrund stehen, sondern auch ein Abgleichen der Höhen in der Pflanzung als Ganzes erfolgen sollte. Außerdem gehören die dichtwachsenden Arten in den Hintergrund und die lichteren, delikaten Arten nach vorne.

▶ *Gunnera manicata* ist eine der größten Stauden. Sie gedeiht in geschützten Lagen und wird wegen ihrer riesigen, schirmartigen Blätter geschätzt. Sie wächst zu großen Gruppen heran und gedeiht besonders am Wasser in der feuchten, moorigen Erde. Die Lage ist mit Bedacht zu wählen, da *Gunnera* auf Verpflanzen empfindlich reagiert.

▲ Pflanzen mit dramatischem Laubwerk schaffen Blickpunkte in ereignislosen Ecken des Gartens. Die tiefgeschlitzten Blätter von *Rheum palmatum* 'Atrosanguineum' und seine federartigen rosa Blütenstände sind sehr dekorativ. Man kann ihn in jeder sonnigen Lage in gute Gartenerde pflanzen.

▲ *Macleaya cordata* ist eine große Pflanze, die imposante Gruppen hübscher Blätter und hoher Blütenstände bildet und sich in der Staudenrabatte gut als Hintergrundpflanze eignet.

▲ Schwertförmige Blätter stehen gut als Gegensatz zu breiteren Blättern. *Phormium cookianum* 'Tricolor' hat dazu noch hübsche gestreifte Blätter, die einen Farbkontrast hinzufügen.

Ein häufiger Fehler ist das zu dichte Zusammenpflanzen zu vieler Solitärs. Untertreiben ist hier die bessere Lösung. Man stellt nur wenige schöne, hervorstechende Pflanzen gegen einen einfachen Hintergrund. Dies gilt sogar für einen tropischen Garten, wo man Dschungelatmosphäre schaffen möchte: Eine Banane zwischen weniger dramatischen architektonischen Formen trifft oft genau den richtigen Ton.

Bäume und Sträucher haben hübsches Blattwerk und entwickeln ausgesprochen zierende Formen. Schneller wachsende und großblättrige Pflanzen, Sträucher und Bäume vermitteln rasch den Eindruck eines reifen Gartens und bilden einen ausgezeichneten Hintergrund für andere Arten. Japanische Ahorne, *Catalpa*, *Populus lasiocarpa* und viele andere stellen mit ihren Blatt- und Stammformen vom Frühling bis in den Winter einen Blickfang dar.

Es gibt viele Sträucher mit großen oder wohlgeformten Blättern, die einen spektakulären Anblick bieten: Magnolien, *Rhododendron*, *Viburnum*, Lorbeer und einige Hortensien. Kletterpflanzen und ihre Blätter sind sehr wertvoll für die Bepflanzung vertikaler Elemente. Innerhalb einer Gattung (*Hedera*) kann man sogar pfeilförmige, ovale und herzförmige Blätter finden. Die Weine, insbesondere *Vitis coignetiae*, bilden erstaunliche Blattformen. Auch die Formen von *Aristolochia* oder der fruchtenden *Actinidia chinensis* sollte man anschauen.

Sobald Sie einen festen Rahmen geschaffen haben, der Blickpunkte bietet und interessante Bereiche hat, können Sie die Zwischenräume mit kleinblättrigeren Pflanzen füllen. Diese mögen zwar weniger auffallen, sind aber trotzdem attraktiv und insgesamt ausgewogen. Es ist wichtig, daß Kontraste

▲ Auch Kräuter und Gemüse entwickeln interessante Blüten und lassen Laubkombinationen zu. Die weichen, wolligen Blätter von *Salvia officinalis* stehen im Gegensatz zum dekorativen Wirsing und einem Beet von *Tagetes* 'Cinnabar'.

◀ Zierkohl ist nicht nur wegen seiner Form ein Blickfang, sondern auch wegen der imposanten Farbvarianten. Diese hellrosa Art mit gerüschtem Blattrand ist besonders hübsch.

sowohl auf der vertikalen als auch auf der horizontalen Ebene geschaffen werden, z.B. höhere Pflanzen, zwischen denen andere flache Hügel oder Horste bilden. Denken Sie auch daran, daß Bodendecker als aufrechte Pflanzen z.B. an Mauern oder auf Böschungen eingesetzt werden können. Insgesamt sollte ein Fließen von einer Form in die andere gegeben sein, um den Eindruck größerer Einheiten zu vermitteln, die ihrerseits den Zuschnitt des Gartens untermauern. Niedrigwachsende Pflanzen können z. B. im Einklang mit einem Treppenlauf die Böschung hinabfließen, Kanten überspielen und die Augen in eine bestimmte Richtung lenken.

Gegensätzliche und auch komplementäre Blattformen ergeben eine gute Basis, auf der verbindende Elemente und solche, die auch langfristig Abwechslung bieten, aufbauen können. Zusätzlich sollten Sie Formen von Pflanzen und Früchten miteinbeziehen, wie sie im Jahresablauf erscheinen. Achten Sie wieder darauf, daß die besonders auffälligen Pflanzen als Blickfang dienen. Die gloriose Blütenpracht von *Clematis* und *Rhododendron* sollte uneingeschränkt genießbar sein.

Blüten und Früchte

Noch vielgestaltiger in ihrer Form als Blätter sind Blüten: Trompeten, Glocken, Bälle, Bommeln, Trauben, Sterne, Streifen in einfachen oder gefüllten Formen. Auch hier sollten Sie nach Vielfalt in der Form und nach Kontrast streben: z. B. Traubenformen oder kräftige Ähren kleinerer Blüten mit größeren exotischen Blüten oder den Blütenschleiern reichblütiger buschiger Pflanzen. Bedenken Sie den Kontrast zwischen der schweren Blüte der Sonnenblume und dem straff aufrechten Blütenstand der *Kniphofia*, dem leichten Schleier von *Gysophila*, den massigen Bällen der Hortensie, der fedrigen Celosia oder dem treffend benannten Zylinderputzer (*Callistemon*).

Im Garten für alle Jahreszeiten spielen auch Beeren, Samenstände, Schoten, Kätzchen, Früchte und Zapfen eine Rolle. Sie alle tragen zur Vielfalt im Gesamtplan bei und sollten miteinbezogen werden.

Wuchsformen

Nicht nur die einzelnen Teile einer Pflanze leisten Beiträge zu Aussehen und Form des Gartens, vielmehr schafft ihr gesamtes Erscheinungsbild eine bestimmte Anmutung und beeinflußt die Gartenatmosphäre. Pflanzen stehen straff aufrecht wie Rohrkolben oder hängen wie *Ilex aquifolium* 'Pen-

◀ Suchen Sie nach findigen Kombinationen von Form und Farbe. Die großen, tiefgeschlitzten und rosa getönten Blätter der *Rodgersia pinnata* unterstützen das Rosa der wie Stickerei anmutenden Blüten.

▼ Ein Gemisch interessanter, niedrigwachsender Blattpflanzen am Grund eines Baumstammes. In diesem teils wilden Garten bringen *Artemisia ludoviciana* und eine erstaunlich gefärbte Distel (*Silybum marianum*) in eine uninteressante Ecke des Gartens Licht und Abwechslung.

dula', formen eine Säule wie *Taxus baccata* 'Fastigiata' oder fließen wie *Cotoneaster*.

Viele Pflanzen kann man durch Schneiden oder Binden formen. Der kunstvolle Schnitt von Bäumen und Sträuchern führt zu amüsanten, oft skulpturähnlichen Formen; die Japaner haben dies zu einer Kunst verfeinert. In den fernöstlichen Gärten werden Pflanzen in Formen gebracht, die den Fluß der Energie in der Natur symbolisieren – etwas, das Phantasie, Einsicht und Übung erfordert. Das Ziehen straffer Spaliere hat seinen Ursprung in den Jahrhunderte alten Obstgärten Nordeuropas, wo man Obstbäume an Wände pflanzte, um deren Schutz und Wärme und um den geringen Platz so gut wie möglich zu nutzen.

Beschaffenheit

Pflanzen bieten nicht nur Vielfalt im Aussehen, sondern auch in ihrer Beschaffenheit. Auch hier empfiehlt es sich, innerhalb einer Gruppierung Abwechslung anzustreben. Beispielsweise variiert die Rinde von Bäumen von der rauhen, tiefgefurchten Rinde der Eiche bis zu der sich pellenden, glänzenden, glatten von *Prunus serrulata*. Laubwerk kann dicht und glänzend sein wie bei Immergrünen oder leicht und belebt wie z. B. bei *Ginkgo biloba*. Er ist sicherlich einer der ältesten Bäume und hat hübsch geformte weichgrüne Blätter.

Alpine Pflanzen und solche, die im Steingarten zu Hause sind, bilden häufig fleischige Blattrosetten mit komplexen, fast insektenbeinähnlichen Stämmchen; Pflanzen heißer und trockener Standorte sind oft

▲ Faszinierende und abwechslungsreiche Situationen entstehen mit extravagantem Laubwerk. In dieser Zusammenstellung groß- und kleinblättriger Pflanzen verbindet sich der große purpurne *Rumex* mit hellgrüner und grauer Belaubung und formt ein extravagantes, farbenfreudiges Beet, das sich über die Ränder des groben Steinweges ergießt. Eine Variante zu gewöhnlichen Beetpflanzungen.

weich und wollig. Am ungewöhnlichsten zeigen sich Kakteen und Sukkulenten: Große, dicke Stämme, Haare, Stacheln und knollenförmige Anhängsel sind häufig, aber auch eine Vielzahl ungewöhnlicher Blüten. Sie werden im Garten auch noch anderes finden: seidige Bänder, weiche Unterseiten und feuchte, durchscheinende Oberflächen. Dies alles sorgt für interessante Momente das ganze Jahr.

Funkien

Hosta, als Funkie oder Herzlilie bekannt, ist wegen ihrer außerordentlichen Vielfalt tief geaderter, fast steppdeckenartiger Blattzeichnungen und Farbnuancen für den Gestalter von großem Interesse. Sie geben ausgezeichnete Bodendecker ab und kombinieren die Blattfarben von Blau, Grün, Grau und Weißbunt mit dezent gefärbten Blüten.

Die größte der Funkien ist *Hosta sieboldiana* mit graugrünen Blättern und lilafarbenen Blüten. Die Sorte 'Elegans' ist graublau mit tiefer geprägten Blattadern. Arten wie *H. ventricosa* 'Variegata' mit gelbem Rand sind mit Vorsicht zu gebrauchen, um den Kontrast nicht zu übertreiben.

▶ Die kräftige blaue Belaubung von *Hosta sieboldiana* 'Glauca' und ihr dichter Wuchs werden zum Blickfang vor einem grünen Hintergrund.

1 *Hosta lancifolia* entwickelt dichtes grünes Laub.

2 *Hosta crispula* hat ein welliges, ins Auge fallendes Blatt mit weißen Rändern und blaßlila Blüten.

3 *Hosta* eignen sich gut für Topf- und Kübelpflanzung, solange man sie regelmäßig wässert.

4 *Hosta sieboldiana* 'Elegans' wächst zu großen Horsten blaugrüner Blätter mit lila Blüten zusammen.

5 Die Üppigkeit von *Hosta ventricosa* macht sie zur idealen Solitärpflanze.

Samenstände

Übersehen Sie nicht jene Pflanzen, die nach dem Blühen interessante Samenstände zeigen. Ein Garten, wo jede Entwicklungsphase der Pflanze Interessantes hervorbringt, ist leicht zu pflegen und macht viel Freude. Die dürren Skelette der Samenstände sind besonders im Gegensatz zu den fleischigeren und saftigeren Formen der Blüten und Blätter attraktiv.

Samenstände sind zum Ende des Sommers, wenn wenig blüht und das Laub zu fallen beginnt, wertvoll. Viele Samenstände halten sich den ganzen Winter, ergeben Blickpunkte und lassen sich zu Trockengebinden zusammenstellen.

◀ *Eryngium* sind wegen ihrer stacheligen, distelähnlichen Häupter, die im Spätsommer metallische Schattierungen von Silber und Violett annehmen, besonders bemerkenswert. Sowohl die lila *E. maritima* (ganz links) wie die stachelige *E. agavifolium* (links) werden aus der Staudenrabatte hervorleuchten. Wenn Sie die Blumen vor dem Verblühen schneiden, lassen sie sich gut für Trockengestecke verwenden.

▼ Die Artischocke (*Cynara scolymus*) entwickelt rosa getönte Köpfe, die so gut aussehen wie sie schmecken und eindrucksvoll im Gemüsegarten wie in der Staudenrabatte sind.

◀ Samenstände können filigran und farbenfroh sein wie die stacheligen Bälle von *Echinops ritro* (ganz rechts) oder bürstenartig wie die Gebilde von *Dipsacus laciniatus*, die stachelig-grün sind und rosa Borden haben. Beide ergeben einen wunderbaren Kontrast zu den fleischigeren, blühenden Arten.

▲ Das spektakuläre *Heracleum mantegazzianum* wird zweimal so groß wie ein Mensch und bildet ausladende weiße Dolden auf kräftigen Stämmen mit spitzen Blättern; später erscheinen interessante Samenstände.

◀ Die tief eingeschnittenen dunkelgrünen Blätter von *Acanthus spinosus* bilden einen attraktiven Hintergrund für seine weißen und purpurnen Blüten und die Samenstände, die im Sommer erscheinen.

Pflanzen mit Farbe

Ob man Farbe zurückhaltend oder überschwenglich einsetzt, sie wird in jedem Fall ein dominantes Element im Garten sein. Gegenwärtig scheint man sich von der wilden, grellen Mischung leuchtender Farben und künstlicher Schattierungen zu entfernen. Die Gärten von heute zeigen zwar kräftige Farben, vermitteln aber einen milderen Gesamteindruck, weil leuchtende Farben nur punktweise eingesetzt werden.

Einfarbige Gärten sind wieder beliebt (s. Seite 206). In ihnen werden nur Pflanzen in einer oder höchstens zwei Farben verwendet; dadurch entsteht ein harmonischer, aber starker Eindruck. Als natürlichen, entspannten Hintergrund für den gewählten Farbton sollte man generell nur grüne oder silberfarbene Pflanzen heranziehen. Aber nicht nur Blüten bringen eine Fülle von Farben in den Garten, sondern auch Blätter, Rinde, Früchte und Beeren. Eine Auswahl von Rot-, Grün-, Blau-, Lila-, Schwarz-, Braun-, Gelb- und Goldtönen sorgen die ganze Saison über für Vielfalt, ohne den Garten zu überladen.

Eine andere Überlegung bei der Farbplanung des Gartens gilt der Frage, wo Farbe einzusetzen ist. Die Antwort: Benutzen Sie Farbe nicht nur auf einem Niveau, sondern planen Sie vom Boden an aufwärts. Silberfarbenes *Cerastium* (als Winterfarbe), leuchtendgelbe *Potentilla* oder weißgefleckte *Pulmonaria* weisen auf die Vielfalt hin, die im Bodenbereich erzielt werden kann. Darüber folgen Laub und Blütenfarben von Bäumen und Großsträuchern oder Kletterpflanzen.

Angesichts dieses Angebots mag es zunächst schwerfallen, einen Farbplan zu formulieren. Was dabei hilft, ist ein Hintergrund aus Bäumen und Sträuchern mit Blütenfarben, die möglichst der Grundfarbe des Motivs entsprechen sollten. Gegebenheiten wie Architektur, umgebende Landschaft und Materialien von Wegen, Zäunen und Mauerwerk werden Sie inspirieren.

Abgesehen von der persönlichen Vorliebe gibt es gelungene und weniger gelungene Kombinationen von Farben: Silber-Blau-Weiß, Grau-Rosa-Blau und Purpur-Blau-Gelb passen immer gut zusammen. Rot-Gelb-Weiß erzeugen Dramatik, Orange-Gelb-Creme stehen für warme Töne, Creme-Gelb-Weiß für helle Leichtigkeit und Anspruch. Versuchen Sie nicht Rot und Gelb, Orange und Blau oder Rot und Purpurrot zu mischen. Andere Kombinationen, die Erfolg versprechen: Ein blau-grauer Garten wirkt kühl, während ein reinweißer Garten zauberhaft schön sein kann.

Blütenfarben

Die weicheren Pastellfarben lassen sich gut einbinden und sind häufig bei einfacheren Sorten und wilden Pflanzen anzutreffen. Dies bedeutet allerdings nicht, daß ihre Blüten weniger schön sind: Nur wenige hochgezüchtete Arten sind so lieblich wie eine Iris, eine lilafarbene *Wisteria sinensis* oder eine Orchidee. Die subtil getönten Pflanzen sollten in deutlichen Gruppen gepflanzt werden, damit ihre Blüten große Farbflächen ergeben, entweder vor einem Hintergrund aus Laub oder dort, wo die Töne ineinander übergehen können: Lila und Blau, Rosa und Weiß usw. Setzen Sie die grellen Farben, z. B. von Einjährigen, zurückhaltend ein.

Viele Sträucher und Bäume wie die Japanischen Kirschen und Rhododendren liefern Farbpunkte in hochwachsender Form besonders im Frühjahr und frühen Sommer, bevor es im übrigen Garten blüht. Bedenken Sie auch, daß Knollen- und Zwiebelpflanzen wertvolle Farbspender sind (s. Seite 192). Diese können Sie einer Abfolge von Blütenstauden in der gewünschten Farbe gegenüberstellen. Gelegentlich eine Sommerblume setzt einen Blickpunkt, während sich der Garten auswächst.

Blattfarben

Generell ist die Blattfärbung langlebiger als die Blütenfarbe und hat somit länger Wirkung. Glauben Sie aber nicht, daß nur eine beschränkte Anzahl von Tönen zur Verfügung stehe. Viele Schattierungen von Grün, Bronze, Silber, Gelb und Creme stehen zur

▲ Bepflanzte Töpfe und Kübel sind nützliche Hilfsmittel, die schnell farbige Akzente setzen, vor allem wenn man mit farbenfrohen Sommerblumen arbeitet. Eine buschige *Salvia coccinea* ist ein ideales Gegenstück zum niedrigwachsenden *Impatiens holstii* 'Scarlet Baby', das die Seiten des Steinbehälters überdeckt.

▶ Stiele und Blätter können so farbenfreudig wie Blüten sein. *Lobelia fulgens* 'Queen Victoria' hat erstaunlich dunkles, fast purpurschwarzes Laub und scharlachrote Blüten, die spektakulär vor den großen Blättern des Wunderbaumes (*Ricinus communis*) stehen. Eine tief purpurrote *Verbena* 'Sissinghurst', eine weiße Miniaturrose zur Aufhellung und eine passende rote Kapuzinerkresse (*Tropaeolum majus*), sind eine bestechende Komposition aus Farbe und Form.

◀ Eine lichte Sommerhecke aus Wicken (*Lathyrus odoratus* 'Spencer Mixed') erzeugt auf Augenhöhe leuchtende Farben, dazu einen lieblichen Duft und Blüten zum Schnitt. Ziehen Sie *Lathyrus* an Netzen, Drähten oder einer Pyramide aus Stäben, und Sie haben eine farbenfrohe vertikale Zierde.

Wahl, auch punktierte und gestreifte weiß-bunte Formen.

Viele Bäume, Sträucher und Bodendecker, die ihrer Blattfarbe wegen verwendet werden, treten nicht zu allen Jahreszeiten in Erscheinung. Es gibt aber eine Reihe von Immergrünen, die diese Funktion erfüllen. Viele Bäume und Sträucher, wie z. B. verschiedene *Eucalyptus*, *Senecio* 'Sunshine', *Helichrysum*, *Santolina* und *Verbascum*, bilden vor einem nüchternen grünen Hintergrund einen Blickfang aus Silber oder Grau.

Gold- und gelbblättrige Pflanzen leuchten und vermögen dunkle, triste Ecken aufzuhellen. *Catalpa bignonioides* 'Aurea' zeichnet sich besonders aus. Weiterhin stehen zur Wahl: *Taxus baccata* 'Dovatonii Aurea', eine goldene Eibe, gelbe *Hedera* oder die winterharte, langsam wachsende *Aucuba japonica*.

Pflanzen mit rotem, purpurrotem oder rosa Laub sollte man nur eingeschränkt verwenden. Bisweilen schaffen sie aber genau den gewünschten Kontrast, z. B. *Photinia*, *Cotinus coggygria* 'Atropurpureus' und *Pieris formosa* 'Forrestii'. Pflanzennamen, mit dem Zusatz 'Purpurea' oder 'Purpureum' weisen auf rote Färbung hin.

Auch die Weiß-bunten machen den Garten interessant, solange sie zurückhaltend eingesetzt werden. Kombiniert mit grünem Laub, können sie sehr gut aussehen. Es gibt auch viele immergrüne Arten: *Fatsia japonica* 'Variegata', *Salvia officinalis* 'Tricolor' und *Iris foetidissima* 'Variegata' sind nur einige von vielen, die silbriges, weißes oder cremefarbenes Laub haben. *Vinca major* 'Variegata', *Thuja plicata* 'Zebrina' und verschiedene *Ilex* und *Eleagnus* verfärben sich goldgelb.

Beim Thema »Blattfarbe« sollte man die Farbe Grün selbst nicht vergessen. Sie erscheint in so vielen Abstufungen, vom frischen Limonengrün bis zum satten, glänzenden Waldgrün – immer angenehm für das Auge und als perfekter Hintergrund.

Stämme, Früchte, Beeren

Auch andere Pflanzenteile tragen zum Farbeindruck des Gartens bei. Stamm, Rinde und Beeren sind im späten Sommer und Winter nützlich, denn gerade zu dieser Jahreszeit ist etwas freundliche Abwechslung nötig. Die Hartriegel (*Cornus*) haben leuchtende Rindenfarben. Wenn sie in Gruppen stehen, wird die Farbwirkung intensiviert. Ungewöhnliche Rindenfarben steuern die weiß-rosa-orange pellende Papierrinde der Birke (*Betula papyrifera*), der Eukalyptus (*Eucalyptus niphophila*) mit seiner grau-

orange marmorierten Rinde und die Eberesche mit einer orange-rosa Rinde (*Sorbus aucuparia* 'Beissneri') bei.

Auch Bäume und Sträucher erzeugen Früchte; dabei nicht nur rote und orangefarbene, sondern auch leuchtend blaue wie die Rechenblume (*Symplocos paniculata*) oder gelbbraune wie die Kapseln von *Koelreuteria paniculata*. Das Christophskraut (*Actaea*) hat ebenfalls einen schönen Beerenschmuck aus weißen, rosa oder glänzend schwarzen Früchten. Um ein aufrechtes Element einzuführen, könnte man der Kiwipflanze (*Actinidia chinensis*) einen Platz einräumen.

▶ Pflanzen mit einer Vielzahl kleiner Blüten ähneln im Gartenbild einer Farbwolke und eignen sich als Kontrast zu satten, dunkleren Farben. *Gypsophila* wird deswegen in Brautsträußen und anderen Gebinden verwendet. Hier *G. paniculata* 'Bristol Fairy', die eine scharlachrote *Verbena x hybrida* 'Blaze' umgibt.

▼ Einzelblütige Pflanzen an langen Stielen wirken leicht und locker, wenn man sie gegen einen hellgrünen Hintergrund setzt. Dies sieht besonders gut aus, wenn die Blüten variierende Farbtöne erzeugen wie diese rosa *Cosmea bipinnatus* 'Mixed'.

◀ Eine gelungene Zusammenstellung verschiedener Farbtöne: Nur die unterschiedlichen Blütenformen und die Belaubung zeigen, wo das sanfte Blau der *Perovskia atriplicifolia* mit der des *Agapanthus* verschmilzt.

▼ Weiß kann oft so lebendig sein wie eine Farbe und dazu benutzt werden, um Licht in dunkle Bereiche oder in einfarbige Gärten zu bringen. Die hohen Stengel von *Lysimachia ephemerum* unterscheiden sich augenfällig von den lockeren Blüten des *Phlox paniculata* 'Snow Queen'.

▲ Viele der gelbblühenden Pflanzen glänzen butterartig, wenn sie in der Sonne wachsen. Das gelbe Hornveilchen (*Viola*) hat ebenfalls glänzende grüne Blätter und ist gut geeignet, um dunkle Lagen aufzuhellen. Die Blütenfarbe leuchtet gegen den Hintergrund der lappigen rot-grünen Belaubung von *Oxalis*.

▶ Gelb wird hier vor einer dunkelgrünen Hecke und einer Wand aus Bäumen eingesetzt. *Verbascum* mit seinen hohen gelben Blütenständen, die die Hecke überragen, erhellen den Hintergrund. Eine gelbe *Coreopsis*-Hybride im Vordergrund bildet eine dichte Decke von Gelb neben der dunkelgrünen, großblättrigen gelben Lupine. Die federartigen *Solidago* 'Golden Mosa' mit ihren schlanken Stengeln und kleinen dichtstehenden Blüten bieten einen weiteren Kontrast in Größe, Silhouette und Form.

▶ Ganz rechts: Ein Bild mit ausschließlich grünen und gelben Tönen vermittelt sogar bei grauem Himmel eine sonnige Atmosphäre. Wenn Gelb als Leitfarbe benutzt wird, ist die Auswahl an Pflanzen sehr reichhaltig: z. B. große Blütenstände von *Ligularia*, bodendeckende *Mimulus luteus*, interessante Blütenformen von *Hemerocallis* 'Golden Chimes' und Nachtkerzen. Die hohen Disteln (*Dipsacus laciniatus*) sind interessante grüne Formen innerhalb dieser Situation.

Einfarbige Gestaltung

Sich auf eine einzelne Farbe zu beschränken, kann besonders in kleinen Gärten sehr eindrucksvoll sein, wo eine Vielzahl von Farben den Garten konfus und überladen erscheinen läßt.

Grün ist sicher die einzige Farbe, die in einem Garten ausschließlich verwendet werden kann. Es gibt eine Vielzahl von Blattformen und sogar grüne Blüten, die es ermöglichen, einen interessanten Plan zusammenzustellen. Andere Farben wie Weiß, Grau oder Silber brauchen einen immergrünen Hintergrund.

Ein gut geplanter einfarbiger Garten wird das ganze Jahr über Elemente in der gewählten Farbe präsentieren, wenn man nicht nur Blüten, sondern auch Blätter,

Zweige und Beeren berücksichtigt. Viele Bäume und Sträucher haben buntes Laub oder leuchtend farbige Früchte. Eine große Zahl von Pflanzen gibt es in weiß-bunten Formen; sie sind in einem weißen oder gelben Garten verwendbar.

Ein einfarbiger Garten bedarf mehr der Vielfalt von Pflanzenformen. Versuchen Sie, eine Mischung von Formen zusammenzustellen, da und dort mit einem als Blickpunkt.

Zur Wahl der Farbe: Weiß ist beliebt, und es gibt ein breites Sortiment geeigneter Pflanzen. Außerdem wirkt es in einem dunklen oder kleinen Garten aufhellend. Gelb wirkt in ähnlicher Weise, macht aber einen wärmeren Eindruck und ist besser für kühle Lagen geeignet. Rot und Blau sind etwas schwieriger und für den alleinigen Gebrauch zu kräftig. Ziehen Sie diese Farben für eine zweifarbige Gestaltung heran.

▲ Gelbe Blüten harmonieren mit Weiß und Grau und erinnern an Schwefel. *Achillea taygetea* kombiniert diese Eigenheiten: Ihre weißen Blüten, die wolligen Blütenstände öffnen sich mit einem brillanten Gelb gegen die federartige graugrüne Belaubung.

Herbstfarben

In einem farblich abgestimmten Garten kann der Herbst eine der lebhaftesten Jahreszeiten sein mit einem spektakulären Feuer aus Rottönen, Gelb, Orange und Braun vor den Immergrünen.

Eine Anzahl von Pflanzen wächst erst zum Herbst voll aus und blüht dann. Andere fangen im Hochsommer an und blühen noch lange nach der Hauptsaison. Die Kapuzinerkresse (*Tropaeolum*) ist ein Beispiel für eine mittel- bis spätblühende Kletterpflanze mit leuchtend roten Rachenblüten.

Es ist immer angezeigt, eine Auswahl herbstblühender Zwiebelpflanzen zu setzen, die, wie ihre verwandten Frühlingsblüher, ein wunderbares Farbenspiel erzeugen, wenn andere Pflanzen eingezogen sind: *Nerine bowdenii* mit ihren rosa Blüten, die Herbstzeitlose (*Colchicum autumnale*) und *Sternbergia* mit gelben Blüten.

Ahorne (*Acer*) sind ausgezeichnet und sollten so gepflanzt werden, daß ihre Herbstfarbe gut wahrgenommen werden kann. *A. palmatum* ist mit seinen fedrigen scharlachroten Blättern sicher der hübscheste; *A. griseum* hat eine orangefarbene pellende Rinde und rotes Herbstlaub.

Optimal sind Pflanzen, die im Herbst sowohl hübsche Früchte tragen als auch schönes Herbstlaub zeigen. Die Eberesche ist ein gutes Beispiel dafür, aber Sie sollten *Euonymus europaeus* mit seinen rosaroten Pfaffenhüten nicht übersehen, die beim Öffnen orangerote Samen zeigen. Nicht zu vergessen auch Stechpalmenbeeren, Hagebutten und Schneebeeren.

▲ Bäume mit auffälliger Herbstfärbung wie diese Japanischen Ahorne sind Blickpunkte. *Acer palmatum* 'Ozakazuki' hat eine spektakuläre scharlachrote Belaubung und eignet sich in einem Atrium oder kleinen Garten ausgezeichnet als Solitär.

▲ Eine Vielzahl von Sträuchern erzielt mit ihren Früchten und Blättern spät im Herbst wunderbare Farbwirkungen. Eine Reihe von *Pyracantha*-Sorten ist für ihre leuchtend farbigen Beeren bekannt. Hier stehen sie im Kontrast zu den ebenfalls hübschen Beeren des *Cotoneaster*.

◀ Das Braun, die Rostfarben und Gelbtöne dieses Baumbestandes ergeben ein subtiles und schönes Farbenspiel. Die sich im breiten Bach spiegelnden Roßkastanien illustrieren das ganz besonders gut.

8

Gestaltungs-
elemente

Oberflächen und Materialien, die im oder um den Garten herum verwendet werden, prägen ihn. In den vorherigen Abschnitten haben Sie erfahren, wie vielfältig die Möglichkeiten sein können, um z. B. mit Steinen, Holz, Ziegeln und Pflanzen Spaliere, Abgrenzungen, Wege, Pflaster und andere dekorative Elemente zu schaffen. Hier finden Sie weitere Stilmittel, die fertig gekauft, aber auch selbst entworfen und gebaut werden können. Sie werden feststellen, daß es nicht nur die Materialien sind, die einem Gartenelement Individualität oder Stil verleihen, sondern oft auch die Art und Weise, wie es gestaltet und plaziert wird. Die bessere Wirkung erzielen häufig Elemente, die selbst entworfen oder den Gegebenheiten angepaßt werden; viel mehr als solche, die nachgemacht oder aus anderen Gärten abgeschaut werden. Die gegebenen Oberflächen und die Materialien am Ort werden Hinweise für Ihre Auswahl sein; das Generalthema wird den Stil des Gartens bestimmen. Alles Weitere liegt bei Ihnen und Ihrer Phantasie, wie Sie einzelne Bereiche verknüpfen, abschirmen oder ausschmücken.

Mauern und Zäune

Abhängig vom Bedürfnis, abgeschirmt zu sein, können Mauern und Zäune den Blick vollständig verwehren oder durch Löcher, Schlitze und andere Öffnungen Blicke auf die Landschaft oder den Garten zulassen.

Zäune

Zäune sind einfacher und billiger zu erstellen als Mauern, verlangen aber regelmäßige Pflege, die dann aufwendig sein kann, wenn Kletterpflanzen an den Zäunen wachsen und vorsichtig entfernt werden müssen. Denken Sie auch daran, daß einige Holzanstriche für Pflanzen schädlich sind. Vorgefertigte Holzzäune sind in der Regel vorbehandelt und bis zu 30 Jahren wartungsfrei. Sie sind allerdings teurer.

Ein Zaun erhält ein solideres Aussehen, indem man Tiefe und Massivität erzeugt. Zäune mit überlappenden Brettern können z. B. in Doppellagen montiert werden. Aufrechte Schwellen mit unterschiedlichen Höhen ergeben einen rustikalen, mehr formlosen Zaun. Zaunlatten in doppelter Lage montiert bilden eine Barriere.

Leichte Zäune lassen sich in verschiedenen Formen als geflochtene oder verdrahtete Flächen ausführen. Häufig benutzte Materialien sind Gräser, Reisig, Schilf und Bambus, Holzleisten und Kunststoffstreifen. Wo ein unregelmäßiger oder kreisförmiger Zaun entstehen soll, erwäge man dichtes Lattengeflecht. Schilf oder Gräsermatten wirken normalerweise am besten in Holzrahmen, die gleichzeitig stabilisieren.

Mauern

Es gibt viele unterschiedliche Arten von Mauern. Die Wahl des Typs wird vom Stil der umgebenden Strukturen beeinflußt. Um ein etwas verwittertes Aussehen zu erreichen, sollten Sie alte Ziegel wiederverwenden oder mit speziellen arbeiten.

Mauern müssen nicht streng geometrisch sein. Am richtigen Ort, wo Höhe nicht erforderlich ist, reicht eine Trockenmauer aus, die aus unebenen Steinen ohne Mörtelbindung aufgeschichtet wird. Dieser Mauertyp ist besonders dekorativ, wenn die Fugen zwischen den Steinen bepflanzt werden.

Selbst geometrisch strenge Mauern müssen nicht unbedingt aus Ziegeln gebaut sein; sie können ebensogut aus Bruchstein mit verputzter Oberfläche bestehen. Dekken Sie die Mauer ab, um das Wasser abzuhalten.

Mauern

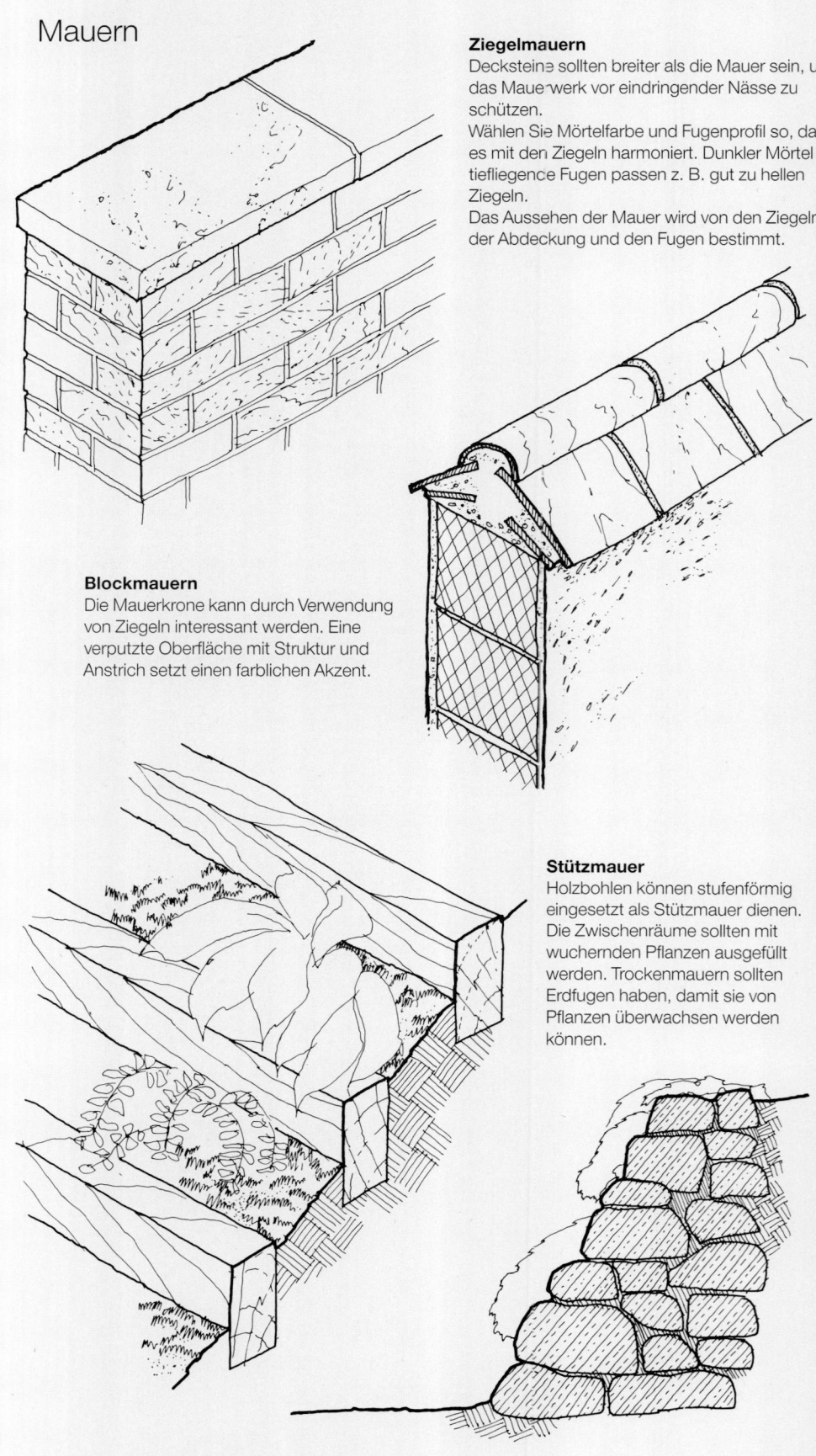

Ziegelmauern
Decksteine sollten breiter als die Mauer sein, um das Mauerwerk vor eindringender Nässe zu schützen.
Wählen Sie Mörtelfarbe und Fugenprofil so, daß es mit den Ziegeln harmoniert. Dunkler Mörtel und tiefliegende Fugen passen z. B. gut zu hellen Ziegeln.
Das Aussehen der Mauer wird von den Ziegeln, der Abdeckung und den Fugen bestimmt.

Blockmauern
Die Mauerkrone kann durch Verwendung von Ziegeln interessant werden. Eine verputzte Oberfläche mit Struktur und Anstrich setzt einen farblichen Akzent.

Stützmauer
Holzbohlen können stufenförmig eingesetzt als Stützmauer dienen. Die Zwischenräume sollten mit wuchernden Pflanzen ausgefüllt werden. Trockenmauern sollten Erdfugen haben, damit sie von Pflanzen überwachsen werden können.

Zäune

Die massive Erscheinung wird durch Tiefe und Schattenwurf erreicht.

Ein Holzrahmen mit Schilfmatte ergibt einen leichten Zaun.

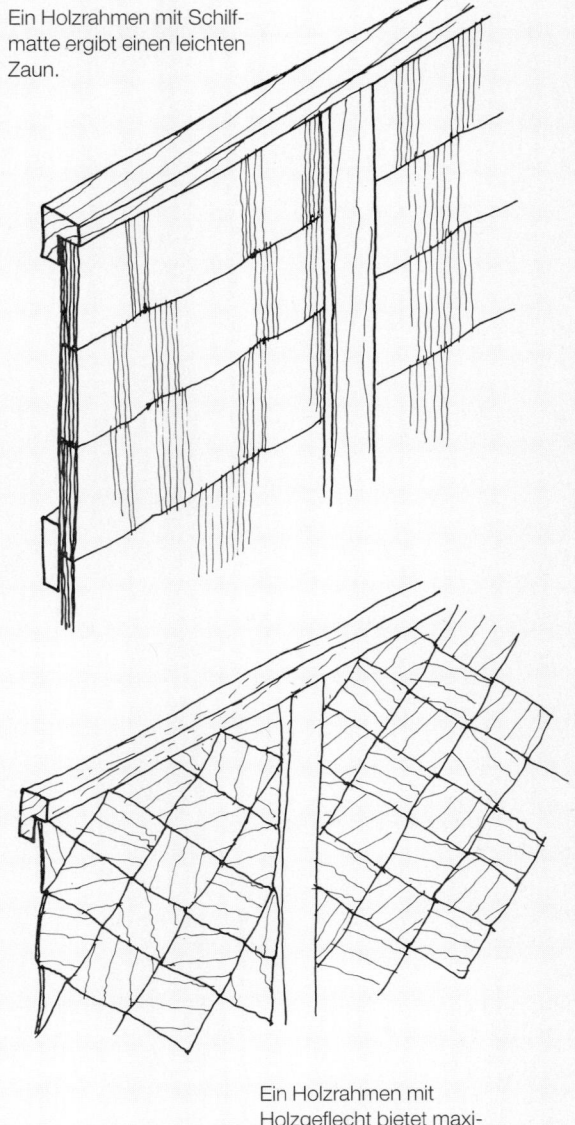

Abgestuft angebrachte Bretter und Latten bilden 3 verschiedene Ebenen.

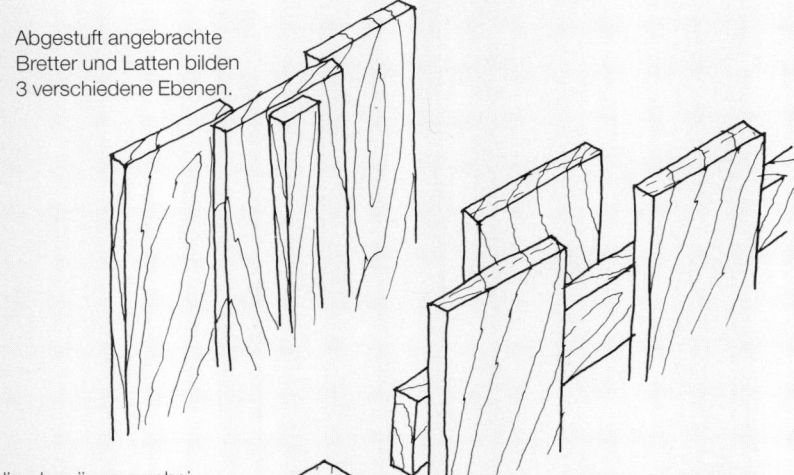

Palisadenzäune erscheinen wuchtig; sie können abgestuft werden und Kurven oder Linien folgen.

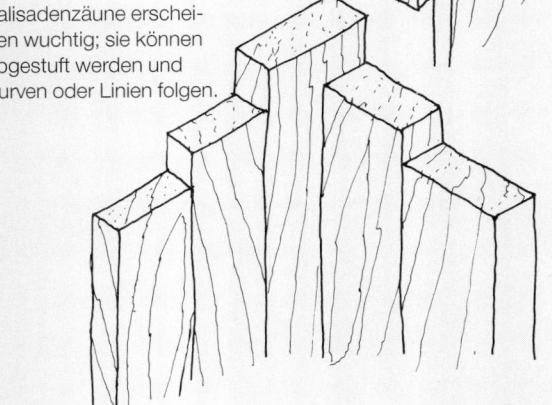

Zaunlatten, auf beiden Seiten der Querlatte befestigt, ergeben eine größere Tiefe.

Ein Holzrahmen mit Holzgeflecht bietet maximalen Sichtschutz bei gleichzeitig leichter Konstruktion.

Materialien und Oberflächen für Mauern und Zäune

Ziegelmauern	Scharfkantige Ziegel mit kontrastierender Verfugung ergeben eine präzise Form.
	Unregelmäßige Ziegel mit entsprechender Verfugung schaffen weichere, milde Formen.
Betonmauern	Das Aussetzen wird durch einen strukturierten Putz und eine sorgfältig gewählte Abdeckung verbessert.
Steinmauern	Trockenmauern sollten mit Erdfugen gebaut werden, um Farnen und Steingartenpflanzen Raum zu schaffen.
Holzzäune	Weiches Holz wird vorbehandelt und darf keinen Erdkontakt haben.
	Harthölzer werden nach dem Grad der Fäulnisresistenz ausgesucht.
	Weichhölzer nehmen mehrere farbige Anstriche an.
	Brauchbare Materialien für flächige Zaunelemente sind Schilf, Bambus, Holzgeflecht, Holzlatten und Planken.

Tore
und Zugänge

Wie die Mauern und Zäune, mit denen sie in der Regel verbunden sind, werden Tore massiv und solide gebaut oder leicht und licht mit einem Durchblick auf das, was dahinter liegt. Es empfiehlt sich, einen kritischen Blick hinter das Tor zu werfen, um dann zu entscheiden, ob es sich lohnt, den Einblick zuzulassen.

Für solide Tore, die Abgeschlossenheit signalisieren sollen, wählt man das Material, aus dem der Zaun besteht. Wer das Tor absetzen möchte, verwendet anderes, z. B. Schmiedeeisen oder verziertes Holz, das man in einen soliden Rahmen setzt. Das Tor sollte mit anderen Elementen des Gartens harmonieren. Der Größe gilt eine weitere Überlegung: Das Tor als Blickpunkt darf nicht so groß sein, daß alles andere zwergenhaft erscheint. Andererseits sollte es nicht so klein sein, daß man es im Gesamtbild übersieht.

Es gibt viele Möglichkeiten, Tore zu gestalten, z. B. mit Latten, die einen Durchblick zulassen. So kann auch ein interessanter Schattenwurf entstehen, wenn die Sonne durch das Tor scheint. Massivere Tore können Öffnungen und Fenster haben, quadratisch, achteckig oder kreisförmig, ungeteilt oder unterteilt wie Fensterscheiben.

Mit vertikalen Stahlstäben oder Bambus können Tore gebaut werden, die den Blick fast freilassen und nur als Begrenzung dienen.

Bisweilen zeigen Tore einen markanten Zugang an oder rahmen den Blick ein. In diesen Fällen ist der Rahmen so wichtig wie das Tor selbst und sollte oben einen Bogen oder besonders gestalteten Querbalken tragen. Wo Abgeschlossenheit kein Thema ist, können Sie auf das Tor verzichten und statt dessen einen Bogengang schaffen, aber damit auch einen Blick sowohl in den Garten hinein wie heraus. Denken Sie daran, daß die Auswahl der Materialien von der Umgebung bestimmend beeinflußt werden sollte: Rustikale Holzkonstruktionen, elegante Steine oder ein leichter Rahmen aus Bambus müssen passen.

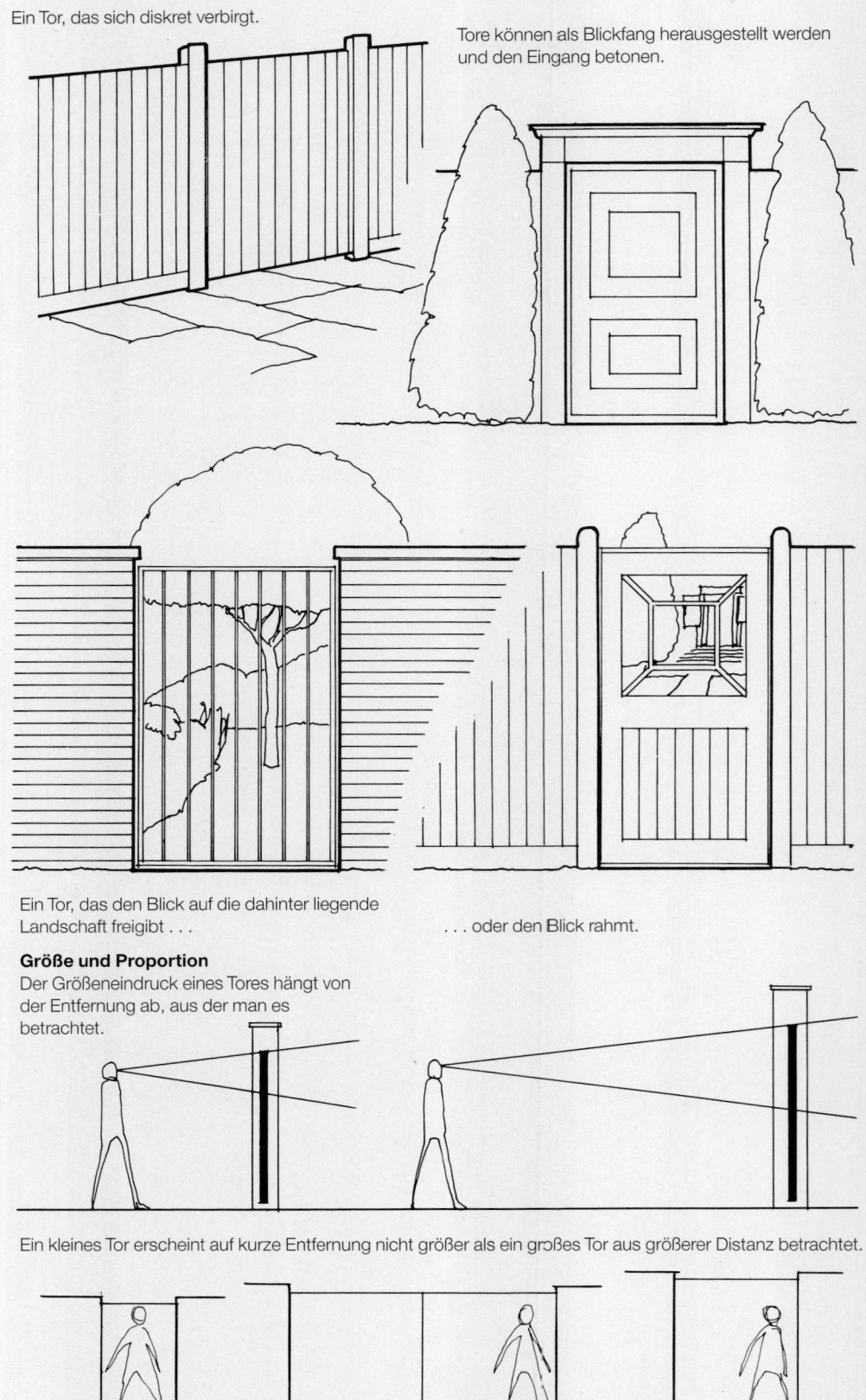

Ein Tor, das sich diskret verbirgt.

Tore können als Blickfang herausgestellt werden und den Eingang betonen.

Ein Tor, das den Blick auf die dahinter liegende Landschaft freigibt . . .

. . . oder den Blick rahmt.

Größe und Proportion
Der Größeneindruck eines Tores hängt von der Entfernung ab, aus der man es betrachtet.

Ein kleines Tor erscheint auf kurze Entfernung nicht größer als ein großes Tor aus größerer Distanz betrachtet.

Schmaler Eingang.

Haupteingang für Personen und Fahrzeuge.

Wichtiger Eingang.

Typen von Toren

Die Art des Tores kündigt die Art des dahinterliegenden Gartens an.

Tore können auf den Charakter der dahinter liegenden Gebäude und der Landschaft hinweisen und gleichzeitig den Zugang kontrollieren.

Tore lassen sich auf die Form der umgebenden Hecken und Zäune abstimmen; man kann sie direkt oder durch Fernsteuerung öffnen und schließen.

Stahlrollgitter mit Betonpfeilern mögen zu einem modernen Gebäude passen.

Das Tor ist auf Schienen seitlich verschiebbar und verschwindet hinter dem angewinkelten Beton.

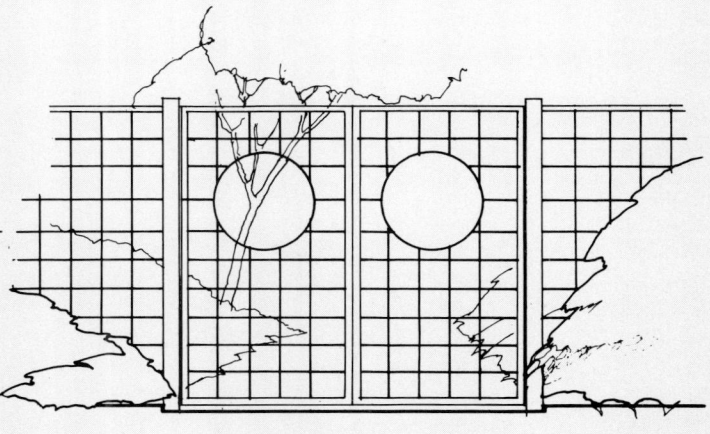

Ein Tor aus Latten mit runden Durchblicken. Die spalierartige Konstruktion vermag als Gerüst für Kletterpflanzen zu dienen.

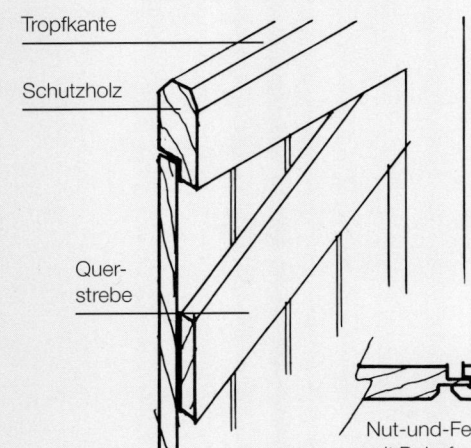

Tropfkante

Schutzholz

Querstrebe

Bauweisen

Holztore müssen Kreuzverstrebungen und ausreichend lange Scharniere aufweisen, um das Eigengewicht zu verteilen. Das Holz muß so verarbeitet sein, daß das Hirnholz geschützt ist und daß sich das Holz bedingt durch Witterungseinflüsse dehnen oder zusammenziehen kann.

Nut-und-Federbretter mit Dehnfuge.

Bretter mit Falz und Bewegungsspielraum.

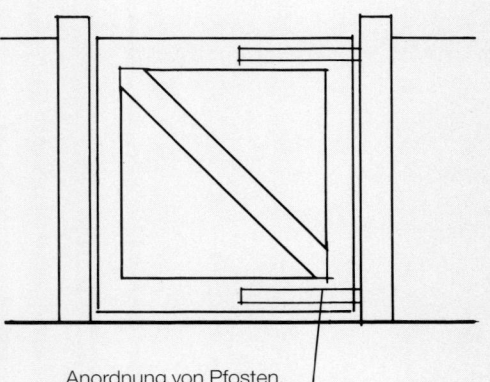

Anordnung von Pfosten, Brettern und Beschlägen.

Spaliere und Sichtblenden

Spaliere und Sichtblenden wirken leichter als Grenzzäune. Da sie einfach zu transportieren und aufzustellen sind, stellen sie z.B. so lange einen perfekten Sichtschutz dar, bis eine Hecke herangewachsen ist. Sie können als attraktive, vertikale Elemente ebenso eine Eß- oder Badeecke abschirmen. Allgemein dienen sie dazu, einen Garten in individuelle Räume aufzuteilen.

Spaliere

Holzspaliere gibt es in einfachen Ausführungen mit quadratischen, diagonalen und rautenförmigen Mustern bis hin zu sehr dekorativen Versionen mit attraktiven, gedrechselten Pfosten. Diese stark schmückende Ausführung muß sorgfältig plaziert werden, damit sie sich harmonisch in den Garten einfügt.

Einfacher, aber ausgezeichnet in Gärten mit fernöstlicher Atmosphäre, wirken Bambusspaliere. Sie werden mit galvanisierten Nägeln zusammengenagelt und an diesen Stellen traditionell mit Schnur verschnürt, um die Befestigung zu kaschieren. Weil sie sehr leicht wirken, sind Bambusspaliere ideal auf Dachgärten oder Balkonen einzusetzen.

Sichtblenden

Sichtblenden sind ebenfalls in den verschiedensten Ausführungen erhältlich. Sie verbergen Bade- oder Grillecken und werden vor Wettereinflüssen durch eine Pergola oder Markise geschützt. Vorübergehend im Sommer aufgestellte Wände werden im Winter eingelagert. Dies ist bei Sichtblenden aus einfachen Holzrahmen der Fall, die mit Stoffen, passend zu Kissen, Sonnenschirm oder Gartenmöbeln, bespannt sind.

Andere Modelle zeichnen sich durch horizontale Lamellen aus. Je nachdem, aus welcher Richtung man schaut, verdecken sie oder machen sichtbar, was dahinter liegt. Ein ganz besonderer Effekt wird erzielt, wenn die Wandfläche in Felder aufgeteilt wird, deren Lamellen in verschiedene Richtungen verlaufen.

Stoßfestes Glas oder transparente Blenden sind sinnvoll, wo Wind-, aber kein Sichtschutz gewünscht wird. Man setzt sie entweder in einen einfachen Rahmen, so daß sie »unsichtbar« werden, oder in einen dekorativen, der sie zum attraktiven Blickpunkt macht. Auf Balkonen oder Dachgärten bieten sie Durchblick und Schutz zugleich.

Spaliere

Holzspalier mit quadratischer Einteilung.

Ein Spalier legt Räume fest, ohne die Sicht zu behindern.

Konstruktionsdetails wirken an einem einfachen Gerüst wie Verzierungen.

Rautenförmiges Spalier

Spaliere können sich an architektonischen Gestaltungselementen von Gebäuden orientieren.

Lamellen

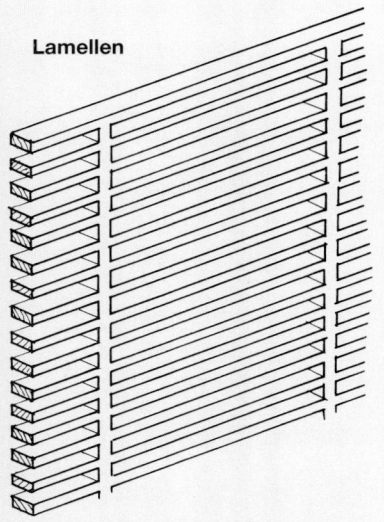

Lamellenzäune sind lichtdurchlässig und bieten gleichzeitig Sichtschutz.

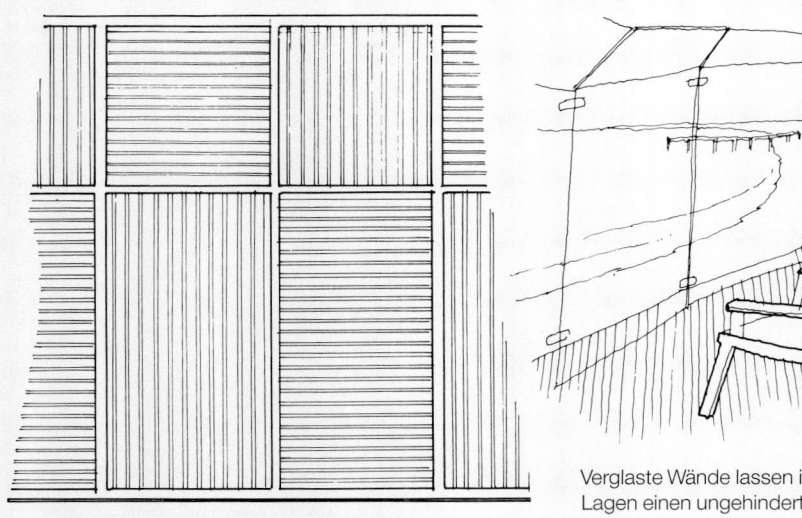

Wechselnde Lamellenfelder erzeugen ein Licht-und-Schatten-Spiel, das sich mit dem Sonnenstand verändert.

Glas

Verglaste Wände lassen in exponierten Lagen einen ungehinderten Blick zu.

Rahmen

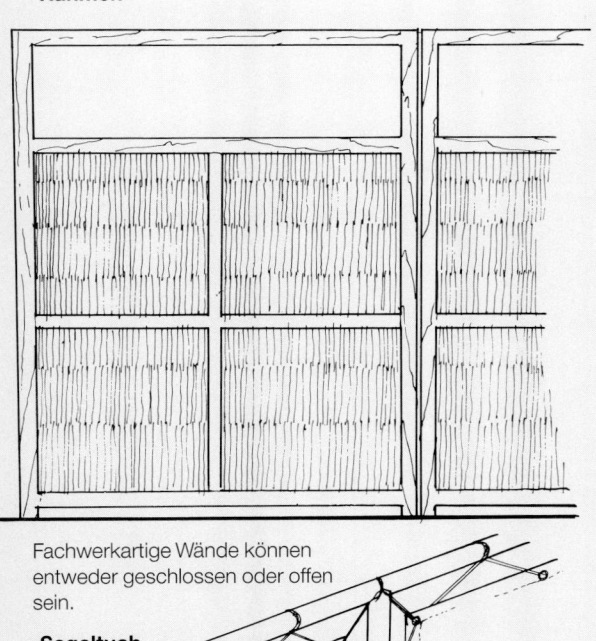

Fachwerkartige Wände können entweder geschlossen oder offen sein.

Segeltuch

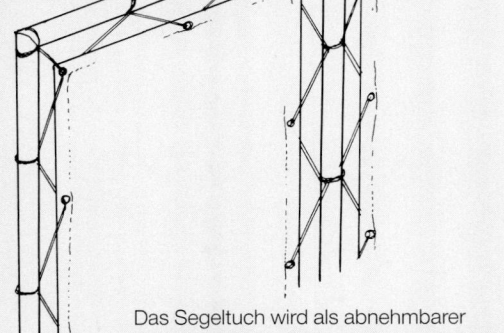

Das Segeltuch wird als abnehmbarer Schutz an einem fest installierten Gerüst eingesetzt.

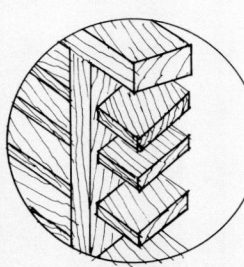

An Lamellenzäunen erhalten Verbindungsstellen und Lamellen einen Schutz.

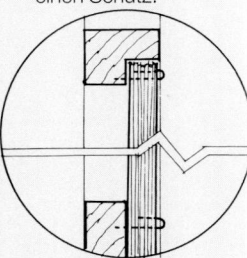

Detail, das den Austausch einzelner Zaunteile erlaubt.

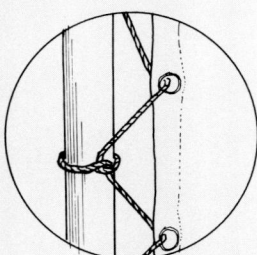

Segeltuch kann am Rahmen festgeschnürt werden.

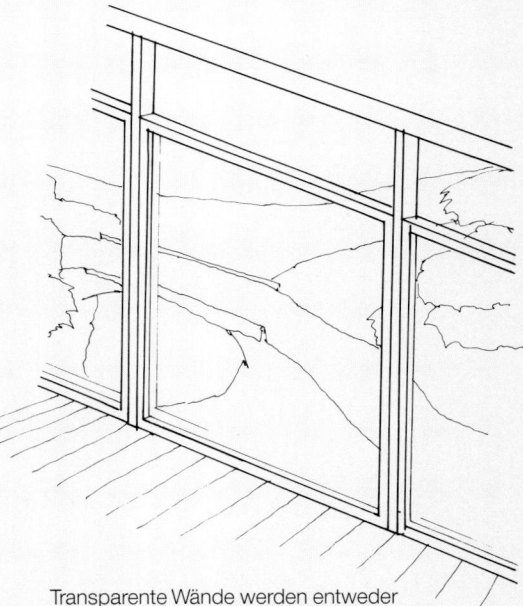

Transparente Wände werden entweder mit »unsichtbarem« Rahmen oder als Felder innerhalb eines Rahmens konstruiert.

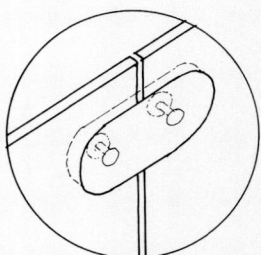

Glasscheiben werden mit Scharnieren verbunden, die die Sicht nicht behindern.

215

Pergolen

Eine Pergola muß ausreichend stabil sein, um das Gewicht schwerer Kletterpflanzen aufnehmen und schlechtem Wetter mit Windböen und Schnee trotzen zu können. Holzpfosten müssen sicher im Beton oder mit Hilfe von Stahlfüßen verankert sein. Bei leichteren Konstruktionen mag eine Drahtbefestigung an Mauern oder großen Bäumen genügen.

Die einfachste Konstruktion besteht aus einem Grundgerüst stämmiger Balken. Eine optisch günstigere Variante entsteht, wenn die obenauf liegenden Balken über gezapfte Verbindungen in die Querbalken eingelassen werden. Ragen die Querbalken über den Grundrahmen hinaus, ergibt dies ein noch attraktiveres Bild; gleichzeitig bietet sich die Möglichkeit, an den Vorsprüngen Ampeln mit Pflanzen aufzuhängen.

Leichte Konstruktionen

Pergolen aus Bambus sind dort sinnvoll, wo Leichtigkeit gefragt ist. Die einzelnen Rohre können in engen oder weiten Abständen befestigt werden. Aus Stabilitätsgründen nagelt man sie und umwickelt sie dort anschließend mit Schnur, um das traditionelle Bild zu wahren. Wo nur ein sehr einfaches Rankgerüst und keine feste Konstruktion benötigt wird, genügt ein Draht zwischen 2 stabilen Wänden, um einen Tunnel aus blühenden Kletterpflanzen zu schaffen. Der Draht muß aus rostfreiem Stahl bestehen oder ummantelt sein.

Wo eine Pergola dazu dient, einen Innenhof o. ä. abzuschirmen oder zu überdecken, werden an den Seiten vorübergehend Bambus- oder Schilfmatten angebracht.

Verschiedene Anstriche

Je nach gewähltem Material können Pergolen auf unterschiedlichste Art und Weise und in vielen Farbtönen gestrichen werden. Weichholz muß nicht nur den üblichen Holzanstrich oder Beizung erhalten; zartblaue, rostrote, sogar weiße oder graue Farben lassen einen weichen und leicht verwitterten Eindruck entstehen. Da jede aufgebrachte Farbschicht eine etwas dunklere Schattierung verursacht, darf das Holz nicht zu stark eingefärbt werden, sonst steht am Ende ein zu grelles Resultat.

Hartholz sollte einmal im Jahr gestrichen oder geölt werden, um den natürlichen Schimmer und die Farbe zu erhalten. Schilfmatten und Bambusrohr werden nach Wunsch mit Klar-, Matt- oder Seidenlack behandelt.

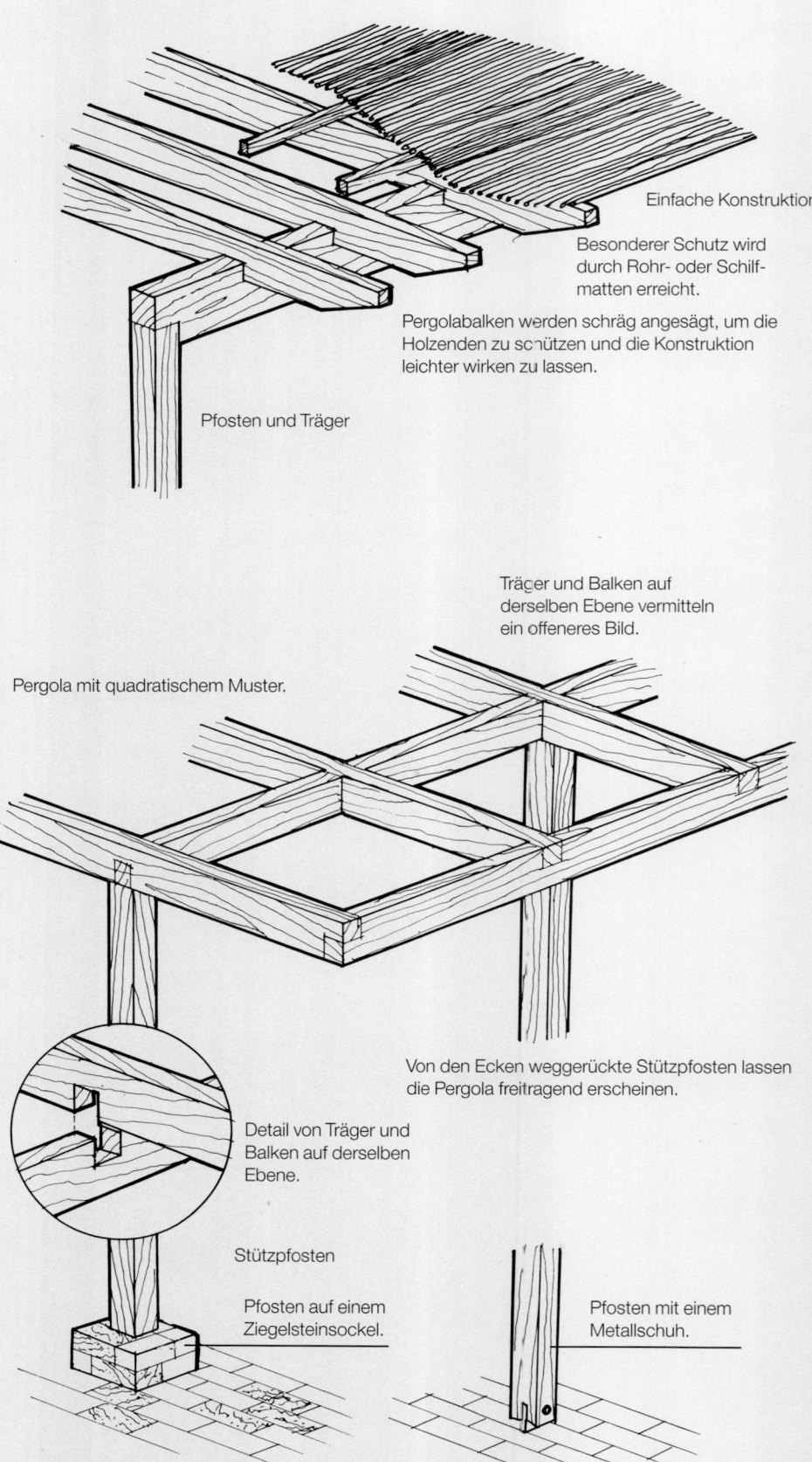

Einfache Konstruktion

Besonderer Schutz wird durch Rohr- oder Schilfmatten erreicht.

Pergolabalken werden schräg angesägt, um die Holzenden zu schützen und die Konstruktion leichter wirken zu lassen.

Pfosten und Träger

Träger und Balken auf derselben Ebene vermitteln ein offeneres Bild.

Pergola mit quadratischem Muster.

Von den Ecken weggerückte Stützpfosten lassen die Pergola freitragend erscheinen.

Detail von Träger und Balken auf derselben Ebene.

Stützpfosten

Pfosten auf einem Ziegelsteinsockel.

Pfosten mit einem Metallschuh.

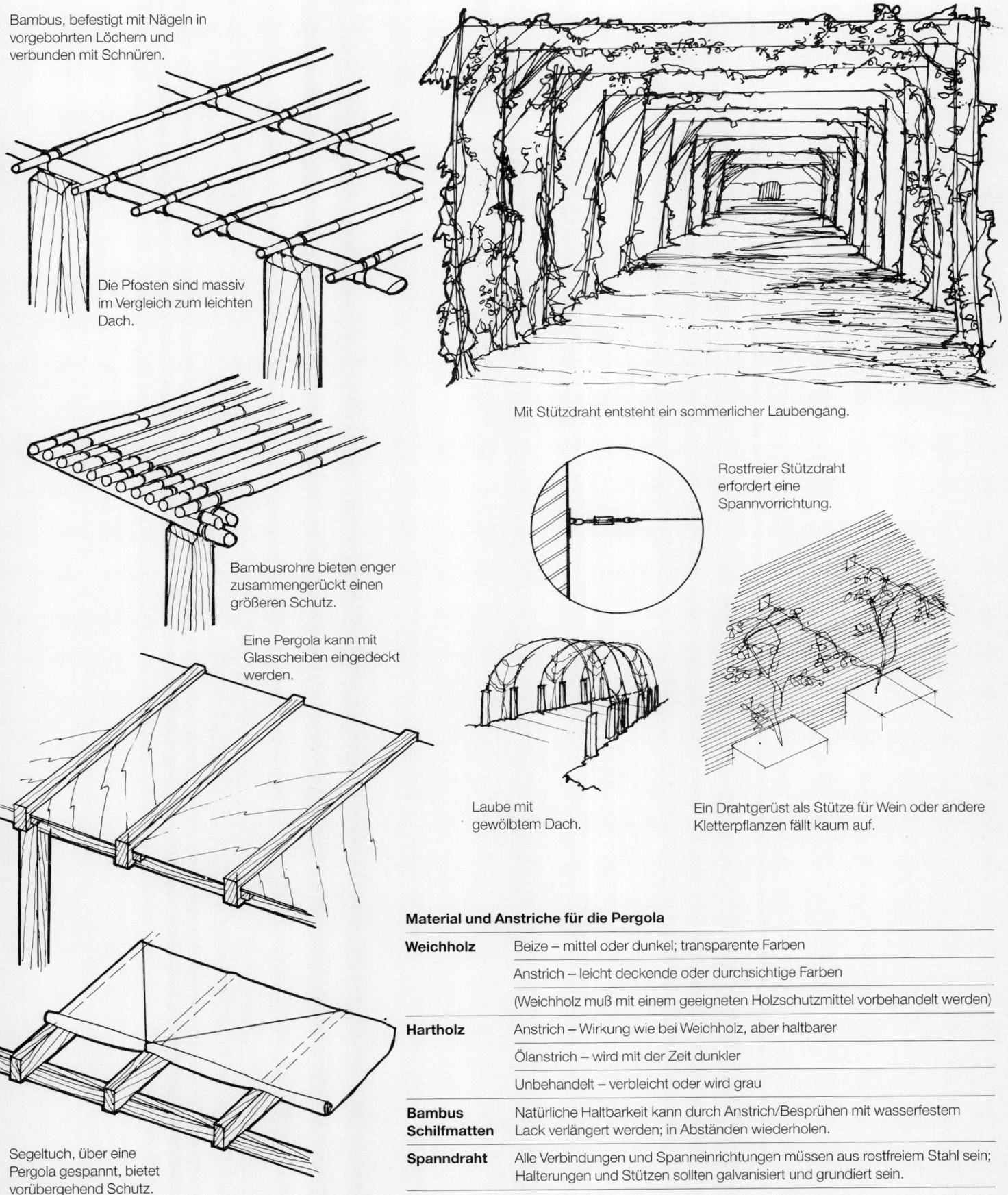

Bambus, befestigt mit Nägeln in vorgebohrten Löchern und verbunden mit Schnüren.

Die Pfosten sind massiv im Vergleich zum leichten Dach.

Bambusrohre bieten enger zusammengerückt einen größeren Schutz.

Eine Pergola kann mit Glasscheiben eingedeckt werden.

Segeltuch, über eine Pergola gespannt, bietet vorübergehend Schutz.

Mit Stützdraht entsteht ein sommerlicher Laubengang.

Rostfreier Stützdraht erfordert eine Spannvorrichtung.

Laube mit gewölbtem Dach.

Ein Drahtgerüst als Stütze für Wein oder andere Kletterpflanzen fällt kaum auf.

Material und Anstriche für die Pergola

Weichholz	Beize – mittel oder dunkel; transparente Farben
	Anstrich – leicht deckende oder durchsichtige Farben
	(Weichholz muß mit einem geeigneten Holzschutzmittel vorbehandelt werden)
Hartholz	Anstrich – Wirkung wie bei Weichholz, aber haltbarer
	Ölanstrich – wird mit der Zeit dunkler
	Unbehandelt – verbleicht oder wird grau
Bambus Schilfmatten	Natürliche Haltbarkeit kann durch Anstrich/Besprühen mit wasserfestem Lack verlängert werden; in Abständen wiederholen.
Spanndraht	Alle Verbindungen und Spanneinrichtungen müssen aus rostfreiem Stahl sein; Halterungen und Stützen sollten galvanisiert und grundiert sein.

Brücken und Stege

Brücken und Stege bringen Sie nicht nur von einer Seite eines Gewässers oder Pflanzung zur anderen, sie sind auch Rast- und Aussichtspunkte und stellen einen attraktiven Blickpunkt innerhalb des Gesamtgartens dar. Deshalb müssen sie sicher, praktisch und gut gestaltet sein.

Brücken

Es gibt eine große Anzahl von Materialien für den Bau einfacher Brücken. Zwei Bretter, ein Steinblock, ein gegossener Betonklotz oder ein alter Granitkantenstein sind bereits eine hübsche Brücke über einen kleinen Bachlauf. Als Alternative bieten sich 2 massive Holzbohlen an mit querliegenden Brettern als Lauffläche.

Hartholzbretter sind besonders vielseitig einsetzbar: verbunden, in Längs- oder Querrichtung gelegt, einheitlich oder unterschiedlich lang zugesägt.

Eine einfache Brücke verläuft knapp über der Boden- oder Wasseroberfläche und bildet so eine natürliche Linie von einem Ufer zum anderen. Die bogenbildende oder ornamentale Brücke hat eine ganz andere Wirkung und erfordert sorgfältige Konstruktion und Plazierung. Beton und Steinbögen können vorgefertigt gekauft werden, während Holzbrücken normalerweise nach eigenen Entwürfen gebaut werden. Für die Sicherheit ist ein Handlauf angebracht, z. B. Holzpfähle, Stangen oder dicke Seile.

Stege

Ein Steg wird üblicherweise als Verlängerung einer Fläche verstanden und ist aus dem Holz, das auch für Wege und Brücken verwendet wird. Die Wirkung eines Steges besteht – wie bei einer einfachen Brücke – darin, daß er nahe über der Bodenoberfläche verläuft und ein unaufdringliches, aber attraktives Gestaltungselement darstellt. Bretter können versetzt oder nebeneinander angeordnet werden, wobei die Maserung in verschiedenen Richtungen verläuft. Als Alternative kann auch eine schmale Planke mit Handlauf Felsen oder Wasser überqueren.

Wie alles andere im Garten, das aus Holz gefertigt ist, läßt sich auch das Holz hier auf verschiedene Art und Weise behandeln, um es als einen natürlichen Bestandteil des Gartens erscheinen zu lassen (s. Pergolen Seite 216 und Gartendecks Seite 224).

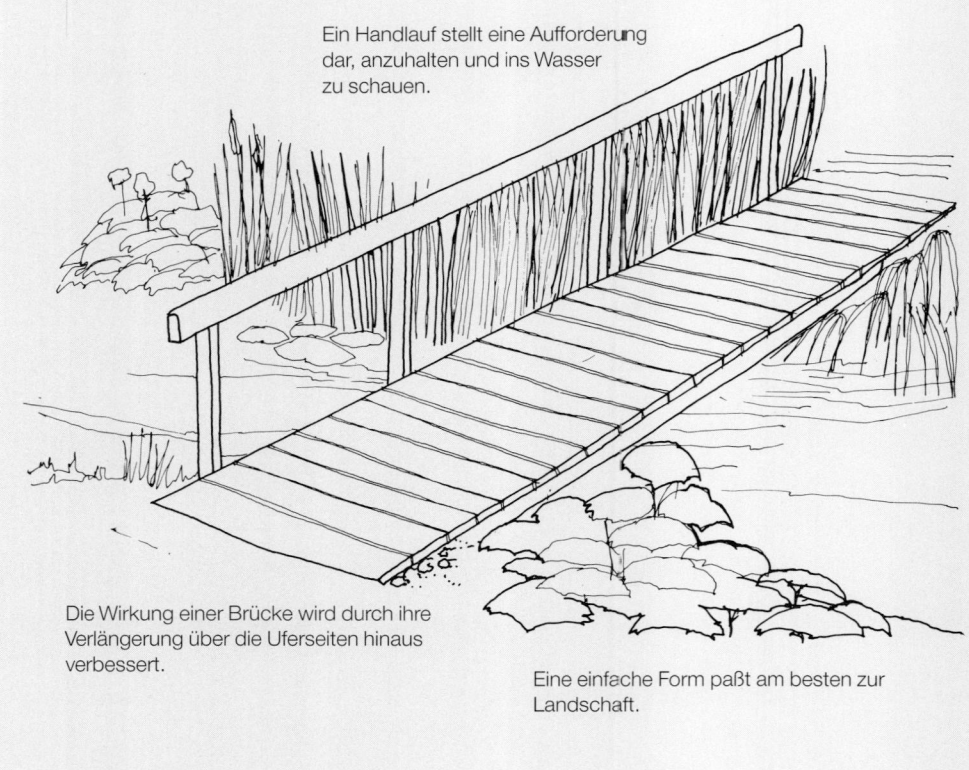

Ein Handlauf stellt eine Aufforderung dar, anzuhalten und ins Wasser zu schauen.

Die Wirkung einer Brücke wird durch ihre Verlängerung über die Uferseiten hinaus verbessert.

Eine einfache Form paßt am besten zur Landschaft.

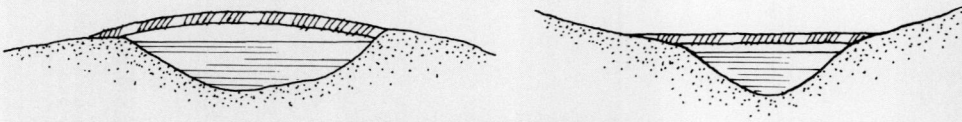

Die Form einer Brücke sollte das umgebende Bodenniveau aufnehmen.

Schmale Brücken, einfach konstruiert, sind oft die wirkungsvollsten.

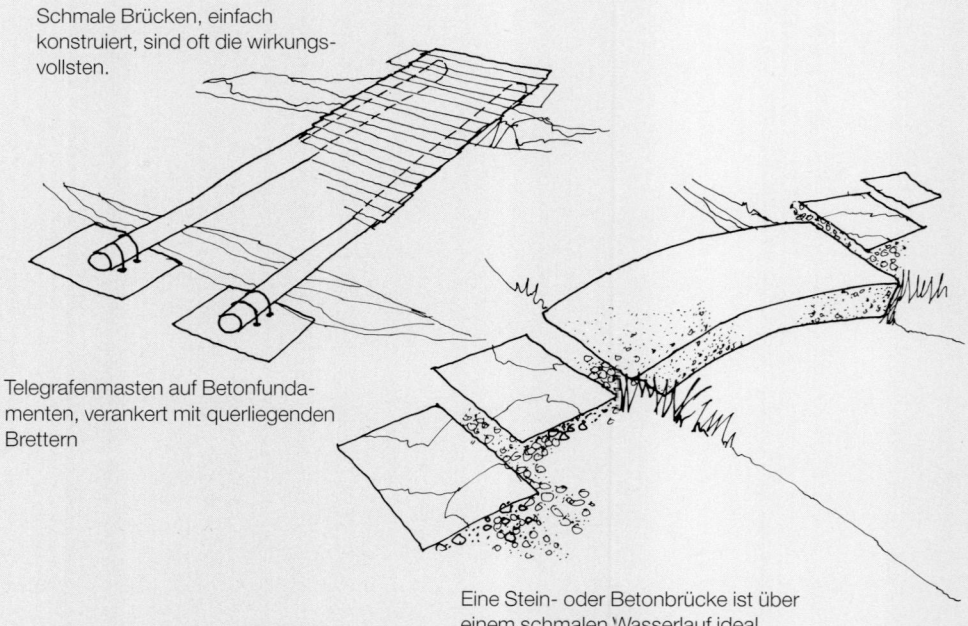

Telegrafenmasten auf Betonfundamenten, verankert mit querliegenden Brettern

Eine Stein- oder Betonbrücke ist über einem schmalen Wasserlauf ideal.

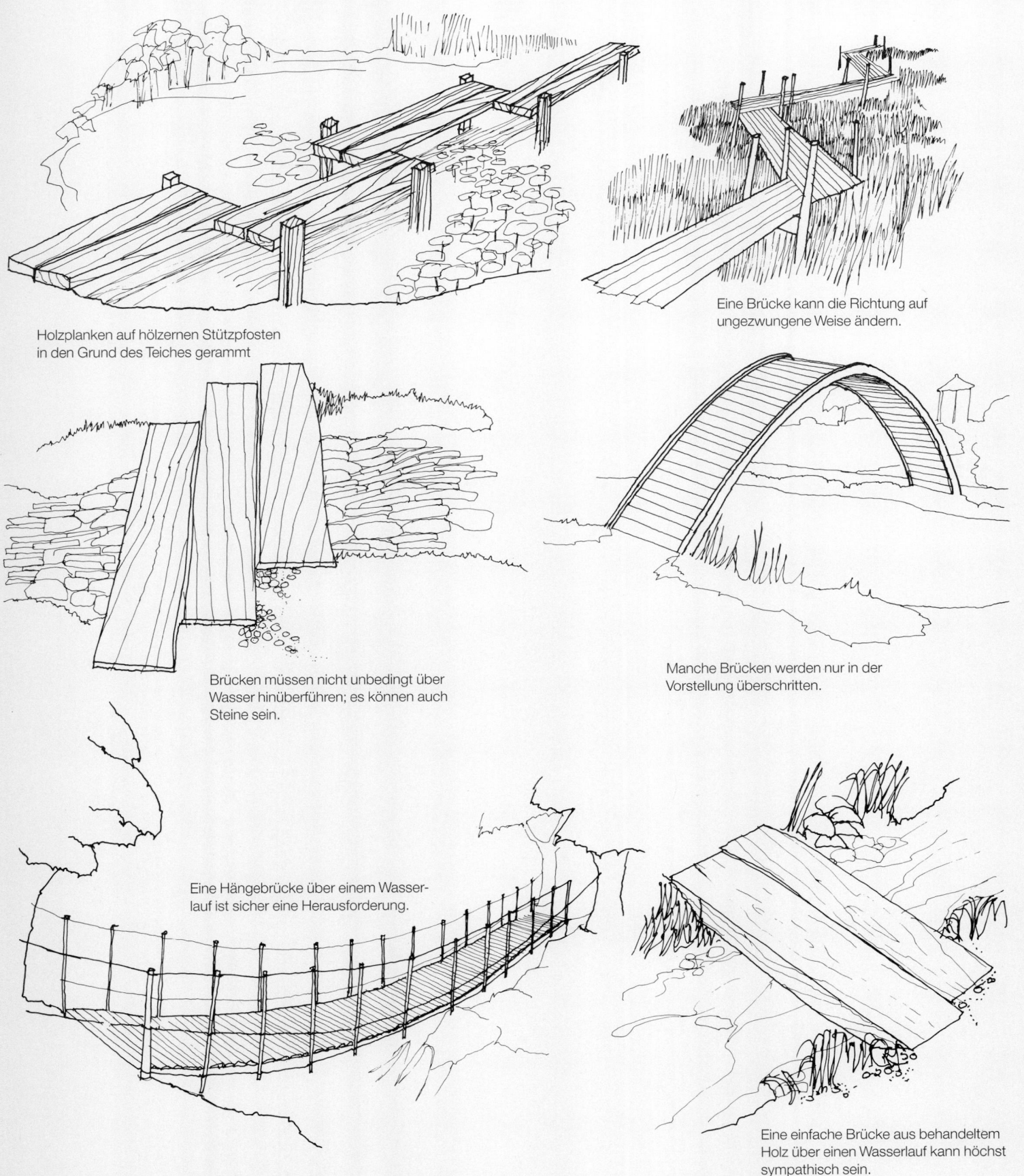

Holzplanken auf hölzernen Stützpfosten
in den Grund des Teiches gerammt

Eine Brücke kann die Richtung auf
ungezwungene Weise ändern.

Brücken müssen nicht unbedingt über
Wasser hinüberführen; es können auch
Steine sein.

Manche Brücken werden nur in der
Vorstellung überschritten.

Eine Hängebrücke über einem Wasserlauf ist sicher eine Herausforderung.

Eine einfache Brücke aus behandeltem
Holz über einen Wasserlauf kann höchst
sympathisch sein.

Treppen und Terrassen

Form und Größe der Stufen bestimmen ihren Zweck: Für gemächliche Schritte sollten sie weit und flach sein mit langem Auftritt und niedrigem Antritt. Im Gegensatz dazu führen kleine schmale Stufen schnell von einer zur anderen Ebene. Die zur Verfügung stehenden Materialien reichen von Holz über Stein und Ziegel bis zu vorgefertigten Betonteilen. Origineller können Sie jedoch bauen, wenn Sie Materialien kombinieren oder Richtungswechsel einplanen.

Schon einfache Gras- oder Kiestritte, die in einen Hang einschneiden, können Stufen sein, auch einfache Bretter oder freistehende Holzkonstruktionen, die verschiedene Ebenen eines Gartendecks verbinden. Beides paßt zu einem natürlichen Garten. Ein klassisches Bild erreicht man mit Stein- oder Ziegelstufen, die z. B. von einer gepflasterten Terrasse in den Hauptgarten hinabführen oder verschiedene Ebenen in geometrisch strengen Gartenanlagen miteinander verbinden.

Wie andere Elemente, sollten sich Stufen in das Gesamtbild einfügen und vorzugsweise aus natürlichen, leicht verwittert wirkenden Materialien erstellt werden. Es ist dabei möglich, dekorative Elemente einzufügen, die als Blickfang dienen, z. B. rustikale Holzstufen, die aus Bohlen gebaut und mit Ziegeln hinterfüllt sind, oder ein dekorativer Handlauf aus Holz, Bambus oder Tau. Dieses Zubehör ist nicht nur schmückend, sondern dient auch der Sicherheit. An Treppen und Terrassen, wo die Höhenunterschiede mehr als 60 cm betragen, sind Geländer nötig, es sei denn, der Zugang zur Kante ist durch Wasser oder dichte Pflanzung blockiert.

Ein langer Treppenlauf wird durch Absätze, die zu einem Rundblick einladen, interessanter. Ein Absatz kann nur eine breite Stufe sein, z. B. dort, wo die Treppe ihre Richtung ändert.

Terrassierung ist das Abstufen einer Böschung in mehrere Ebenen, die mit Rasen, Pflanzen, Platten bedeckt oder als Wasserterrassen gestaltet sind. Die Böschung zwischen den Terrassen besteht gewöhnlich aus senkrechten oder angestürzten Mauern. Die verschiedenen Niveaus werden durch Stufen oder Wasserkaskaden verbunden. Bei der Terrassierung ist es wichtig, daß Aushub und Bodenfüllung sich ausgleichen; so entstehen keine zusätzlichen Kosten für Ab- und Anfuhr von Boden.

Stufen

Aus Gründen der Bequemlichkeit sollten Außentreppen flachere Antrittshöhen und breitere Auftritte haben als Innentreppen.

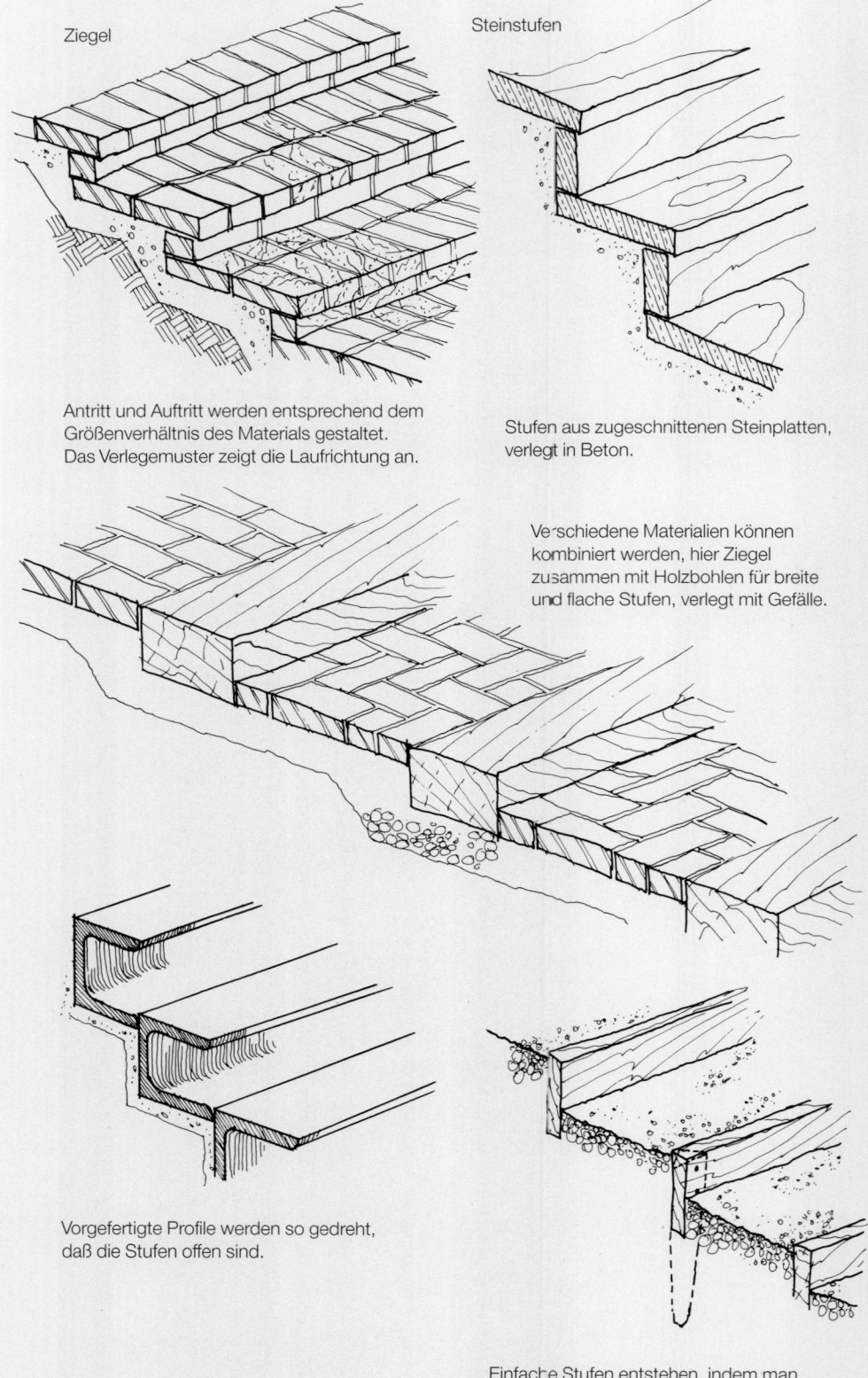

Ziegel

Steinstufen

Antritt und Auftritt werden entsprechend dem Größenverhältnis des Materials gestaltet. Das Verlegemuster zeigt die Laufrichtung an.

Stufen aus zugeschnittenen Steinplatten, verlegt in Beton.

Verschiedene Materialien können kombiniert werden, hier Ziegel zusammen mit Holzbohlen für breite und flache Stufen, verlegt mit Gefälle.

Vorgefertigte Profile werden so gedreht, daß die Stufen offen sind.

Einfache Stufen entstehen, indem man imprägnierte Bretter im Boden verankert und den Antritt mit Kies füllt.

Terrassieren

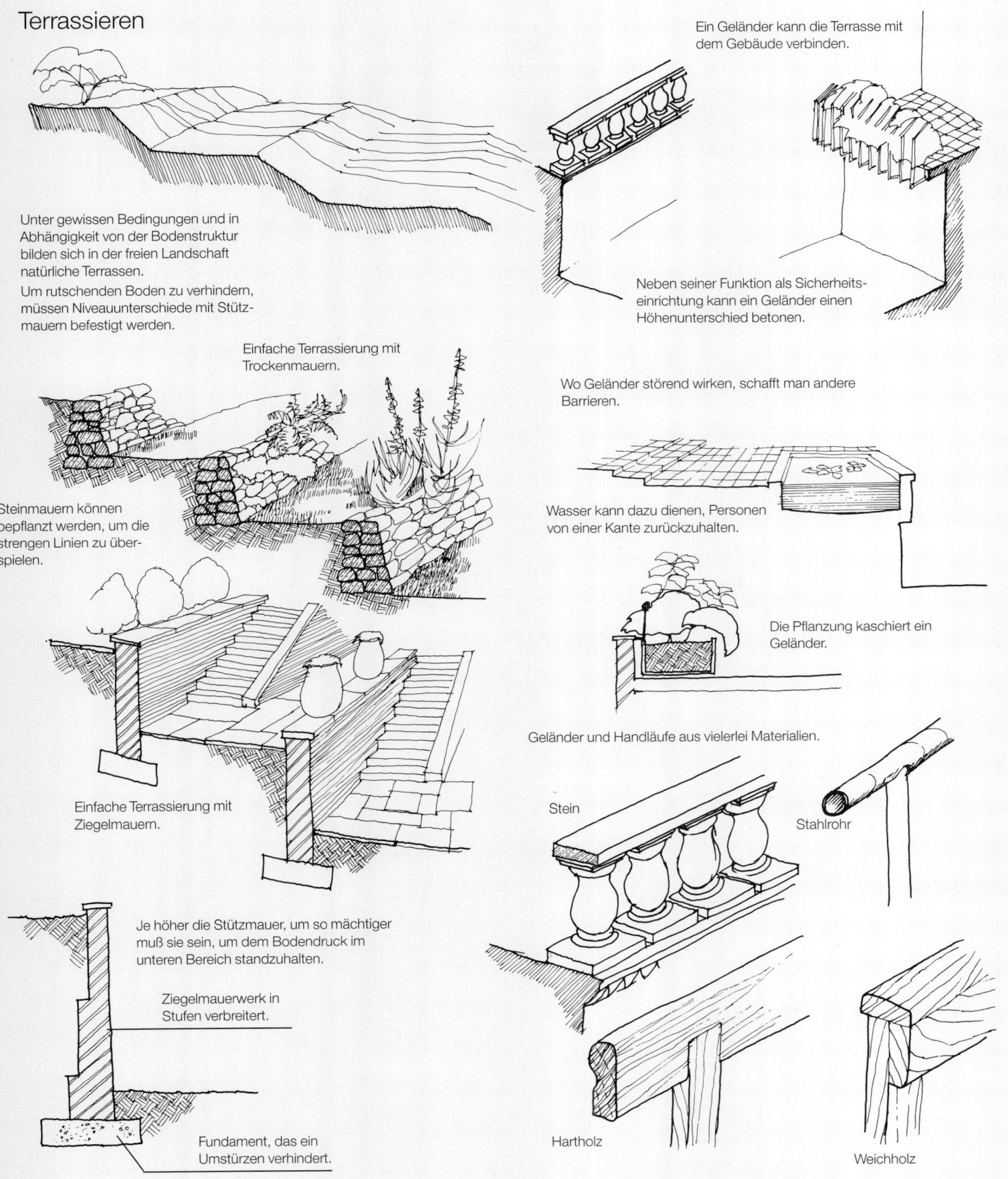

Ein Geländer kann die Terrasse mit dem Gebäude verbinden.

Unter gewissen Bedingungen und in Abhängigkeit von der Bodenstruktur bilden sich in der freien Landschaft natürliche Terrassen.

Um rutschenden Boden zu verhindern, müssen Niveauunterschiede mit Stützmauern befestigt werden.

Neben seiner Funktion als Sicherheitseinrichtung kann ein Geländer einen Höhenunterschied betonen.

Einfache Terrassierung mit Trockenmauern.

Wo Geländer störend wirken, schafft man andere Barrieren.

Steinmauern können bepflanzt werden, um die strengen Linien zu überspielen.

Wasser kann dazu dienen, Personen von einer Kante zurückzuhalten.

Die Pflanzung kaschiert ein Geländer.

Einfache Terrassierung mit Ziegelmauern.

Geländer und Handläufe aus vielerlei Materialien.

Stein

Stahlrohr

Je höher die Stützmauer, um so mächtiger muß sie sein, um dem Bodendruck im unteren Bereich standzuhalten.

Ziegelmauerwerk in Stufen verbreitert.

Fundament, das ein Umstürzen verhindert.

Hartholz

Weichholz

Tröge und Behälter

Behälter, Pflanzen oder Wasser sind wichtige Dekorationselemente im Garten. So wichtig wie Form, Größe und Beschaffenheit, die auf Seite 110 diskutiert werden, ist, daß sie praktisch, robust und wetterfest sind. Falls ein Behälter als Wasserbecken dienen soll, muß er natürlich wasserdicht sein. Tröge mit Pflanzen müssen dagegen gut drainiert sein. Ein anderer wichtiger Punkt, an den man denken sollte, ist, daß Imprägnierungsmittel und andere Anstriche für Pflanzen nicht giftig sind.

Typen und Pflege von Behältern

Behälter können in drei Gruppen eingeteilt werden: Behälter, die man kaufen kann, selbstgebaute oder selbst umgebaute Tröge, Kisten und Pflanzkübel aus Stein, Ziegeln, Beton oder Holz.

Käufliche Behälter sind häufig aus Steingut, Kunststein oder bemaltem Holz. Auch Körbe und angemalte oder glasierte Keramiktöpfe werden angeboten. Der Lieferant sollte wissen, ob die Behälter frostbeständig sind.

Billig und oft hübscher sind Behälter, die einmal anderen Zwecken gedient haben, umfunktioniert wurden oder selbstgemacht sind. Dazu gehören angestrichene Tonnen, halbierte Fässer, alte Kisten, Eimer und Körbe.

Denken Sie daran, daß die Behälter – welche auch immer Sie benutzen – richtig bepflanzt werden und die Pflanzen gut gedeihen. Füllen Sie eine Schicht Kies oder Topfscherben an, damit sich kein Wasser staut. Diese Schicht kann in Abhängigkeit von der Pflanzenart 15 cm hoch sein. Danach füllen Sie mit Komposterde auf, die aber die richtige Zusammensetzung für die Pflanzen haben sollte. Die Pflanzen müssen richtig gesetzt werden, d. h. genauso tief wie im vorherigen Topf. Zum Schluß wird, sowohl aus dekorativen Gründen wie zur Einschränkung der Verdunstung, die Oberfläche mit einer Lage Kies oder Moos abgedeckt.

Pflege ist ebenso wichtig wie richtiges Pflanzen, da der Topf der Pflanze nur stark eingeschränkte Lebensbedingungen bietet. Die Pflanze muß immer genügend Nahrung und Wasser bekommen. Es empfiehlt sich, in den heißen Sommermonaten die Töpfe in feuchten Kies zu stellen. So bleiben Luft und Boden feucht. Im Winter verhindert dies gleichzeitig, daß sich Wasser staut.

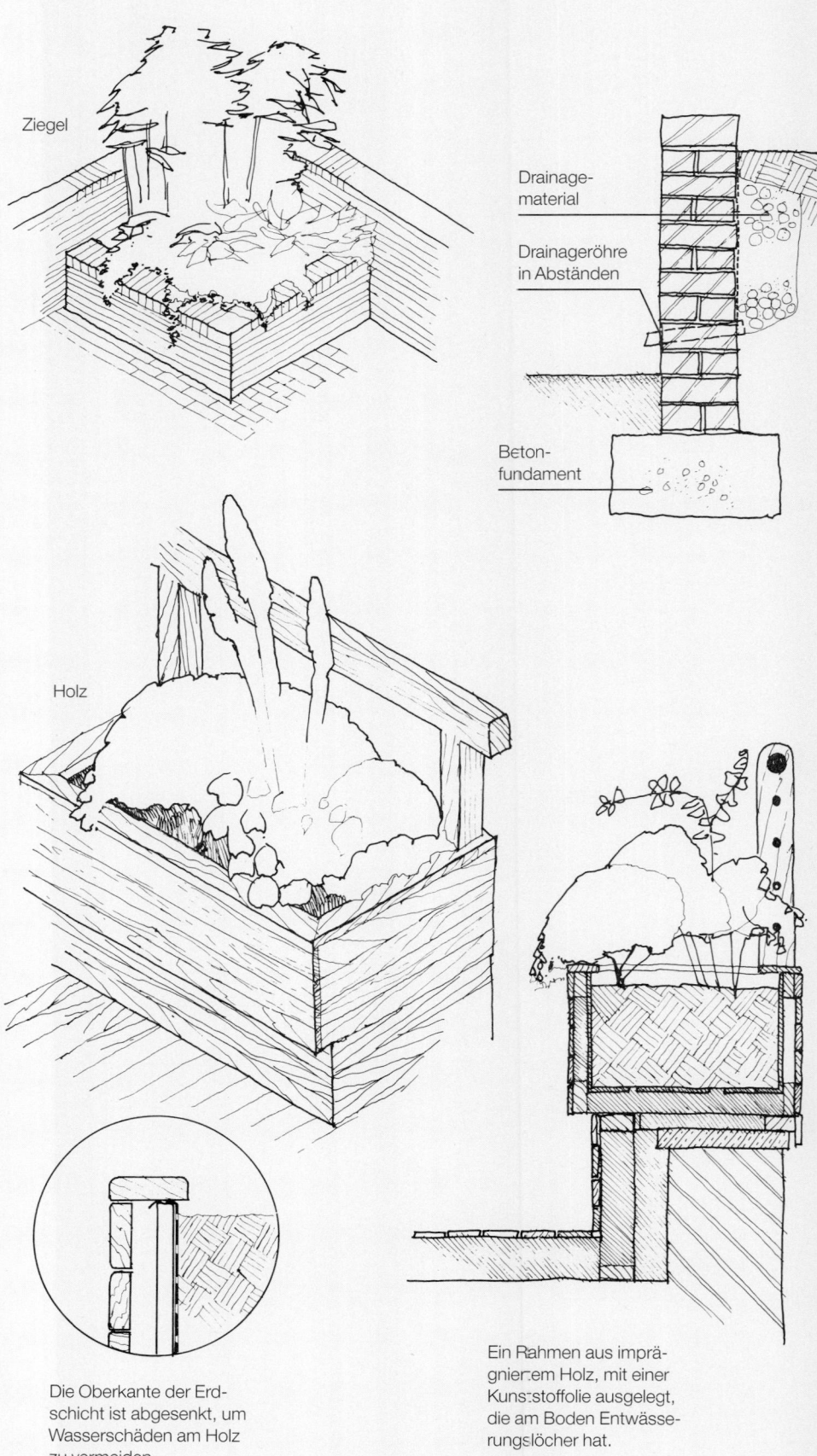

Ziegel

Drainagematerial

Drainageröhre in Abständen

Betonfundament

Holz

Die Oberkante der Erdschicht ist abgesenkt, um Wasserschäden am Holz zu vermeiden.

Ein Rahmen aus imprägniertem Holz, mit einer Kunststoffolie ausgelegt, die am Boden Entwässerungslöcher hat.

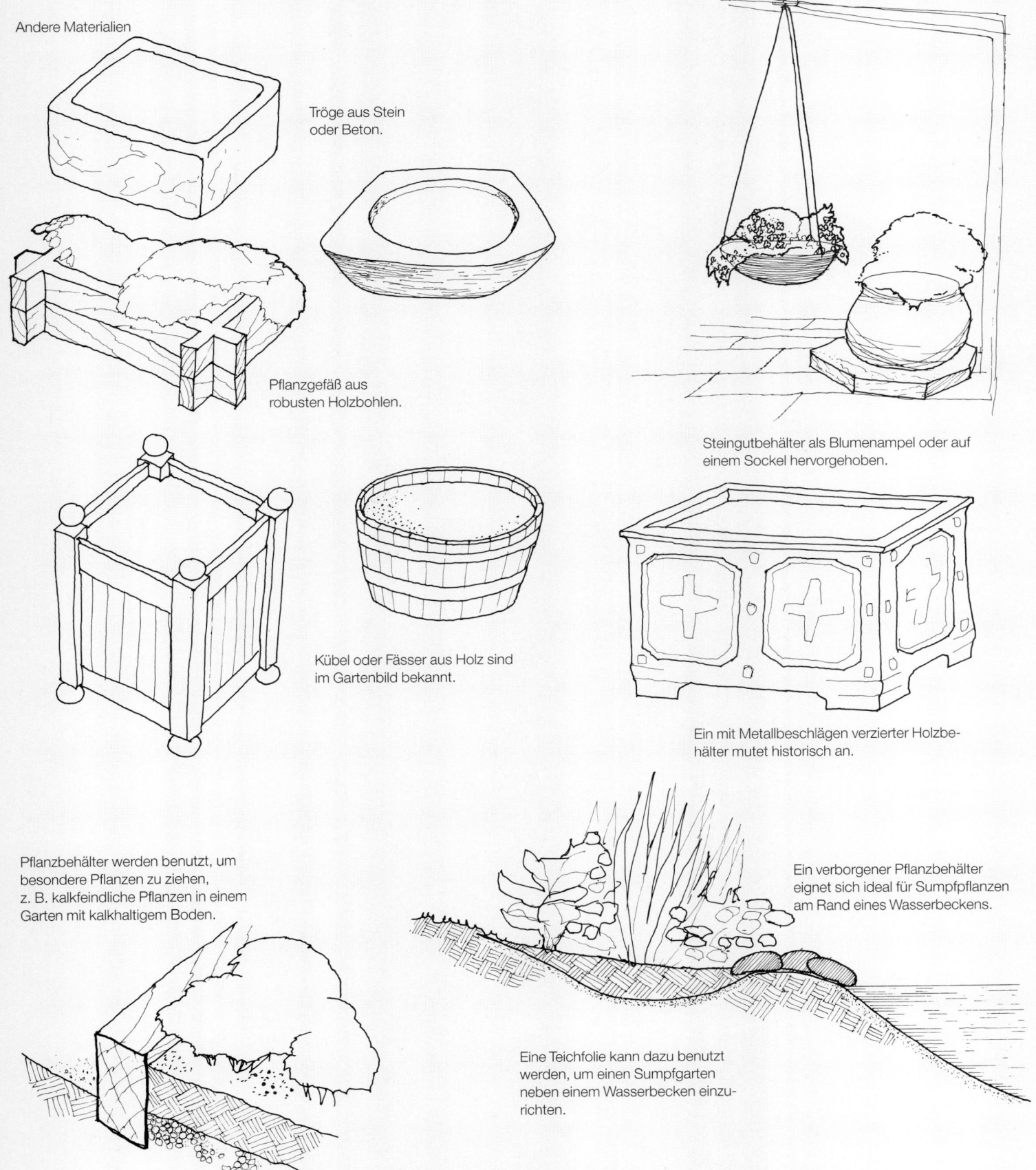

Andere Materialien

Tröge aus Stein oder Beton.

Pflanzgefäß aus robusten Holzbohlen.

Steingutbehälter als Blumenampel oder auf einem Sockel hervorgehoben.

Kübel oder Fässer aus Holz sind im Gartenbild bekannt.

Ein mit Metallbeschlägen verzierter Holzbehälter mutet historisch an.

Pflanzbehälter werden benutzt, um besondere Pflanzen zu ziehen, z. B. kalkfeindliche Pflanzen in einem Garten mit kalkhaltigem Boden.

Ein verborgener Pflanzbehälter eignet sich ideal für Sumpfpflanzen am Rand eines Wasserbeckens.

Eine Teichfolie kann dazu benutzt werden, um einen Sumpfgarten neben einem Wasserbecken einzurichten.

223

Gartendecks

Ein stabiler Unterbau und eine attraktive Oberflächenausbildung sind die Merkmale eines gut gestalteten Gartendecks. Solche Flächen können über das Bodenniveau angehoben werden, eine Terrasse über einem Ufer oder am Abhang bilden. Die Holzverbindungen werden versteckt, indem man z. B. rostfreie Nägel benutzt, oder bewußt herausstellt, indem man beispielsweise Messingschrauben verwendet. Aus praktischen Gründen werden in Gartendecks einige abnehmbare Planken eingebaut, um Zugang zu Anschlüssen, Versorgungsleitungen und -röhren für Wasser oder Strom zu haben.

Balken des Unterbaus dürfen keinen Bodenkontakt haben und müssen so plaziert sein, daß die Anlage stabil ist; geringfügige Biegungen im Unterbau sind akzeptabel. Die Lücken zwischen den Latten läßt man so groß, daß Wasser und Schmutz ablaufen, aber schmale Absätze nicht steckenbleiben.

Das ausgewählte Holz wird das Erscheinungsbild wesentlich beeinflussen. Neue Holzplanken machen einen sehr sauberen, geordneten Eindruck, besonders wenn sie als Gräten- oder Webmuster verlegt werden. Stärkere Planken und robustere Profile sowie wiederverwendetes Holz ergeben einen rustikalen Eindruck. Es ist wichtig, daß das Gartendeck dort, wo es barfuß betreten wird, eben und splitterfrei ist mit gefaßten runden Kanten. Das gilt besonders in der Nähe von Schwimmbecken.

Das Verlegemuster ist ebenfalls wichtig: Eine einheitliche Richtung über Höhenunterschiede hinweg führt zu einer flüssigen und natürlichen Anpassung an das Gelände. Das Wechseln der Richtung bewirkt auch einen visuellen Wechsel mit der Möglichkeit verschiedener Muster. Denken Sie auch daran, wie sich Ihr Gartendeck in die Umgebung einfügen wird. Niveaugleich mit anderen Oberflächen wie Steinplatten oder Ziegelpflaster findet ein interessanter Wechsel in der Oberflächenbeschaffenheit statt. Wo ein Gartendeck über die umgebende Fläche angehoben ist, z. B. über Gras-, Wasser- oder Pflasterflächen, wirkt es leicht.

Mit Hilfe eines Gartendecks lassen sich Sockel und Versorgungsleitungen verbergen, die z. B. um ein Schwimmbecken führen, Pflanzflächen einrahmen, Materiallager abdecken oder eine geschützte Sitzecke bilden. Ein wichtiger letzter Schritt ist die Holzbehandlung: Die Tabelle auf Seite 225 wird über die Möglichkeiten informieren.

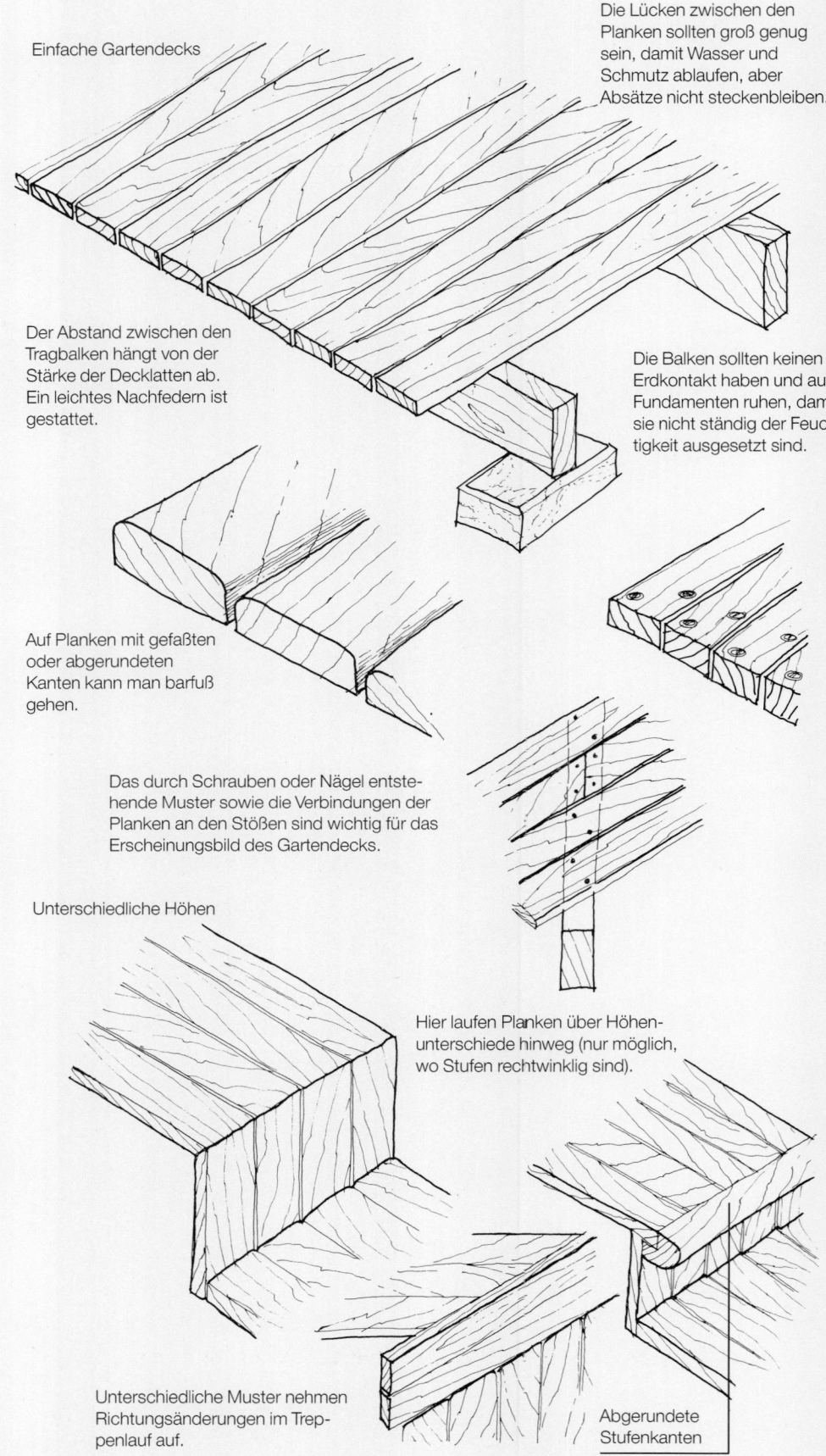

Einfache Gartendecks

Die Lücken zwischen den Planken sollten groß genug sein, damit Wasser und Schmutz ablaufen, aber Absätze nicht steckenbleiben.

Der Abstand zwischen den Tragbalken hängt von der Stärke der Decklatten ab. Ein leichtes Nachfedern ist gestattet.

Die Balken sollten keinen Erdkontakt haben und auf Fundamenten ruhen, damit sie nicht ständig der Feuchtigkeit ausgesetzt sind.

Auf Planken mit gefaßten oder abgerundeten Kanten kann man barfuß gehen.

Das durch Schrauben oder Nägel entstehende Muster sowie die Verbindungen der Planken an den Stößen sind wichtig für das Erscheinungsbild des Gartendecks.

Unterschiedliche Höhen

Hier laufen Planken über Höhenunterschiede hinweg (nur möglich, wo Stufen rechtwinklig sind).

Unterschiedliche Muster nehmen Richtungsänderungen im Treppenlauf auf.

Abgerundete Stufenkanten

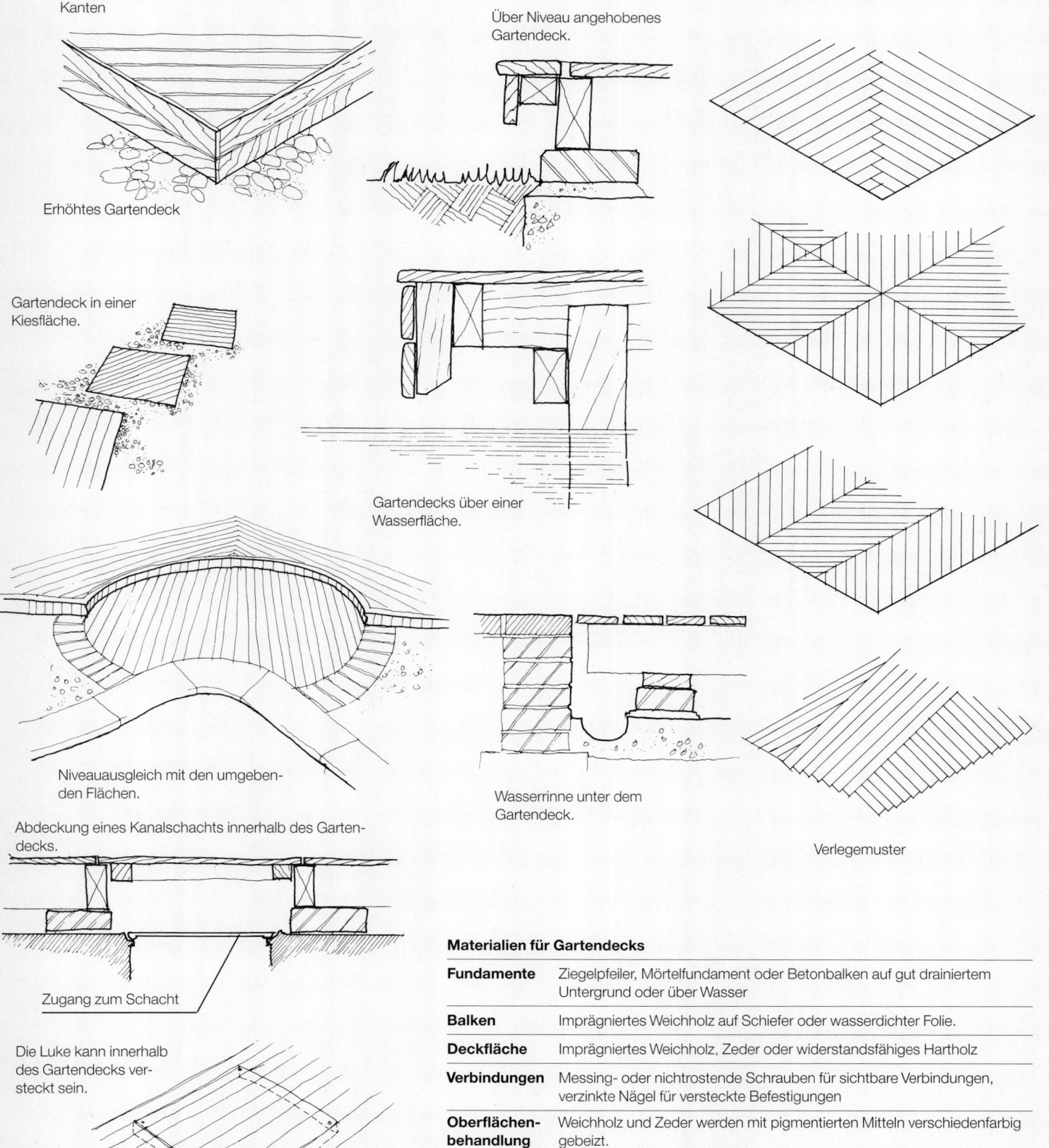

Kanten

Erhöhtes Gartendeck

Gartendeck in einer Kiesfläche.

Niveauausgleich mit den umgebenden Flächen.

Abdeckung eines Kanalschachts innerhalb des Gartendecks.

Zugang zum Schacht

Die Luke kann innerhalb des Gartendecks versteckt sein.

Über Niveau angehobenes Gartendeck.

Gartendecks über einer Wasserfläche.

Wasserrinne unter dem Gartendeck.

Verlegemuster

Materialien für Gartendecks

Fundamente	Ziegelpfeiler, Mörtelfundament oder Betonbalken auf gut drainiertem Untergrund oder über Wasser
Balken	Imprägniertes Weichholz auf Schiefer oder wasserdichter Folie.
Deckfläche	Imprägniertes Weichholz, Zeder oder widerstandsfähiges Hartholz
Verbindungen	Messing- oder nichtrostende Schrauben für sichtbare Verbindungen, verzinkte Nägel für versteckte Befestigungen
Oberflächen-behandlung	Weichholz und Zeder werden mit pigmentierten Mitteln verschiedenfarbig gebeizt.
	Hartholz wird mit Öl oder Firnis behandelt, ist aber weniger aufnahmebereit für Beize.

Wege und Beläge

Wege und Terrassenflächen müssen eine feste, ebene Oberfläche haben, auf der Wasser gut abläuft und die leicht sauberzuhalten ist. An Materialien stehen entweder neue oder gebrauchte Ziegel, Pflastersteine, Betonplatten und Holz zur Verfügung. Eine einfache, unkomplizierte und natürlich aussehende Oberfläche entsteht mit Platten oder Granitpflastersteinen, die über große Flächen verlegt und mit Kübelpflanzen oder in die Fugen gepflanzten Bodendeckern aufgelockert werden. Ziegel und Betonsteine sind eher etwas für gemusterte Flächen, weil sie in verschiedenen Farben, Formen und Größen erhältlich sind. Ziegel oder Betonsteine können in der Farbe auf das Gebäude oder die anderen Gartenelemente abgestimmt werden.

Eine einfache Gestaltung z. B. von Beeten läßt Verlegemuster gut zur Wirkung kommen. Wo sie gut durchdacht sind, ergeben solche Muster oft einen erstaunlichen Blickfang oder schaffen Verbindungen zu anderen Blickpunkten.

Einige Pflastermaterialien ergeben keine angenehmen Laufflächen, wie z. B. Kiespflaster. Kies verwendet man, um Abwechslung in die Oberflächengestaltung zu bringen, aber auch, um Bereiche anzuzeigen, die man nicht betritt.

Die Kombination von kontrastreichen Materialien auf einer Terrasse wirkt oft vorteilhaft. Ziegel oder rustikale Holzschwellen sind gut geeignet, um größere Flächen einzurahmen oder zu unterteilen. Unterschiedliche Materialien als Schachbrettmuster verlegt, ist eine weitere Möglichkeit.

Trittplatten

Trittplatten wirken wie ein Weg und können ähnlich beschaffen sein. Man verwendet z. B. einfache Platten, große, flache Steine oder Holzscheiben. Trittpflaster führen von Wegen oder Terrassen über Grasflächen, Pflanzbeete oder Wasser, auf gleichem Niveau oder leicht angehoben. Festes Verlegen und Rutschfestigkeit sind wichtige Voraussetzungen für jede Art Trittplatte.

Trittsteine, die in gerader Linie zwischen zwei Punkten verlaufen, ergeben kein besonders interessantes Bild. Sie sollten vielmehr in der Gesamtanlage, besonders in Gras- oder Wasserflächen, eine interessante Linie bilden.

Ziegelpflaster, trocken verlegt

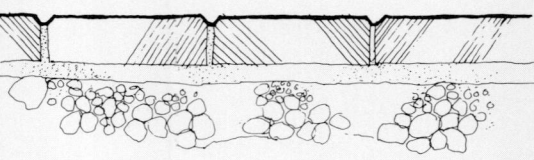

Pflasterziegel haben, trocken verlegt, normalerweise gefaßte Kanten.

Pflasterziegel werden gewöhnlich auf Sand über einem verdichteten Unterbau verlegt und mit einer Rüttelplatte verfestigt.

Die Fugen werden mit Sand, bisweilen auch einem Sand-Zement-Gemisch verfugt.

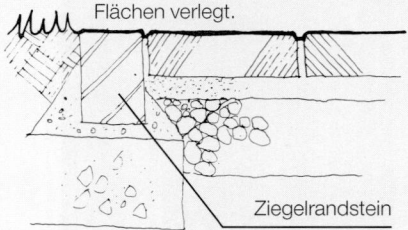

Ein Randstein ist nötig, wenn man größere Flächen verlegt.

Ziegelrandstein   Holzbohlenkante

Ziegelpflaster

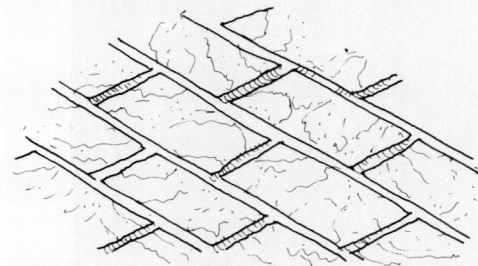

Pflastersteine können bei Naßverlegung dünner sein (4 bis 5 cm) und haben normalerweise rechtwinklige Kanten.

Die Ziegel werden im Mörtelbett auf einem Betonunterbau verlegt und verfugt. Das Verfugungsmaterial kann eingefärbt werden, so daß es mit dem Ziegelfarbton übereinstimmt oder sich von ihm abhebt.

Bei Naßverlegung ist ein Randstein nicht nötig.

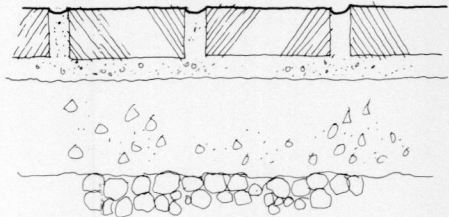

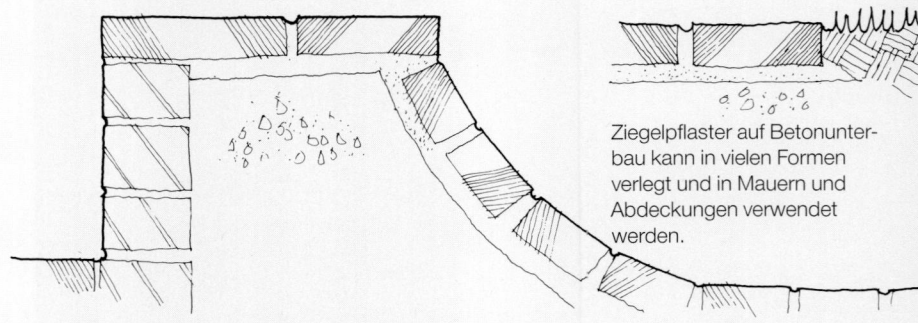

Ziegelpflaster auf Betonunterbau kann in vielen Formen verlegt und in Mauern und Abdeckungen verwendet werden.

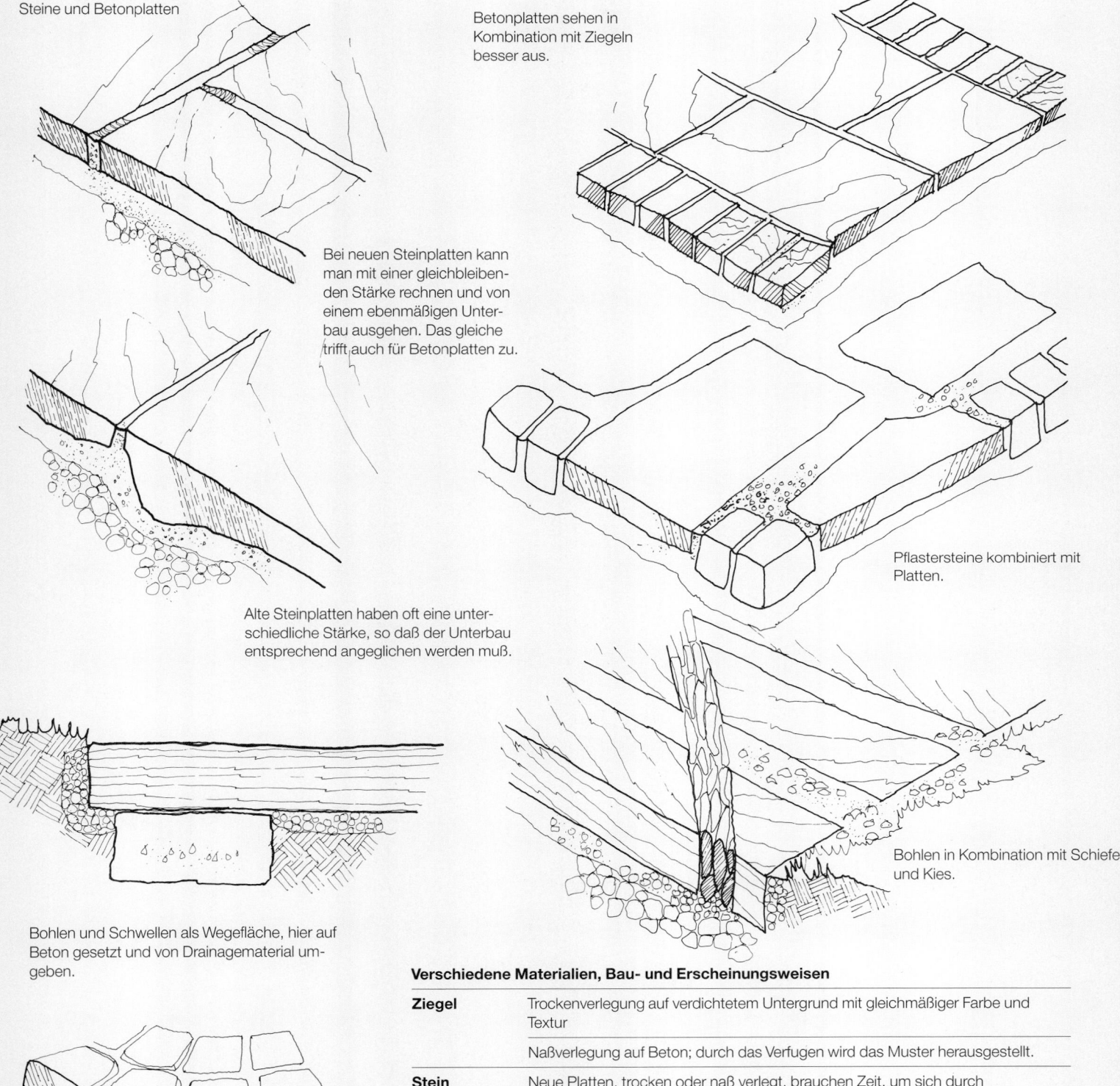

Steine und Betonplatten

Betonplatten sehen in Kombination mit Ziegeln besser aus.

Bei neuen Steinplatten kann man mit einer gleichbleibenden Stärke rechnen und von einem ebenmäßigen Unterbau ausgehen. Das gleiche trifft auch für Betonplatten zu.

Alte Steinplatten haben oft eine unterschiedliche Stärke, so daß der Unterbau entsprechend angeglichen werden muß.

Pflastersteine kombiniert mit Platten.

Bohlen und Schwellen als Wegefläche, hier auf Beton gesetzt und von Drainagematerial umgeben.

Bohlen in Kombination mit Schiefer und Kies.

Pflastersteine können allein oder in der Kombination mit anderen Materialien verlegt werden.

Verschiedene Materialien, Bau- und Erscheinungsweisen

Ziegel	Trockenverlegung auf verdichtetem Untergrund mit gleichmäßiger Farbe und Textur
	Naßverlegung auf Beton; durch das Verfugen wird das Muster herausgestellt.
Stein	Neue Platten, trocken oder naß verlegt, brauchen Zeit, um sich durch Oberflächenverwitterung einzubinden.
	Wiederverwendete Platten im Sandbett binden sich durch ihre verwitterte Oberfläche besser ein.
Beton	Auf Kiesbett. Gewöhnlich einheitlich in der Farbe, kann durch die Kombination mit anderen Materialien gewinnen.
Holz	Bohlen oder Eichenplanken um Sand- oder Kiesbett. Es ist wichtig, daß die Oberflächen nicht rutschig werden.

227

Trittplatten

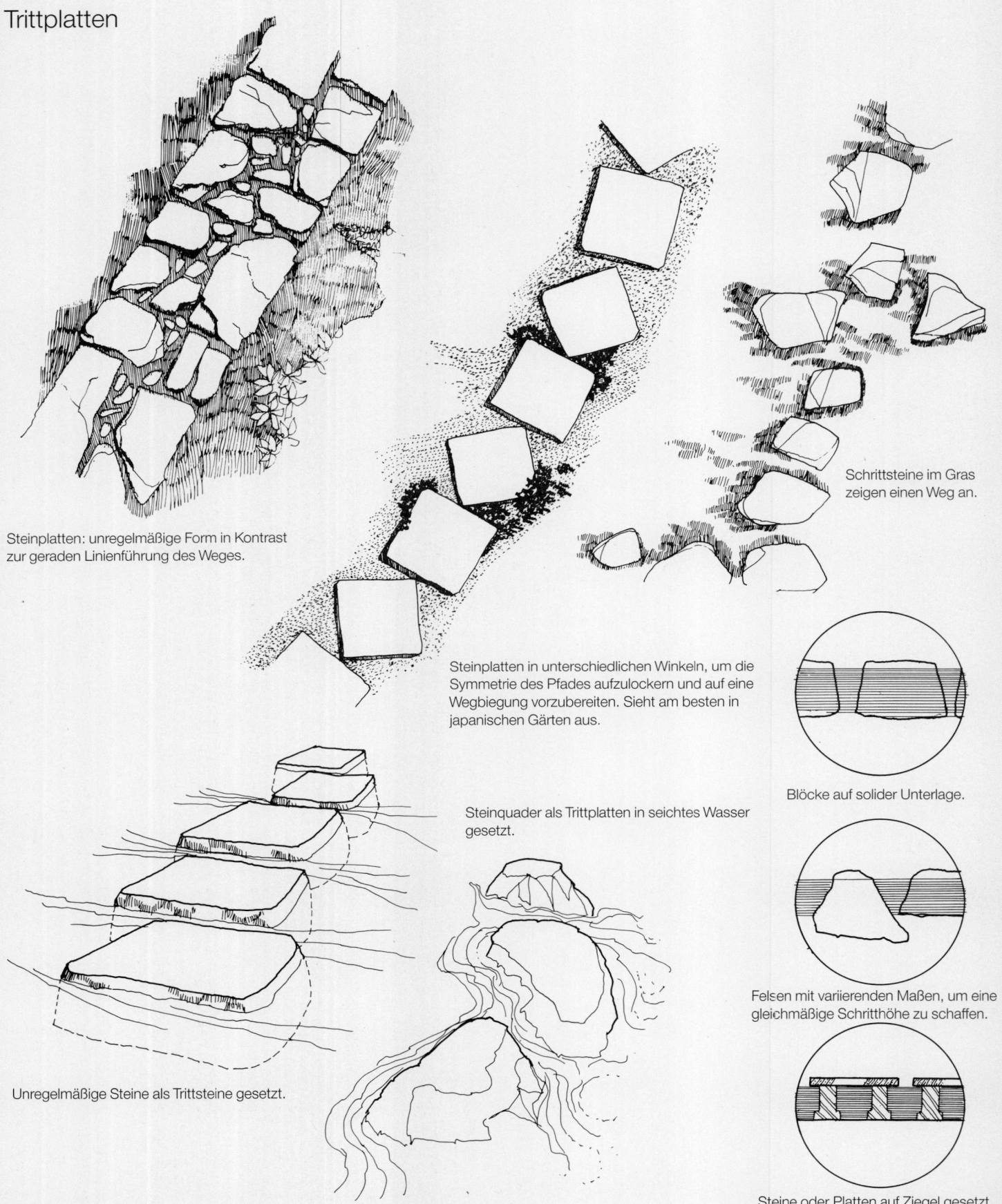

Steinplatten: unregelmäßige Form in Kontrast
zur geraden Linienführung des Weges.

Schrittsteine im Gras
zeigen einen Weg an.

Steinplatten in unterschiedlichen Winkeln, um die
Symmetrie des Pfades aufzulockern und auf eine
Wegbiegung vorzubereiten. Sieht am besten in
japanischen Gärten aus.

Blöcke auf solider Unterlage.

Steinquader als Trittplatten in seichtes Wasser
gesetzt.

Unregelmäßige Steine als Trittsteine gesetzt.

Felsen mit variierenden Maßen, um eine
gleichmäßige Schritthöhe zu schaffen.

Steine oder Platten auf Ziegel gesetzt.

Anhang

Dieses Kapitel ist als ein kleines Handbuch für Pflanzen gedacht, das man im Zusammenhang mit den übrigen Kapiteln gebraucht und das sich direkt auf Kapitel 3 »Gärten und Gartenideen« auf Seite 71 bezieht. Die Pflanzenlisten geben einen schnellen Überblick, sind aber durchaus nicht erschöpfend mit ihren Vorschlägen zum Gebrauch der Pflanzen in Stadt und Land, an trockenen, schattigen oder feuchten Standorten usw. Die Definition der Klimazonen auf Seite 238 und Seite 239 sind ein Hinweis für die Auswahl der geeigneten Pflanzen. Da 50 % des Erfolges auf der Pflanzenauswahl beruhen und 50 % auf ihrer Handhabung und Pflege, sind auch dafür Anregungen zu entnehmen. Falls Sie die elementaren Regeln nicht beachten, wird es zu Enttäuschungen kommen und zu nicht unerheblichen Verlusten, weil das Ersetzen der Pflanzen eine teure Angelegenheit werden kann. Die meisten der in diesem Buch gezeigten Gärten sind so pflegeleicht wie möglich oder sogar pflegefrei; um so wichtiger ist es, die Pflanzen richtig zu plazieren, damit sie gut gedeihen.

Pflanzen auswählen

Wenn Sie Pflanzen in der Gärtnerei aussuchen, wählen Sie nicht ausschließlich nach dem Aussehen – ob groß oder klein –, weil oft der Anschein trügt. Viele Jungpflanzen sind einander ähnlich, wenn sie in Reihen im Gartencenter zum Verkauf stehen. „Pflanzenzwerge" oder langsam wachsende Koniferen unterscheiden sich kaum von Waldbäumen. Innerhalb weniger Jahre sind die Waldbäume allerdings hausgroß, während die Zwerggarten nur wenig gewachsen sind. Ähnliche Fehler kann man bei zwei Zedernarten machen, die sich noch nach 5 Jahren sehr ähnlich sehen, die aber ausgewachsen entweder 90 cm oder 18 m hoch werden. Wo es sich um Bäume und Sträucher handelt, muß man bedenken, daß der Standort auf viele Jahre hinaus gewählt wird und die ausgesuchte Pflanze den Gegebenheiten und Anforderungen entsprechen muß. Fehler bei der Auswahl führen dazu, daß eine Pflanze entfernt werden muß.

Praktische Erwägungen

Am besten geht man so vor, daß man zunächst eine Liste geeigneter Pflanzen für den Garten aufstellt. Die folgenden Überschriften sind als Orientierung beim Zusammentragen der notwendigen Einzelheiten gedacht.

Namen

Pflanzen haben meistens zwei Namen, einen lateinischen (botanischen) und einen deutschen.

Natürlich können Sie mit deutschen Namen arbeiten; diese sind aber oft von Gegend zu Gegend verschieden. Es empfiehlt sich daher, den lateinischen Namen herauszufinden, um Fehler zu vermeiden. Der lateinische Name besteht aus zwei Teilen. Der erste Teil ist der Gattungsnahme, ähnlich dem Nachnamen, z. B. *Cotoneaster*. Der zweite Teil benennt die Spezies, ähnlich dem Vornamen, z. B. *horizontalis*. Wo mehrere Pflanzen einer Gattung zur gleichen Spezies gehören, sind Sorten oder Kultivare angegeben, z. B. *Cotoneaster horizontalis* 'Variegatus'.

Die Rolle der Pflanzen

Zunächst wird man feststellen, wie lange eine Pflanze lebt und wie schnell sie wächst:
- Stauden leben viele Jahre und können bis zu 50 Jahre alt werden; das sollten Sie jedoch im Einzelfall überprüfen.
- Manche Pflanzen sind nur ein- oder zweijährig.

- Die meisten Sträucher haben eine Lebensdauer von 15 bis 25 Jahren, manche eine noch längere.
- Einige Bäume wie *Laburnum* sind mit 25 bis 30 Jahren relativ kurzlebig. Die Mehrzahl überlebt aber normalerweise sogar den Gärtner.

Pflanzen werden oft allein wegen ihrer dekorativen Wirkung gewählt. Dies ist etwas kurzsichtig: Denken Sie immer auch an andere Möglichkeiten, Pflanzen zu verwenden, z. B. Bäume als Schattenspender, Sicht- und Windschutz. Sträucher eröffnen große Möglichkeiten als Grenzbepflanzung oder interne Abtrennung als Hecken und Sichtschutz. Sofern sie hoch und dicht genug sind, helfen sie auch Lärm und Staub von Straßen und Industrie abzuhalten. Bäume und Sträucher zusammen mit Bodendeckern und Stauden unterbinden die Erosion und leisten so einen Beitrag zur Stabilisierung der Bodenoberfläche, besonders in Hanglagen und an Böschungen. Es hat keinen Zweck, Böschungen, die steiler als 1:3 anstehen, als Rasenfläche auszubilden, aber Böschungen mit einem Steigungswinkel von 1:2 kann man mit Bäumen, Sträuchern und Bodendeckern bepflanzen. Wo die Böschungen steiler sind, empfiehlt sich eine Terrassierung. Selbst blühende Sommerblumen sind als Sicht- und Windschutz geeignet, besonders wenn sie in Töpfen oder Trögen gezogen werden.

Winterhärte

Es empfiehlt sich in jedem Fall zu überprüfen, ob die gewählten Pflanzen in die entsprechende Klimazone gehören. So wird schnell klar, ob die Pflanze das örtliche Klima verträgt. Wo Pflanzen außerhalb der passenden Zone gezogen werden, ist es ratsam, zusätzliche Schutzmaßnahmen in Erwägung zu ziehen.

Wert der Pflanzen

Einige Pflanzen haben mehr als nur eine attraktive Eigenschaft: schönes Laub, hübsche Blüten, interessante Form oder gute Herbstfarbe; solche Pflanzen sind besonders wertvoll in kleinen Gärten. Benutzen Sie diese als ganzjährigen Blickfang.

Gefahren

Vorbeugen ist besonders dort angezeigt, wo Kinder einen Garten benutzen. Viele Pflanzen haben Früchte, die giftig für Menschen und Tiere sind. Sträucher wie *Kalmia* und *Taxus* haben giftiges Laub. Bäume und Sträucher wie *Ilex*, *Crataegus*, *Rosa* und *Berberis* setzt man nicht in die Nähe von

Wegen. Pflanzen Sie keine windbruchgefährdeten Bäume wie Robinien und Ulmen an Stellen, wo sie zur Gefahr werden könnten. Andere wie *Prunus cerasifera* verursachen durch Laub- und Fruchtfall rutschige Wege.

Ästhetische Erwägungen

Wenn Pflanzen im wesentlichen wegen ihres Erscheinungsbildes gewählt werden, ist es wichtig festzustellen, wann sie am meisten Interesse erwecken, z. B. wann sie blühen, Frucht tragen oder wie lange sie duften und welchen Duft sie haben. Pflanzen, die über längere Zeit Aufmerksamkeit erregen, sind kurzfristig interessanten vorzuziehen; es sei denn, die Blüte ist ganz besonders aufsehenerregend oder erscheint zu einer Zeit, in der andere Pflanzen wenig hergeben. Einige Bäume und Sträucher haben mehr als nur eine herausragende Eigenschaft, z. B. neben der Blüte eine gute Herbstfärbung oder einen auffallenden Fruchtschmuck.

Immergrünes Laub ist besonders wertvoll, wenn man zu allen Jahreszeiten einen Blickpunkt schaffen will. Um ein karges Winterbild zu vermeiden, setzen viele Gartengestalter immergrüne und nicht immergrüne Pflanzen im Verhältnis von 2:1 ein. Sowohl buntlaubige als auch einfarbig rote, blaue, goldgelbe, purpurne und graue Sommerbelaubung ergeben eine lange Farbsaison. Herbsttöne wie feuriges Rot, flammendes Gelb, Orange und leuchtendes Rot liefern im Herbst ein überwältigendes Farbenspiel. Wo immer es im Winter an Farbe fehlt, sollten Sie von *Cornus*- und *Salix*-Arten mit farbiger, attraktiver Rinde, von der Birke, von *Prunus* und *Rubus* sowie von Pflanzen mit Früchten und Beeren Gebrauch machen. Sie verlängern die Saison bis in den Herbst und Winter hinein. Übersehen Sie nicht den Reiz der unbelaubten Winterzweige von *Acer japonicum*, *Betula*, *Corylus avellana* 'Contorta', *Salix matsudana* 'Tortuosa' und *Rhus*.

Größe

Höhe und Breite ausgewachsener Pflanzen sollten in Relation zur gegebenen Situation und zu anderen Pflanzen stehen. Dabei darf der Zuwachs nicht übersehen werden. Verwenden Sie lieber schnellwachsende Pflanzen, um Lücken zu schließen, als zu dicht zu pflanzen; das führt zu ungesundem Wuchs. Bäume werden fast immer zu dicht zusammengepflanzt, und viele sehen für lange Zeit recht gut aus. Wo sie aber zu groß werden, dicht an Gebäuden, Rohren, Dachrinnen und Kabeln stehen, stellen sie eine Gefahr dar. Als generellen Hinweis empfiehlt es sich, einen Baum nicht dichter an ein Gebäude zu stellen, als er im ausgewachsenen Zustand hoch wird.

Gestalt und Form

Bäume Die meisten Bäume entwickeln typische Formen und Silhouetten. Einige sind hoch, schmal, säulenähnlich und für enge Räume und kleine Gärten geeignet. Andere werden groß, breit- oder rundkronig und brauchen viel Platz, sind aber ideal wegen ihrer Schattenwirkung. Einige Bäume haben eine hängende oder eine domartige Form. Wählen Sie sorgfältig aus dem reichhaltigen Angebot an Zwergformen und langsamwachsenden Bäumen für kleinere Gärten.

Sträucher Benutzen Sie hohe, schlanke Arten als Solitärs, buschige für gemischte Pflanzungen, rundliche, flache oder kriechende Formen als Bodendecker.

Kletterpflanzen und Spaliersträucher Sie vergrößern den Raum in kleinen Gärten optimal, wenn sie als Blickfang vor einem Zaun, einer Mauer oder einem Gebäude eingesetzt werden. Seien Sie vorsichtig im Gebrauch von Kletterpflanzen, die sich mit Luftwurzeln oder Saugnäpfen an Oberflächen festhalten. Sie dürfen nicht an alte, zerfallende Mauern gepflanzt werden, wo sie beim Durchwurzeln Schaden anrichten können. *Hedera*, *Parthenocissus* und *Hydrangea petiolaris* sind diesbezügliche Beispiele.

Krautige Pflanzen Auch hier variieren die Formen. Sie reichen von rosettenförmigen, grasartigen Tuffs der kleinen *Festuca glauca* bis zur großen *Cortaderia* (Pampasgras), einem idealen Blickpunkt. Wählen Sie große, spitzlaubige Pflanzen wie *Althaea*, *Kniphofia* und *Lupinus* als Hintergrund- oder Rabattenpflanzen, die auch gut als Kontrast zu *Helenium* und *Rudbeckia* in einem Schrebergarten wirken. Viele Bodendecker und kriechende Pflanzen wachsen ausgezeichnet in Steingärten, auf Trockenmauern, in Trögen oder als Randpflanzen.

Geformte Pflanzen Bestimmte Bäume und Sträucher lassen sich durch Schneiden und Binden zu skulpturartigen Formen heranziehen.

Heister Zu diesen gehören auch Obstbäume, die in Buschform mit einem kurzen Stamm (30 bis 60 cm) gezogen werden, so daß Zugang und Schneiden erleichtert werden.

Halb- und Hochstämme Wo noch zusätzlich Höhe nötig ist, formt man die Krone wie einen Ball aus Laub über einem Stamm. Dies ist eine beliebte Form für Kübelpflanzen, z. B. Lorbeer (*Laurus*), wie auch für Obst- und Zierbäume, die in Beeten oder im Rasen wachsen.

Pyramidale Formen Diese sind im unteren Teil breiter, verjüngen sich zur Spitze und sind auch als Kübelpflanzen beliebt.

Spaliere Sie können als Fächer mit einem kurzem Stamm und mit horizontalen Ästen vor Mauern und Zäunen, aber auch anderen Formen gezogen werden.

Standort und Form

Bei der Pflanzenwahl sollten auch ökologische Überlegungen mit einbezogen werden, denn oft besteht das Geheimnis des Erfolgs in den optimalen Standortbedingungen. Je mehr die natürlichen Bedürfnisse der Pflanze den Bedingungen in Ihrem Garten entsprechen, desto eher werden sich die Pflanzen einleben und desto geringer wird auch der Pflegeaufwand sein.

Klima

Die Notwendigkeit, daß die Klimazone mit den Bedürfnissen der Pflanze übereinstimmen muß, wird auf Seite 238 diskutiert.

Schatten und Sonne Obwohl viele Pflanzen anpassungsfähig sind und ein weites Spektrum von Bedingungen tolerieren, haben die meisten eine ausgeprägte Präferenz für Sonne oder Schatten. Am einfachsten ist es, die Lage nach den Lichtbedürfnissen zu definieren: z. B. volle Sonne, leichter Schatten, direkte Sonne von Osten oder Westen, Halbschatten, wie z. B. unter leichtkronigen Bäumen, oder vollen Schatten. In tiefem Schatten wird keine Pflanze wachsen. Sehen Sie sich auch die Listen geeigneter Pflanzen an. Als generellen Hinweis kann man sagen, daß blühende und fruchtende Pflanzen mehr Sonne brauchen als Blattpflanzen, wie z. B. *Hedera*, *Euonymus* und *Taxus*, die leichten Dauerschatten tolerieren. Buntes Laub erhält seinen Kontrast besser in gutem Licht. Graublättrige Pflanzen sowie Pflanzen mit dicken oder nadelähnlichen Blättern vertragen normalerweise mehr Sonne als solche mit dünnem, grünem Laub, wie z. B. Farne.

Wind Pflanzen variieren erheblich in ihrer Widerstandsfähigkeit gegenüber austrocknendem und kühlem Wind. Überprüfen Sie die mögliche Windwirkung für alle Pflanzenstandorte und wählen Sie entsprechend. Offene Küstenlagen und hochgelegene Standorte brauchen windresistente Pflanzen. Wählen Sie für solche Lagen z. B. *Olearia* und *Rosmarinus*.

Boden

Es ist im wesentlichen darauf zu achten, welche Bodenstruktur, Feuchtigkeitsgehalt, Tiefe und pH-Wert (sauer oder alkalisch) der Boden hat. Alle Gartenerden müssen entwässert werden, wenn das Bodenwasser nicht von selbst ablaufen sollte. Ansonsten besteht die Gefahr, daß der Boden versumpft und die Pflanzenwurzeln ersticken. Selbst wenn ein schwerer Boden gut drainiert ist, kann es lange dauern, bis nach heftigem Regen das Wasser abläuft. In diesen Situationen sollten Sie sumpf- oder wasserliebende Pflanzen in Betracht ziehen. Wenn andererseits der Boden sandig oder kieshaltig und gut drainiert ist, empfehlen sich trockenheitsbeständige Pflanzen. In Fällen, wo es an Boden mangelt, können Sie als Alternative Kübelpflanzen benutzen. Sommerblumen brauchen mindestens 10 bis 15 cm guten Boden, Stauden 15 bis 20 cm, Sträucher 30 cm und Bäume 45 bis 60 cm. Wo die Böden alkalisch oder kalkhaltig sind mit einem pH-Wert von 7 oder 8, werden Moorbeetpflanzen wie Azaleen, Kamelien und Rhododendron nicht wachsen; es sei denn, Sie benutzen Kübel mit entsprechender Erde. Andere Standorte können mit einer Zugabe von Kalk oder Dünger entsprechend verändert werden.

Pflanzenqualität

Wenn Sie Pflanzen per Post kaufen wollen, suchen Sie sich einen zuverlässigen Lieferanten. Besser ist es allerdings, Pflanzen dort zu kaufen, wo Sie sie sehen und prüfen können.

Es empfiehlt sich, auf folgende Dinge zu achten:

– Schädlingsbefall oder Krankheiten.
– Topf- oder Containerpflanzen sollten gut entwickelt sein und das Wurzelwerk im richtigen Verhältnis zum oberirdischen Teil stehen.
– Schauen Sie nach ausgewogenen Formen und vermeiden Sie schiefgewachsene oder beschädigte Pflanzen.
– Container oder Töpfe sollten intakt sein und Wurzeln sich gerade am Boden zeigen. Nehmen Sie keine Pflanzen, deren dicke Wurzeln den Topfboden durchwachsen haben. Dies ist ein Zeichen von Vernachlässigung.
– Hüten Sie sich vor welken, krank aussehenden oder trockenen Pflanzen.
– Bei Ballenware vermeiden Sie Pflanzen, deren Ballen teilweise zerfallen ist.
– Kaufen Sie keine welkenden, ausgetrockneten Pflanzen oder solche, die vorzeitig zu wachsen anfangen.

Pflanzhinweise

Der Pflanzenkauf für einen neuen Garten oder zum Füllen von Lücken, die der Frost des letzten Winters verursacht hat, kann eine teure Angelegenheit sein. Es ist deshalb zu empfehlen, überlegt und logisch vorzugehen.

Der Pflanzplan

Wenn nach einem vorgeplanten Programm vorgegangen wird, können Sie sicher sein, daß Sie nichts vergessen, Fehler vermeiden und Geld und Zeit sparen. Schon wenn man mehr als 5 oder 6 Pflanzen setzen möchte, sollte man einen Pflanzplan aufstellen. Bei größeren Pflanzungen ist ein solcher Plan eine unumgängliche Notwendigkeit. Er muß nicht besonders ausführlich sein; eine einfache Skizze, die die Positionen der verschiedenen Pflanzen mit Namen zeigt, sollte ausreichen. Zusätzlich stellt man bei größeren Pflanzungen, die in Phasen erfolgt, ein Programm auf, das auf die Pflanzzeiten Bezug nimmt. So wird es auch möglich, die Arbeit zu organisieren.

Bestellen und Kaufen

Bestellen Sie Ihre Pflanzen rechtzeitig, damit sie da sind, wenn Sie sie brauchen, sonst besteht die Gefahr, daß Sie günstiges Pflanzwetter verpassen.

Plazieren

Verwenden Sie Pflöcke, um wenigstens die wichtigen Pflanzenpositionen zu kennzeichnen. Geringere Veränderungen können dann vorgenommen werden, ohne daß man die Pflanzen noch einmal verpflanzen muß.

Zeitplanung

Ein wichtiger Aspekt beim Pflanzen ist, daß Ballenware nur möglichst kurze Zeit außerhalb des Bodens verbleibt. Um zu vermeiden, daß der Pflanzschock zu heftig wird, sollte man sie nach Entgegennahme so bald wie möglich pflanzen. Obwohl Topfware solange gepflanzt werden kann, wie Wetter und Bodenbedingungen stimmen, gibt es für die meisten Pflanzen eine ideale Pflanzsaison. Die genauen Daten hängen von der Art der Pflanze und der Beschaffenheit des Bodens ab. Herbst ist traditionell die Pflanzzeit für die meisten Bäume und Sträucher, einschließlich der Koniferen und immergrünen Gehölze, obwohl in kalten Klimaten und auf nassen Böden das Pflanzen im Frühjahr besser ist. Viele Stauden, frühjahrsblühende Zwiebelblumen und Zweijährige werden mitunter im Herbst gepflanzt.

Aber auch das Frühjahr ist eine beliebte Pflanzzeit für Bäume, Sträucher und Kletterpflanzen. Generell wachsen aber im Frühjahr gepflanzte Pflanzen weniger gut an. Im ersten Jahr müssen Pflanzen gut gewässert werden, um ihre Überlebenschancen zu verbessern. Sommerblühende Stauden, Steingartenpflanzen und Zwiebeln können alle im Frühling gepflanzt werden. Dies ist auch eine günstige Zeit für Wasser-, Sumpf- und Beetpflanzen.

Transport und Lagerung

Werden Pflanzen im Gartencenter abgeholt, transportiert man sie nicht auf einem Dachträger oder im offenen Kofferraum, wo das Laubwerk dem Wind ausgesetzt ist. Man nimmt sie in das Fahrzeug oder schützt sie anderweitig.

Wenn Pflanzen geliefert werden, ehe die Standorte vorbereitet sind, sollte man sie auspacken und gründlich wässern. Tauchen Sie die Wurzeln für ein oder zwei Stunden in sauberes Wasser, damit sie sich erholen können. Danach schlägt man sie möglichst in geschützter Lage ein.

Werden Pflanzen bei strengem Frost geliefert und ist der Boden gefroren, sollte man sie in einem luftigen, kühlen Verschlag halten, bis das Wetter wärmer wird. Entfernen Sie Materialien, die das Blattwerk zudecken, um Belüftung sicherzustellen, schützen Sie aber die Wurzeln vor Frost. Bei anhaltendem Frost wässern Sie die Wurzeln bisweilen, denn sie dürfen nicht austrocknen. Topfpflanzen sollte man bis zur Zeit der Pflanzung an einem geschützten Ort aufstellen. Bringen Sie die Pflanzen, falls notwendig, ins Gebäude.

Pflanzbedingungen

Wetter Wo immer möglich, setzen Sie Ihre Pflanzen bei ruhigem, mildem, feuchtem Wetter und vorzugsweise bedecktem Himmel. Vermeiden Sie, daß Wurzeln der Hitze, Sonne, trockenen, kühlenden Winden und Frost ausgesetzt werden. Diese Bedingungen verursachen Stress. Falls Verzögerungen beim Pflanzen eintreten, decken Sie die Wurzeln mit Säcken oder feuchtem Zeitungspapier zu.

Der Boden Dieser sollte vorbereitet, unkrautfrei und feucht, aber nicht naß sein. Pflanzen Sie niemals in Böden, die hart oder trocken sind, wässern Sie gründlich 2 oder 3 Tage vor dem Pflanzen. Bei gefrorenem Boden warten Sie, bis er auftaut; bei Staunässe sollte man drainieren.

Pflanzen Alle Pflanzen sollten, ehe sie gepflanzt oder getopft werden, gründlich

angefeuchtet werden, besonders im Wurzelbereich. Wässern Sie, bis das Wasser unten aus dem Topf austritt; danach lassen Sie das Wasser 30 Minuten ablaufen, ehe Sie mit den Pflanzen umgehen. Falls ein Topf ausgetrocknet ist, sollten Sie ihn bis zum oberen Rand tauchen.

Bäume pflanzen

Prüfen Sie die genaue Pflanzposition, was besonders in kleinen Gärten und in der Nähe von Mauern wichtig ist. Pflanzen Sie keine raschwüchsigen Bäume dichter an Gebäude als deren Krone breit wird. Sonst besteht die Gefahr, daß durch Wurzeln Fundamente beschädigt werden. In solchen Situationen ist es sicherer, Bäume in Kübel zu pflanzen. Spaliergehölze wie Pfirsich (*Prunus persica*) sollten mindestens 30 cm von einer Mauer entfernt stehen.

Das Pflanzloch muß wenigstens zweimal so groß wie der Wurzelballen sein und die eineinhalbfache Tiefe haben. Setzen Sie den guten Boden zur Seite. Der Boden des Pflanzloches und die Seiten werden mit einer Gabel gelockert, damit die Wurzeln besser seitlich in den lockeren Boden dringen können und die Pflanzen besser anwachsen. Geben Sie großzügig Humus in das Pflanzloch, z. B. Gartenkompost oder Torf zusammen mit etwas Volldünger.

Bei freistehenden Bäumen setzen Sie, falls nötig, einen angespitzten Baumpfahl. Der Pfahl wird etwas neben der Mitte des Pflanzlochs und vorzugsweise auf der Windseite des Baumes eingeschlagen. Der Wind drückt den Baum dann vom Pfahl weg; so können keine Reibungswunden entstehen. Beim Errechnen der notwendigen Länge eines Baumpfahles nimmt man an, daß ein Viertel des Pfahles in den Boden gerammt wird. Sobald der Pfahl sitzt, ist das Pflanzloch fertig und der Baum kann gepflanzt werden.

Damit der Baum einen guten Start hat, packen Sie die Bodenmischung dicht um die Wurzeln. Bereiten Sie eine Mischung aus drei Teilen gutem Boden und je einem Teil Sphagnumtorf und sauberem, scharfem Kies zusammen mit einem Volldünger in Anteilen, wie von dem Hersteller empfohlen. Statt Kies oder Sand können andere bodenverbessernde Substanzen benutzt werden. Wo der anstehende Boden unzulänglich ist, empfiehlt es sich, Pflanzerde zu kaufen. Wo kalkunverträgliche Bäume gepflanzt werden, muß die Pflanzerde kalkfrei sein.

Entfernen Sie den Topf mit Vorsicht, um Wurzelbeschädigungen zu vermeiden. Kürzen Sie beschädigte Wurzeln bis auf gesundes Gewebe ein. Setzen Sie den Baum in das Pflanzloch dicht an den Baumpfahl mit seiner besten Seite zur Hauptblickrichtung. Das Ballentuch ist am besten zu entfernen, nachdem der Baum im Pflanzloch steht. Plazieren Sie die Bodenmischung um den Wurzelballen herum und verdichten Sie sie während des Füllens durch Antreten. Der Sinn ist, mögliche Hohlräume zu vermeiden und sicherzustellen, daß zwischen Boden und Wurzeln guter Kontakt besteht. Zu diesem Zeitpunkt sollte der obere Teil des Wurzelballens leicht über dem umgebenden Niveau liegen.

Lösen Sie alle Verschnürungen, die die Krone zusammenhalten, und befestigen Sie den Baum mit vorgefertigten Gürteln am Baumpfahl. Schneiden Sie, wo nötig, die Krone abhängig von der Art und dem Zustand des Baumes. Die meisten Gartenbäume werden kaum zu schneiden sein, es sei denn, um einen verwachsenen Trieb zu kürzen oder einen Quertrieb zu beseitigen. Wo Bäume in einem warmen oder milden Klima gepflanzt werden, ist es empfehlenswert und üblich, einen tellerartigen Pflanzring zu schaffen, der das Wasser besser zurückhält, damit es in den Wurzelbereich absickern kann, anstatt im benachbarten Erdreich zu verschwinden. Machen Sie diese schalenförmige Vertiefung nicht mehr als 8 cm tief. Der Stammfuß sollte dabei etwas über dem Pflanzring stehen, um zu verhindern, daß der Stamm mit stehendem Wasser Kontakt hat. Bei heißem Wetter sollten Sie einem frisch gepflanzten Baum Schatten vor der brennenden Mittagssonne geben. Das Besprühen von Koniferen und immergrünen Gehölzen, die im Frühjahr gepflanzt sind, mit einem Antiwelk-Spray sofort nach dem Pflanzen, hilft beim Anwachsen. Sprühen Sie regelmäßig mit frischem Wasser, aber erst am Abend, wenn es kühl ist, und wässern Sie die Wurzelballen besonders nach warmen, trockenen und windigen Tagen.

Wo Sie in Grasflächen pflanzen, empfiehlt es sich, eine Baumscheibe von 30 bis 45 cm Durchmesser grasfrei zu halten, um den Konkurrenzkampf um Wasser und Nährstoffe zwischen Baum und Gras zu reduzieren. Mulchen Sie den Wurzelbereich frisch gepflanzter Bäume im Frühling, nachdem der Boden sich erwärmt hat, und legen Sie eine großzügige Schicht von ausgereiftem Kompost, Torf oder granulierter Baumrinde usw. aus.

Pflanzen, Sträucher und Kletterpflanzen

Sträucher Das Pflanzen von Sträuchern folgt im wesentlichen den Angaben für das Pflanzen von Bäumen. Die Unterschiede liegen im Gebrauch von Pflanzpfählen und Binden. Abgesehen von Ausnahmen ist es generell nicht nötig, freistehende Büsche anzubinden. Um die Pflanzdichte zu bestimmen, lassen Sie jedem freistehenden Strauch soviel Platz, wie er etwa dem Durchmesser einer ausgewachsenen Pflanze entspricht.

Wandsträucher und Kletterer Setzen Sie Wandsträucher und Kletterer wenigstens 25 cm von einer Wand entfernt, um Trockenheit in diesem Bereich zu vermeiden und es leichter zu machen, die Pflanzen zu halten und zu binden. Beete vor einer sonnigen, warmen Mauer sind allgemein sehr trocken, was hauptsächlich eine Gefahr für Wandsträucher und Kletterer darstellt. In heißen und trockenen Lagen sollte man Drainagerohre am Beetrand verlegen, um die Möglichkeit zu schaffen, den tieferen Wurzelbereich zu wässern. Setzen Sie die Rohre vertikal, das obere Ende eben mit dem Boden, und füllen Sie Erde um sie herum ein. Wasser, das in diese Röhren gefüllt wird, kann so die Wurzeln ohne Verlust erreichen.

Die meisten Kletterer bedürfen Halt in Form eines Lattenwerks oder von Drähten, die vor dem Pflanzen installiert werden sollten.

Geschnittene Hecken

Heckenpflanzen werden normalerweise viel dichter zusammengepflanzt als freistehende Büsche in Beeten und Pflanzungen. Die Gärtnereien und Gartencenter geben gewöhnlich Hinweise zur Pflanzdichte.

Wenn Sie die Pflanzung einer dichten Hecke vorbereiten, so kultivieren Sie einen Streifen Boden über die Länge der beabsichtigten Hecke und heben einen Graben aus, 30 cm tief und 45 bis 75 cm breit, lockern Sie die Grabensohle und mischen Sie dabei Humus als ausgereiften Kompost oder Torf zusammen mit etwas Volldünger unter. Wo der Boden schwer ist, sollten Sie etwas scharfen Kies dazugeben, um die Bodengare zu fördern. Füllen Sie den Graben wieder und mischen Sie bei diesem Vorgang Kompost, Torf und groben Kies in die Erde, wobei Erdschollen zerkleinert und eine pflanzgerechte Bodenkrume erzielt werden soll. Stecken Sie die Hecke mit einer Linie ab und markieren Sie die Pflanzpositionen mit Stäben. Heben Sie an den Standorten genug Erde aus, damit das Wurzelsystem bequem Platz hat, etwa 30 cm tief und 38 cm im Quadrat für kleinere Pflanzen. Sie werden sehen, daß Pflanzen, die mehr als 60 cm hoch sind, nur schwer anwachsen.

In warmen Lagen, wo der Boden leicht sandig und gut drainiert ist, sollte man Hecken in eine flache Furche etwa 8 cm tiefer als das umgebende Gelände pflanzen. Auf diese Weise wird der Regen zurückgehalten und das Wässern leichter gemacht. In schweren, nassen Böden empfiehlt es sich, eine Hecke gegenüber dem anstehenden Gelände leicht anzuheben, d. h. in der Größenordnung von 8 bis 15 cm. Alle Heckenpflanzen sollten in der gleichen Pflanztiefe wie vor dem Verpflanzen oder etwas tiefer gesetzt werden.

In windigen und exponierten Lagen ist es empfehlenswert, die Pflanzen zu stützen. Wo Pflanzen durch den Wind hin und her geblasen werden, entstehen am Wurzelhals Risse, in denen sich Wasser sammelt, was möglicherweise zu Fäulnis führt. Die einfachste Weise, Pflanzen zu stabilisieren, besteht darin, ein paar Pfähle in die Hecke zu setzen und einen Draht horizontal zu spannen. Die einzelnen Pflanzen können dann am Draht gebunden werden. Versorgen Sie Ihre Heckenpflanzen mindestens im ersten Jahr, der ersten kritischen Saison, gut mit Wasser und Mulch.

Pflanzen in Beeten

Bereiten Sie das Beet zunächst für das Pflanzen von Stauden oder Sommerblumen vor. Graben Sie bis zu einer Spatentiefe um und fügen Sie bei diesem Vorgang reichlich Humus und Sand wie bei Hecken hinzu. Wo der Boden sehr sauer ist mit einem pH-Wert von 5,5 oder weniger, geben Sie eine Handvoll Kalkmergel je Quadratmeter; direkt vor dem Pflanzen wird noch ein Volldünger eingebracht und anschließend das Beet eingeebnet.

Um bei Beeten die beste Wirkung zu erzielen – besonders wenn sie mehr von einer Seite gesehen werden – setzen Sie die höchsten Pflanzen in den Hintergrund; wo Beete von zwei Seiten betrachtet werden, sollten die größeren Pflanzen in die Mitte, die kleineren Pflanzen im Vordergrund und auf der Rückseite plaziert werden. Bei runden Beeten sollte man die größten Pflanzen in die Mitte stellen und dann graduell zum Rand bis auf ganz kleine Pflanzen abstufen.

Markieren Sie die Pflanzpositionen durch Zeichen am Boden oder mit Stäben. Pflanzen Sie die jungen Pflanzen mit einem Pflanzspaten, drücken Sie die Erde um die Pflanzen herum vor dem Wässern fest mit den Fingern an. Benutzen Sie einen Spaten oder eine Grabegabel für größere Pflanzen.

Zwiebelpflanzen

Zwiebelpflanzen sehen sehr gut in Gruppen zwischen anderen Pflanzen in Beeten aus oder wenn sie im Gras verwildern können. Benutzen Sie nur große, blühfähige Zwiebeln und Knollen, die gesund und unbeschädigt sind. Die meisten harten Arten werden im Herbst gepflanzt. Nicht ganz winterharte Arten folgen nach dem letzten Frost und müssen vor dem ersten Frost im Herbst herausgenommen werden.

Eine Faustregel beim Pflanzen von Blumenzwiebeln ist, diese etwa dreimal so tief zu pflanzen wie sie hoch sind. Die Pflanztiefe wird von der Zwiebelspitze bis zur Erdoberfläche gemessen. Es empfiehlt sich auch , Blumenzwiebeln mit einer großen Handvoll Sand zu pflanzen, was besonders wichtig ist, wenn der Boden schwer oder naß ist; die Drainage um die Zwiebel herum wird verbessert. Graben Sie den Boden vor dem Pflanzen in unregelmäßiger Form um und pflanzen Sie Zwiebeln nur dort in Reihen, wo es sich um eine formelle Pflanzung handelt oder Pflanzen zum Schnitt gesetzt werden. Wo im Gras gepflanzt wird, entfernen Sie die Grassode, lockern den Boden, pflanzen die Zwiebeln und setzen Sie danach die Grassoden wieder fest in die ursprüngliche Position.

Steingärten, Pflasterpflanzungen und Trockenmauern

Vermeiden Sie es, Steingartenpflanzen in den Schatten von Bäumen zu setzen. Die Pflanzung sollte so natürlich wie möglich erscheinen, insbesondere die von Steingartenpflanzen, Zwergsträuchern und Koniferen, Erika und Calluna. Pflanzen Sie aufrechte Exemplare vor einem Felsen, hängende so, daß sie über einen Felsen fallen, und nehmen Sie kissenformende Arten zum Füllen. Stellen Sie sicher, daß kalkfeindliche Pflanzen wie *Lewisia* und *Lithodora* nicht zwischen Kalksteinfelsen stehen.

Benutzen Sie einen Pflanzspaten, um kleine Pflanzlücken in Steingärten und Steinpflastern zu bepflanzen. In einer mit Platten belegten Fläche ist es oft nötig, eine Ecke einer Platte zu entfernen, um eine Pflanze zu setzen, es sei denn, die Lücken sind bewußt angelegt worden. Füllen Sie die Pflanzlücke mit Kompost und setzen Sie die Pflanze. Danach geben Sie weiteren Kompost über den Wurzelbereich, aber auch hier kalkfreies Substrat für kalkfeindliche Pflanzen. Zum Schluß können Sie etwas Splitt

verteilen, um zu verhindern, daß der Boden ausgewaschen wird und um die Wurzeln kühl zu halten. Nehmen Sie Kalksteinsplitt für die Mehrzahl der Pflanzen, aber Granit oder saures Gestein für kalkfeindliche Pflanzen.

Wenn Sie eine Trockenmauer bepflanzen, denken Sie daran, daß die meisten Pflanzen Schutz vor der Mittagssonne benötigen und Pflanzen auf der Krone einer Trockenmauer besonders durch Austrocknen gefährdet sind; deswegen sollten Sie etwas tiefere Erdlücken schaffen. In einer Trockenmauer ohne Vermörtelung ist es relativ einfach, in die Lücken zwischen Steine zu pflanzen. In einer alten Steinmauer oder Ziegelmauer können Sie den alten, brüchigen Mörtel entfernen, um Pflanzlücken zu schaffen. In neuem Mauerwerk sollten Sie nur pflanzen, sofern entsprechende Lücken vorgesehen worden sind.

Wählen Sie junge Topfpflanzen, da diese beim Pflanzen am wenigsten Schaden erleiden, und füllen Sie den Hohlraum mit Pflanzkompost. Nehmen Sie feuchten Torf um den Wurzelballen herum, setzen Sie die Pflanze vorsichtig mit einem angespitzten Stab in den vorbereiteten Hohlraum und drücken Sie sie fest an.

Wasser- und Sumpfpflanzen

Wenn Sie einen Teich oder ein Becken bepflanzen, ist es besonders wichtig, daß die Pflanzen das Klima vertragen und die Wassertiefe stimmt. Wo das Wasser 30 bis 45 cm oder tiefer ist, pflanzen Sie Tiefwasserpflanzen wie *Aponogeton*. Treibende Wasserpflanzen wie *Hydrocharis* und *Stratiotes* wachsen an der Wasseroberfläche, ohne im Boden verankert zu sein, und sind deshalb für jede Wassertiefe brauchbar. Wo Fische gehalten werden, ist es wichtig, daß man eine Anzahl wasserbelüftender Pflanzen setzt und die Wasseroberfläche wenigstens 6 bis 8 m² groß ist. Vermeiden Sie wuchernde Pflanzen wie Simsen (*Scirpus*) oder Wasserunkräuter wie *Lemna* in kleinen Wasserbecken und überpflanzen Sie die Wasserfläche nicht. Wenn die Pflanzen ausgewachsen sind, sollten 75 % der Wasserfläche bedeckt sein. Wo die Wasserfläche zuviel Licht bekommt, verbreiten sich Algen, der Hauptgrund für die Grundfärbung des Wassers. Sumpfpflanzen sollten am Wasserrand oder auf flachen Steinen gepflanzt werden, um die Linien zu überspielen.

In kleinen Becken ist es ratsam, Tiefwasserpflanzen und Wasserbelüfter in Körben zu pflanzen, die mit humusarmer Erde gefüllt sind. Nach dem Pflanzen empfiehlt es

sich, Splitt oder Kies auf die Erde zu legen, um zu verhindern, daß Fische im Boden wühlen und das Wasser dadurch trüben. Setzen Sie Körbe auf Blöcke oder Steine, so daß die Blätter der Wasserpflanzen eben an die Wasseroberfläche reichen.

Pflanzen in Kübeln

Benützen Sie Behälter, die zum jeweiligen Standort passen. Für den Garten sollten sie genügend widerstandsfähig und frostbeständig sein bzw. Isolation gegen Hitze und Kälte bieten. Prüfen Sie, ob der Behälter am Boden oder in Bodennähe genügend Drainagelöcher hat und groß genug für Ihre Pflanzen ist, mit genügend Erdreich zur Wasserspeicherung und zur Stabilisierung der Pflanzen. Für hohe Pflanzen sollten Behälter schwer genug sein, um zu verhindern, daß sie vom Wind umgeblasen werden. Prüfen Sie auch, ob die Behälter gut und beständig gebaut sind. Holz sollte nur mit nicht giftigen Imprägniermitteln behandelt sein.

Größe Benutzen Sie Behälter mit einem Mindestdurchmesser von 30 bis 40 cm für Bäume und Sträucher, jedoch keine Fensterkästen, die weniger als 18 cm tief und 20 cm breit sind. Falls Sie Solitärs in Kübeln ziehen, sollten Sie darauf achten, daß der Pflanzendurchmesser in keinem Fall mehr als dreimal so groß wie der Kübeldurchmesser und die Pflanzenhöhe nie mehr als viermal so groß wie die Behälterweite ist. Wenn Sie Pflanzen aus kleineren in größere Behälter pflanzen, achten Sie darauf, daß der Behälter nicht mehr als 5 bis 8 cm weiter ist.

Einsenken Es ist zu empfehlen, daß Pflanzen mit ihrem Topf in die Erde eingesenkt werden, wo verschiedene Pflanzentypen mit unterschiedlichen Wachstumsraten zusammen in einen Behälter gestellt werden. Dadurch ist es möglich, Pflanzen auszutauschen und Abwechslung zu schaffen. Dabei werden Pflanzen mit ihrem Topf bis zum Topfrand in Erde, Torf oder Splitt gesetzt.

Übliches Pflanzen Überdecken Sie die Löcher am Topfboden mit Gewebe und sorgen Sie für eine gute Drainageschicht aus Kieseln oder Topfscherben. Füllen Sie den Behälter nur zum Teil und pflanzen Sie danach wie bereits mehrfach beschrieben. Alternativ können Sie den Behälter bis zu 3 cm unter den Rand füllen und eine Anzahl von kleineren Pflanzen wie auf Beeten setzen. Eine Mulchlage hilft die Feuchtigkeitsverluste zu reduzieren.

Pflanzen pflegen

Das Aussehen eines Gartens hängt sowohl vom Gedeihen der Pflanzen wie von der ursprünglichen Planung ab. Es spielt keine Rolle, wie geschmackvoll oder teuer Skulpturen, Pflanzentröge oder Pflaster sind. Jeder gute Eindruck wird sehr schnell zerstört, wo Pflanzen kränkeln, wo sie wuchern oder stören. Damit Pflanzen gesund bleiben, müssen sie regelmäßig gepflegt werden.

Pflege nach Plan

Ist eine größere Pflanzung geplant, sollte man schon während der Planung an die spätere Pflege denken; sei es eine vollkommene Neuanlage oder nur eine allgemeine Überarbeitung. Ein Garten, der aus gepflasterten Flächen, Holzdecks, Wasserflächen, Bäumen und Sträuchern besteht, bedarf nur geringer Pflege, solange krautige Pflanzen knapp gehalten werden. Das andere Extrem ist eine differenzierte, kleinteilige Pflanzung, die viel Pflege erfordert, insbesondere dort, wo einjährige Blumen gepflanzt werden, die bis zu dreimal im Jahr ausgetauscht werden. Die Pflanzenauswahl, die schon diskutiert worden ist, sollte immer unter dem Gesichtspunkt der Pflege gesehen werden.

Wo Pflegemaßnahmen durch Dritte ausgeführt werden, ist es wichtig, Kosten festzustellen und einen Pflegeplan zu erarbeiten. Damit werden wesentliche Maßnahmen nicht vergessen und Arbeitsbelastung und Kosten über das Jahr hinweg verteilt. Geringfügige Veränderungen bedingt durch Jahreszeit, Wetter und Boden müssen möglich sein. Im ersten Jahr wird man noch mehr nach Gefühl arbeiten, im zweiten und den nachfolgenden Jahren werden jedoch genauere Pläne möglich sein.

Das übliche Verfahren, besonders in kleineren Gärten, ist, ohne jede Vorplanung auf die Bedürfnisse des Augenblicks zu reagieren. Wenn ein Topf trocken ist, wird er gewässert und wenn das Gras zu lang ist, wird es gemäht. Das mag so lange funktionieren, wie es möglich ist, die Dinge auch wirklich zu tun, wenn Sie getan werden müssen. Pflanzen sollten jedoch mit Vorbedacht gepflegt werden, wobei Arbeitsaufwand und Bedarf an Materialien und Geld berücksichtigt werden müssen. Es ist hilfreich zu wissen, was über die Jahre auf Sie zukommt, damit Sie Erfordernisse rechtzeitig planen können.

Bodenarbeiten

Bäume, Sträucher, Kletterpflanzen Während des Winters und im Frühjahr wird der Boden um frischgepflanzte Gehölze, die durch Frost und Wind lose wurden, wieder etwas verfestigt. Warten Sie, bis der Boden aufgetaut und etwas abgetrocknet ist. Decken Sie Wurzeln, wo diese sich an der Oberfläche zeigen, mit Erde ab.

In den ersten zwei Jahren nach dem Pflanzen muß der Boden unkrautfrei gehalten werden, um die Konkurrenz um Nährstoffe und Wasser zu reduzieren. Sobald es im Frühling wärmer wird, empfiehlt es sich, die Bodenoberfläche mit der Hacke zu lockern und auflaufendes Unkraut zu entfernen; dabei wird gleichzeitig die Oberflächenkruste gebrochen. Seien Sie aber vorsichtig, daß sich dabei die Pflanzen nicht lockern oder ihre Wurzeln Schaden leiden.

Die älteren Pflanzen erhalten etwas Volldünger und Wasser. Sollte der Boden trocken sein, geben Sie wenigstens 10 l Wasser pro m^2; wiederholen Sie es, wenn das Wasser schnell versickern sollte. Anschließend wird eine Mulchschicht (5 bis 8 cm) aus reifem Gartenkompost, Torf oder Rindenschrot aufgebracht. Das hilft, Unkraut zu unterdrücken, die Wurzeln kühl, den Boden feucht zu halten und die Bodenerosion zu unterbinden. Ergänzen Sie während der Sommermonate die Mulchschicht, solange der Vorrat reicht. Wo Mulchmaterial nicht zur Verfügung steht, hacken Sie immer wieder die Bodenoberfläche zwischen den Pflanzen. Dies ist zwar weniger wirksam, hat aber eine ähnliche Wirkung wie das Mulchen. Im Spätsommer oder Herbst, wenn Sie den Garten für den Winter vorbereiten, graben Sie den verbleibenden Mulch unter und lockern Sie gleichzeitig verdichtete Flächen, aber vorsichtig, damit Sie keine Wurzeln beschädigen.

In Gegenden mit kalten Wintern decken Sie den Wurzelbereich frostempfindlicher Pflanzen mit einer 15 cm dicken Lage aus Laub oder Stroh ab und sichern Sie das Abdeckmaterial mit Netzen und Pflöcken.

Beetstauden Die Hinweise für Sträucher gelten im wesentlichen auch für Stauden. Ein Unterschied ist, daß Stauden etwa alle 3 bis 5 Jahre, wenn sie zu groß und die Pflanzung zu dicht geworden sein sollten, verjüngt werden. Sonst ist die Blühwilligkeit beeinträchtigt. Große Stauden, wie *Helenium*, *Lychnis*, *Monarda* und *Rudbeckia* nimmt man heraus und sticht die jüngeren, äußeren Teile des Wuzelballens ab. Die jüngeren Teile werden wieder gepflanzt, damit sie nicht austrocknen. Den inneren Teil des Wurzelballens wirft man weg. Frühlingsblüher teilt man am besten im Herbst und Herbstblüher im Frühling.

Steingartenpflanzen Steingärten müssen das ganze Jahr unkrautfrei gehalten werden. Wo das nicht geschieht, können Unkräuter die anderen Pflanzen überwachsen und schließlich unterdrücken. Es ist unumgänglich, daß der Boden um die Pflanzen herum zweimal im Jahr, im Frühjahr und im Herbst, aufgefrischt wird. Nehmen Sie durchlässige Gartenerde und bedecken Sie die Erde z.B. mit Splitt.

Stützen

Bäume, Sträucher, Kletterpflanzen Prüfen Sie Baumpfähle, Gurte und Befestigungen von Kletterpflanzen mindestens einmal im Jahr und korrigieren Sie, falls nötig. Zu lockere Befestigungen reiben und zu feste schnüren den Saft ab. Entfernen Sie alle nicht mehr notwendigen Baumpfähle und erneuern Sie jene, die weiterhin gebraucht werden. Bäume sind noch einige Jahre nach dem Pflanzen bei Wind nicht voll standfest.

Beetstauden Stauden muß man jährlich neu hochbinden. Um hohe, leicht überhängende und auseinanderfallende Stauden steckt man Stäbe im Dreieck in die Erde. Wenn die Pflanzen halbhoch sind, werden die Stäbe mit Bindematerial in gedeckten Farben miteinander verbunden und halten die Pflanze zusammen. Bei hoch wachsenden Arten wie *Althaea* mit langen Blütenstilen befestigt man jeden Trieb an einem Stab. Als Alternative stehen auch vorgefertigte Stützen zur Verfügung.

Schneiden

Viele Bäume, Sträucher und Kletterpflanzen müssen geschnitten werden, um die Blühfähigkeit zu fördern, das Holz zu erneuern, um besonders Spalieren Form zu geben und sie gesund zu erhalten. Im Durchschnittsgarten würde man zunächst nach dem Pflanzen schneiden, um eine bestimmte Form zu erreichen. Bei alten, vernachlässigten oder kranken Pflanzen ist Schneiden eine Korrekturmaßnahme. Achten Sie darauf, daß der Schnitt sauber ist, dicht an einem gesunden Auge in gesundem Holz erfolgt und eine scharfe Schere benutzt wird. Der Schnitt kann in verschiedener Weise erfolgen, je nach Zweck und Wirkung:

- Flächiges Stutzen wie bei Hecken,
- Verjüngen von Kronen, wobei die meisten Stämme und Äste gekürzt werden,
- Auslichten von Kronen, wobei selektiv Zweige und Äste entfernt werden.

Art, Methode und Schnittzeitpunkt hängen von der Pflanze ab.

Zierbäume Grundsätzlich läßt man Zierbäume natürlich wachsen. Schneiden ist nur selten nötig, z.B. um totes, krankes Holz oder querwachsende Triebe zu entfernen. Man schneidet am besten im Herbst. *Acer*, *Betula* und *Juglans* dürfen im Spätwinter oder Frühling, wenn der Saft aufzusteigen beginnt, nicht mehr geschnitten werden, da sie sonst bluten und geschwächt werden. Ein Korrekturschnitt alter, vernachlässigter und kranker Bäume erfordert Erfahrung und ist eine Aufgabe für den Fachmann.

Sträucher Frühjahrsblühende Sträucher wie *Forsythia* blühen im wesentlichen an den Vorjahrestrieben. Man sollte sie deshalb möglichst bald nach dem Verblühen schneiden, dabei auslichten und altes Holz sowie schwache, neue Triebe entfernen.

– Sommer- und herbstblühende Arten wie *Buddleia* und *Clematis* blühen an den Spitzen der neuen Triebe und werden daher im Herbst oder Frühling geschnitten. Sobald ein deutliches Astgerüst entstanden ist, sollte der Blütentrieb auf die Länge dieser Äste zurückgeschnitten werden.

– Einige sommer- und herbstblühende Sträucher, die nicht winterhart sind wie z.B. *Fuchsia*, *Ceratostigma* und *Phygelius* sollte man wie Stauden behandeln und bis zur Erde zurückschneiden. Immergrüne wie *Camellia*, *Pieris* und *Rhododendron* sowie Zwergkoniferen, die von Natur aus kompakt wachsen, bedürfen kaum eines Schnittes, es sei denn, um einmal einen langen Trieb zu beseitigen.

– *Calluna* und *Erica* müssen regelmäßig geschnitten werden, um sie kompakt und buschig zu halten. Man schneide sie leicht nach dem Blühen, winterblühende *Erica* im Frühling, sommer- und herbstblühende *Erica* und *Calluna* im Herbst oder im Frühjahr.

– Großblättrige Sträucher wie *Aucuba* und *Prunus laurocerasus* sowie Kletterpflanzen wie *Hedera colchica* werden besser mit der Handschere, als mit der Heckenschere oder einer Maschine geschnitten. Man vermeidet das Zerschneiden der Blätter, die sonst braun werden und abfallen.

Rindenfarbe Bäume wie *Salix* und Sträucher wie *Cornus*, die wegen der Winterfarbe ihrer jungen Rinde gepflanzt werden, müssen jedes Frühjahr, wenn die Knospen zu schwellen beginnen, zurückgeschnitten werden.

Formschnitt Bäume und Sträucher, einschließlich Hecken und Bodendecker, die man als streng geschnittene Formen zieht, werden im Sommer, wann immer es nötig ist, nur leicht geschnitten, um die Form zu erhalten.

Stauden Immergrüne oder winterharte Stauden schneidet man mit einem scharfen Messer oder einer Baumschere nur nach dem Blühen, um die alten Blütenstände zu entfernen. Stauden, die vollständig einziehen, werden nach dem Vergilben des Laubes dicht über dem Boden abgeschnitten.

Wasser- und Sumpfpflanzen Im Spätsommer und im frühen Herbst ist es besonders in kleinen Becken mit Fischen wichtig, das absterbende Laub zu entfernen. Die verwesende organische Substanz verbraucht Sauerstoff und gibt für Fische schädliche Stoffe ab. Verrottendes Laub stellt keinen hübschen Anblick dar.

Alle zwei bis drei Jahre, wenn die Wasserpflanzen zu dicht geworden sind, werden sie drastisch gelichtet. Der Sommer ist dafür die beste Zeit; dann hat sich der Wasserspiegel eingepegelt und das Wetter ist warm. Dies ist auch eine günstige Zeit, um Neupflanzungen vorzunehmen.

Entfernen der Samenstände Sofort nach dem Verblühen werden die Samenstände entfernt. Einige Sträucher, besonders junge Azaleen, *Rhodondendron*, *Syringa* und moderne Rosen profitieren davon. Dies muß natürlich unterbleiben, wo Sie Samen oder Früchte ernten wollen. Beseitigen Sie auch die alten Blüten von Stauden, Steingartenpflanzen, Blumenzwiebeln sowie ein- und zweijährigen Pflanzen. Dies verlängert die Blütezeit und fördert den Blütenreichtum. Die meisten Pflanzen werden durch die Samenbildung geschwächt; Stauden blühen im nächsten Jahr weniger. Schneiden oder pflücken Sie die alten Blüten einfach weg. Steingartenpflanzen und Heidekraut lassen sich mit der Heckenschere schneiden. Bei Blumenzwiebeln dürfen die Blätter nicht entfernt werden.

Luftfeuchtigkeit, Belüftung, Wässern

Luftfeuchtigkeit und Belüften Während der wärmsten Monate des Jahres benötigen die Pflanzen, besonders Zimmerpflanzen, die richtige Luftfeuchtigkeit. Im Gewächshaus oder auf der Veranda wird das durch Besprühen und Befeuchten des Bodens oder der Stellagen erreicht. Wenn man Töpfe in feuchte, kiesgefüllte Tröge oder Übertöpfe stellt, hat das sie gleiche Wirkung. Spezielle Luftbefeuchter machen weniger Arbeit.

Belüften geht Hand in Hand mit Schattieren, wenn Pflanzen kühl gehalten werden sollen. Sie sollten jedoch versuchen, zugunsten eines gesunden Wachstums ausreichende Luftbewegung ohne schädigende Zugluft zu schaffen. Im Idealfall sollten Belüftungsöffnungen etwa 15 bis 20 % der Bodenfläche ausmachen. Auf diese Weise kann man bei heißem Wetter den nötigen Luftaustausch herbeiführen. Pflanzen brauchen in ihrer aktiven Wachstumsperiode frische Luft und Kohlendioxid, damit die Blätter richtig arbeiten können. Verbrauchte, stehende Luft führt zu krankeitsanfälligen Pflanzen.

Wässern Wasser erfüllt verschiedene Aufgaben: Es ist wichtig für die Nährstoffaufnahme, den Nährstofftransport innerhalb der Pflanze, die Stärkeproduktion bei Tageslicht in den grünen Blättern und für die Kühlung. Pflanzen müssen Wasser erhalten, das frei von Schadstoffen ist. In manchen Gegenden enthält das Wasser erhebliche Mengen an Kalk, der für kalkfeindliche Pflanzen wie Azaleen und Rhododendron schädlich ist. In diesem Fall sollten Sie Regenwasser benutzen oder Pflanzen wählen, die unter den örtlichen Bedingungen gut gedeihen.

Bei trockenem Boden wird nach dem Säen, Pflanzen und Verpflanzen gewässert. Grundsätzlich sollte gewässert werden, bevor die Pflanzen schlaff werden. Vermeiden Sie auch, daß Blätter bei praller Sonne naß werden, weil die Gefahr von Verbrennungen besteht. Wässern Sie Pflanzen immer gründlich, nie tropfenweise. Auf Beeten und Rasen geben sie ein Minimum von 10 l pro m^2.

Kübel und Töpfe Gründliches Wässern ist hier sehr wichtig. Bei den meisten Topfpflanzen ist man im allgemeinen im Winter sparsam und wässert im Sommer reichlich. Anfänger mögen es zunächst als schwierig empfinden, die Bodenfeuchtigkeit einzuschätzen. Ein Feuchtigkeitsmeßgerät ist in diesem Fall von Nutzen. Alternativ können Sie auch einen etikettähnlichen Indikator in die Erde stecken, der sich mit zunehmender Feuchtigkeit verfärbt.

Gießen Sie Töpfe solange, bis das Wasser aus dem Topfboden läuft. Wo Pflanzenballen trocken geworden sind, versenken Sie den ganzen Topf in einem Eimer mit sauberem Wasser und nehmen Sie ihn heraus, sobald keine Luftblasen mehr aufsteigen. In warmen Gegenden empfiehlt es sich generell, die Wurzelballen im Sommer zu tauchen. Dies hilft, angereicherte Salz- und Düngerreste zu beseitigen.

Lassen Sie Pflanzen nie mehr als 10 bis 15 Minuten im Wasser stehen. Dann lassen Sie das Wasser ablaufen.

Bewässerungsmethoden Benutzen Sie, wo nur wenige Pflanzen zu wässern sind, eine Gießkanne mit Sprenger oder einen Schlauch.

– Verschiedene Regner, von kleinen, rundlaufenden bis zu großen, pulsierenden und oszillierenden Sprühanlagen, sind in großen Gärten beliebt.

– Tropfbewässerungssysteme, einschließlich der Anstaubewässerung sind besonders praktisch, um Einzelpflanzen gründlich zu versorgen.

Schutz

Frostschutz Frost und niedrige Temparaturen stellen eine ernste Gefahr für viele Pflanzen in kühlen Klimazonen dar. Nicht und halbwinterharte Pflanzen sowie Kübelpflanzen sollten im Herbst herausgenommen und unter Dach in einem frostfreien Raum überwintert werden. Dies ist ein Muß bei Pflanzen wie *Fuchsia*, *Pelargonium*, *Lantana* und *Abutilon* sowie für Zwiebel- und Knollengewächse wie *Acidanthera*, Begonien und Dahlien.

Nicht ganz harte Pflanzen wie einige Arten von *Agapanthus*, *Alstromeria*, *Indigofera* und *Phygelius* überleben Frost, wenn man besonders die Wurzeln ausreichend schützt. Dies ist auch für frischgepflanzte Kamelien oder Magnolien in den ersten zwei Wintern zu empfehlen. Im Herbst schützt man die Wurzeln mit einer mindestens 15 cm hohen Laub- oder Strohschicht, die mit Netzen und Pflöcken befestigt wird.

Viele Bäume und Sträucher einschließlich *Acer*, *Camellia*, *Magnolia* und verschiedene *Prunus* sind mit Einschränkungen normalerweise winterhart, leiden aber sehr unter Frühjahrsfrösten, die vor allem junge Blüten und Laub in Mitleidenschaft ziehen. Die Schäden sind am größten auf der Ostseite von Mauern, wo die Morgensonne nach einem Nachtfrost ein rasches Tauen verursacht. Schattieren Sie empfindliche Pflanzen am Morgen mit einem feinen Gewebe. Besser wählen Sie aber Pflanzen, die diesen Bedingungen gewachsen sind. Pfirsich- oder Aprikosenspaliere müssen auch geschützt werden, damit ihre Blüten keinen Schaden nehmen.

Schattierung Viele Pflanzen brauchen bei starker Sonne Schatten. Frisch gepflanzt sind sie sehr empfindlich, besonders wo sie frei und in Kübeln stehen. Feines, von Stäben gestütztes Gewebe schützt wirksam vor der Sonne. Prüfen Sie auch die Möglichkeit, Kübelpflanzen in einen schattigen Teil des Gartens zu stellen.

Der Schutz vor intensiver Sonne vom Frühjahr bis in den späten Sommer ist auch für die meisten Zimmerpflanzen wesentlich, wenn man Überhitzung und Austrocknen vermeiden möchte. Die einfachste Lösung ist, man stellt die Pflanzen an Ost- oder Westfenster und vermeidet so die Mittagssonne. Gardinen oder Jalousien bieten zusätzlichen Schutz. Im Gewächshaus oder auf der Veranda können Sie auch Blenden benutzen und auf Glasflächen Schattierfarbe aufbringen.

Windschutz Wenn Pflanzen kalten oder heißen trockenen Winden ausgesetzt sind, verbessert das nicht gerade ihre Überlebenschancen. Wo man Schutz und Windschatten bieten kann, blühen und wachsen Pflanzen besser, haben schöneres Laub und gesündere Früchte. Durchlässiger Windschutz aus feinem Gewebe oder Hecken sind dichten Blenden oder Mauern vorzuziehen, da diese Turbulenzen hervorrufen.

Schützen Sie einzelstehende oder frisch gesetzte Pflanzen mit an einem Rahmen befestigtem Gewebe oder Sackleinen. Eine frisch gepflanzte Rabatte schützt man, indem auf der Windseite ein Gewebe gespannt wird. Ein Windschutz schützt auf ebenem Gelände einen Streifen, der etwa siebenmal so breit wie der Windschutz hoch ist. Hecken an einem windigen Ort kann man in einen flachen Graben setzen und auf der Windseite einen kleinen Damm aufwerfen.

Schnee, Hagel und Regen Heftiger Regen und Schnee können die Form von Koniferen und Bäume bleibend verändern, in dem sie die Zweige auseinanderbiegen. Beim ersten Anzeichen einer Verbreiterung der Astgabeln sollten die Äste mit einem unauffälligen Material zusammengebunden werden. Schütteln Sie nach heftigem Schneefall auch die Koniferen. In Gegenden, wo es häufig zu Hagelschlag kommt, müssen empfindliche Pflanzen sicher geschützt werden. Wo häufig heftige Regenfälle auftreten und auf schweren Böden empfiehlt es sich, Pflanzenbeete erhöht anzulegen. Kübelpflanzen werden vor übermäßigem Regen geschützt, indem man den Boden mit einer Art Kunststoffkragen abdeckt.

Pflanzenkrankheiten und Mangelerscheinungen

In Gegenden mit hartem Wasser zeigen kalkfeindliche Pflanzen wie Azaleen, Rhododendron und Magnolien und in geringerem Maße Rosen gelbe Blätter, die auf Eisenmangel zurückzuführen sind. Bei den ersten Anzeichen sollten entsprechende Dünger gegeben werden. Schauen Sie regelmäßig nach Krankheiten und Insektenbefall. Es gibt zahlreiche praktische Broschüren, nach denen Sie Symptome identifizieren können.

Topf- und Kübelpflanzen

– Wässern Sie vom Frühling bis zum Herbst an heißen Tagen zweimal, sonst wenigstens einmal und im Winter nur sparsam.

– Düngen Sie besonders während der Wachstumsperiode mit einem flüssigen Volldünger.

– Alle zwei Jahre sollten Sie verpflanzen, entweder im Herbst oder im Frühling. In dazwischen liegenden Jahren werden nur etwa 3 cm der oberen Bodenschicht abgenommen und neue Erde aufgelegt.

– Im Sommer kommen die nicht winterharten Pflanzen in den Garten und im Herbst wieder ins Haus.

– Im Herbst sollten Sie im Freien verbleibende Kübel mit Stroh oder Laub eindecken.

Rasenpflege

Im Frühling zu Beginn des Wachstums empfiehlt es sich, den Rasen zu vertikutieren und eventuell walzen. Danach kann er ein- oder zweimal in der Woche gemäht werden. Düngen Sie einmal im Jahr (im Frühling) mit einem Rasendünger. Wo Moos Ärger macht, läßt sich ein selektives Bekämpfungsmittel verwenden, das auch im Frühling ausgebracht wird.

Klimazonen und Winterhärte

Der Gebrauch von Karten der Klimazonen, um zu prüfen, ob Pflanzen für bestimmte Lagen geeignet sind, ist besonders in den USA weit verbreitet. Es beseitigt die Unsicherheiten beim Auswählen der Pflanzen und verringert Verluste

Eines der besten Systeme, die in diesem Bereich erarbeitet worden sind, ist das vom US-amerikanischen Landwirtschaftsministerium entwickelte. Es handelt sich zwar um eine Klassifizierung für die USA, ist aber auch ein auf andere Länder übertragbares System. Es teilt das Gebiet auf der Basis der Mindesttemperaturen in klimatische Zonen ein. Wir haben uns entschlossen, die Klassifizierung in diesem Buch in gleicher Weise zu handhaben. Die verschiedenen Pflanzen sind in Listen aufgeführt und mit Buchstaben versehen, die angeben, in welcher Region diese Pflanzen entsprechend ihren Temperaturbedürfnissen normalerweise wachsen.

K kennzeichnet Pflanzen, die bis zu -12 °C ertragen.
M steht bei Pflanzen, die im Winter mildere Bedingungen verlangen, aber Temperaturen von -6 bis -10 °C überstehen.
W bezeichnet Pflanzen, die nur unter warmen Bedingungen gedeihen. Dazu zählen subtropische oder tropische Gewächse, die keinen Frost vertragen und Minimaltemperaturen von +2 bis +5 °C verlangen.

Die Klassifizierung entspricht der USDA-Zonen-Einteilung mit folgenden Nummern:

K = Zone 8; **M** = Zone 9; **W** = Zone 10.

Pflanzen mit niedrigeren USDA-Zonennummern bis zu 5 gedeihen selbstverständlich auch in Zone 8, die mit den Nummern 6, 7 und 8 in Zone 9 und solche mit den Nummern 8 und 9 in Zone 10.

Klima und Pflanzen

Klima ist die Summe von Faktoren wie Regen, Wind, Sonne, Schnee, Frost und Schatten für eine gegebene Situation über eine längere Zeitspanne. Das Klima bestimmt mit, ob eine Pflanze gedeiht oder nicht. Boden, Standort, Pflege sind die anderen Kriterien.

Die Wirkung des Klimas auf eine Pflanze hängt von der Pflanzenart ab. Nehmen Sie z. B. die Temperatur: Tropische Pflanzen gedeihen unter hohen Temperaturen. Pflanzen aus kühlen Klimaten würden darunter leiden. Auf der anderen Seite sterben empfindliche tropische Pflanzen beim ersten Frost ab, während Stauden, Sträucher und Bäume aus kühlen Klimaten das Wachstum einstellen, bis das Wetter wieder wärmer wird.

Kurzum: Pflanzen haben sich den natürlichen Bedingungen angepaßt.

Pflanzenwachstum und Winterhärte

Eine Pflanze ist in einem spezifischen Klima winterhart. Pflanzen aus Australien oder Neuseeland verkümmern, wenn man sie in einem Garten in Europa pflanzt. Es gibt allerdings keinen Grund, warum man solche Pflanzen nicht im Haus, auf der Veranda oder im Gewächshaus ziehen sollte.

Wenn Sie an die Winterhärte von Pflanzen denken, vergessen Sie nicht, daß die Durchschnittstemperaturen nichts über Extreme aussagen. In einem Klima mit einer Durchschnittstemperatur um 10 °C, die aber nicht mehr als +/- 5 Grad variiert, gedeihen durchaus subtropische Pflanzen. An anderen Orten mit einer ähnlichen Durchschnittstemperatur, aber einer Temperaturvarianz von +/- 12 °C, Winterfröste eingeschlossen, werden nur Pflanzen überleben, die kühle Temperaturen vertragen. Abweichungen von der Norm können also drastische Auswirkungen auf die Pflanzen und ihr Wachstum haben.

Regionale Hauptklimazonen

Für unsere Zwecke genügen 3 Klimazonen, die von kühlen, gemäßigten Regionen bis zu warmen Gebieten reichen. Zwischen den Regionen bestehen allerdings keine klaren Grenzen. Der Übergang ist im allgemeinen fließend und hat Bezug zu den Breitengraden der Nord-Süd-Achse.
Die Temperatur fällt gleichmäßig mit der Entfernung vom Äquator. Generell kann man etwa 1 °C Temperaturgefälle je 250 km feststellen.

Die kühle, gemäßigte Zone

Die südliche Hälfte der Britischen Inseln, Südirland und Teile Westeuropas haben ein gemäßigtes Klima, das eine Art Zwischenstufe zwischen heißen, tropischen Klimaten und den arktischen Regionen darstellt. Mitteleuropa hat generell heißere Sommer und kühlere Winter als Großbritannien und Irland.

Im kühlen Europa ist die Tageslänge im Winter relativ kurz und von September bis Mai jederzeit Frost zu erwarten. Die langen Sommertage sind warm, aber nicht unerträglich heiß. Die durchschnittliche Regenmenge pro Jahr reicht aus, um bei den meisten Bäumen und Sträuchern den Sommer über ohne Wassergaben auszukommen. Die kühlen, gemäßigten Regionen haben weniger extremes Wetter als die arktischen und tropischen Bereiche

Die milde, temperierte Zone

Das Klima großer Teile des Mittelmeerraumes und von Teilen der USA ist sehr typisch für diese Zone. Lange, heiße, trockene Sommer mit milden Wintern in Seenähe kennzeichnen es. Kaltes Wetter mit Frost ist eine Ausnahme und nur kurzzeitig zu erwarten. Der größere Teil der mediterranen Region hat Winterregen, und nur Teile Spaniens könnte man als trocken und arid bezeichnen. Teile Südafrikas haben ebenfalls mildes Klima und bisweilen erleben sie einen extremen Hagelschlag.

Die Unterschiede zwischen Sommer und Winter in der Tageslänge sind im Vergleich zu den kühleren, temperierten Zonen weniger markant.

Die warme Zone

Diese Zone entspricht etwa den tropischen und subtropischen Bereichen von Teilen der südlichen und südöstlichen USA und Nordaustraliens. Die Tages- und Nachtlängen sind über das ganze Jahr hinweg etwa gleich, was sich nachteilig auf Pflanzen aus temperierten Zonen auswirken kann, die einen Langtag benötigen, um Blütenknospen anzusetzen. Diese Zone ist normalerweise das ganze Jahr hindurch frostfrei, aber die Regenmenge kann sehr unterschiedlich sein. Das Spektrum reicht von trockenen, ariden Bereichen mit wenig Regen bis zu nassen, tropischen Regenwäldern mit Stürmen, Dürre und Fluten.

Geographische Einflüsse

Luftströme Westliche Küstenbereiche der Britischen Inseln und Westeuropas sind im Winter wärmer als die Inlandsbereiche Zentraleuropas. Die Ursache dafür ist der Golfstrom, der mit seinen warmen Luftmassen über den Atlantik treibt. Ähnliche Wirkungen kennt man in den USA, wo warme Luftmassen vom Pazifischen Ozean die Küsten erreichen.

Kontinentales Klima Auf die Mitte ausgedehnter Landmassen in Zentralamerika, Zentraleuropa und Zentralaustralien zu sind extrem hohe Temperaturen normal. Im Winter verkehrt sich die Situation: extreme Kälte und Frost herrschen vor.

Trockenes Klima In einigen Küstengebieten in den westlichen USA, Süd- und Ostaustralien gibt es Bergketten, auf deren Seeseite heftiger Regen fällt und üppige Vegetation gedeiht. Im Landesinneren hinter den Bergen liegen trockene, aride Regenschattenbereiche, in denen die Pflanzen um das Überleben kämpfen müssen.

Frost Mit Frost muß man in allen Zonen rechnen. In den kühlen oder gemäßigten Zonen ist er ein übliches Problem, in den milderen Klimaten weniger. Sogar in subtropischen Bereichen gibt es gelegentlich Frost, bisweilen mit vernichtenden Ergebnissen. Für das Überleben der Pflanzen ist entscheidend, wie stark der Frost ist, wie lange er anhält und bei welcher Entwicklungsphase er auftritt.

Gewöhnlicher Frost In kühleren, gemäßigten und milden Klimabereichen ist Winterfrost bis zu einem gewissen Grade normal. Schwere Fröste überleben nur harte Pflanzen ohne große Schäden. Ruhende und eingezogene Pflanzen sind geringerer Gefahr ausgesetzt als Pflanzen die im Wachstum stehen.

Die Zeitspanne zwischen dem letzten Spätfrösten und den Frühfrosten bestimmen weitgehend die Länge der Wachstumsperiode, die Zeit zum Säen und Pflanzen oder wenn nicht harte Pflanzen ohne Gefahr in den Garten gebracht werden können und im Herbst wieder hereingeholt werden müssen.

Unerwartere Fröste Diese Fröste richten am meisten Schaden an, weil sie während des Wachstums auftreten. Spätfröste im Frühjahr sind besonders vernichtend, wenn sie während der Obstbaumblüte auftreten. Ebenso vernichtend wie Frost sind in einer Klimazone unerwartet niedrige Temperaturen oberhalb der Frostgrade.

Frostlöcher Es gibt kalte Lagen, wo Nachtfröste stärker wirken als gewöhnlich. Talsohlen, die von höherem Gelände umgeben sind, sind z.B. typisch. Hier fließt kalte Luft, die schwerer ist als warme, herab und sammelt sich wie Wasser am tiefsten Punkt; In einer ruhigen klaren Nacht, wo dieser Vorgang mit der Abgabe von Bodenwärme zusammenfällt, führt dies zu Frösten. Die kalte Luft verdrängt die wärmeren Luftmassen und führt zu Temperaturen um den Gefrierpunkt. Ummauerte Gärten und geschlossene Randpflanzungen können zu Sammelbecken kalter Luft und zu künstlichen Frostlöchern werden. Da solche Fröste durch Abstrahlung entstehen, treten sie sogar in subropischen Regionen, in Wüsten und Berglagen auf.

Das örtliche Klima

Für viele mag die Beschäftigung mit Klimazonenkarten eine akademische Angelegenheit sein. Allerdings kann sich niemand leisten, das örtliche Klima zu ignorieren. Innerhalb jeder klimatischen Hauptzone gibt es Bereiche, die wahrnehmbar wärmer oder kühler sind als der Durchschnitt der Zone insgesamt. Das trifft auch auf kleinere Bereiche wie Gärten zu, wo sich eine bestimmte Lage von einer anderen unterscheidet.

Höhenlage

Die Höhe über Meeresspiegel hat einen erheblichen Einfluß auf die Temperatur, die pro 100 m um 0,5 °C abfällt. Gleichzeitig erhöhen sich die Windstärken.

Küsten oder Seeufer

Die Nähe des Meeres oder einer großen Wasserfläche hat mildernde Einflüsse auf das Wetter und gleicht die extrem warmen und kalten Temperaturen aus. Im Winter wird die Temperatur nicht so weit absinken wie im Inland, während es andererseits im Sommer am Wasserrand kühler sein wird als im Inland.

Wind Er wirkt auf Pflanzen kühlend, aber auch austrocknend. In freien Lagen, besonders in Küstennähe, sind Bäume und Sträucher oft einseitig dem Wind ausgesetzt. Dachgärten und Balkone sind gewöhnlich kühl, windig und zugig. Hier kann ein Windschutz die Bedingungen erheblich verbessern.

Sonne Eine sonnige Mauer, besonders dort, wo das Dach übersteht, ist ein bevorzugter Standort. Dies liegt u. a. auch daran, daß die Mauer die während des Tages absorbierte Hitze über Nacht abgibt. Deshalb sollte in der nördlichen Hemisphäre an eine süd- oder westexponierte Mauer, in der südlichen Hemisphäre an eine nordexponierte Mauer gepflanzt werden.

Stadt Geschützte Lagen in Siedlungsbereichen sind normalerweise im Winter um einige Grade wärmer als die sie umgebene Landschaft.

Klimazonen und Pflanzenlisten

Es ist wichtig, daß Sie die angegebenen Klimazonen nur als Hinweis verstehen, die Sie unter Berücksichtigung der örtlichen Bedingungen modifizieren müssen. Nachdem Sie „Ihre" Zone herausgefunden und die örtlichen Besonderheiten festgestellt haben, sehen Sie sich die Pflanzenarten in Ihrer Nachbarschaft genau an und prüfen Sie, welche Pflanzen besonders gut wachsen.

Kübelpflanzen Denken Sie daran, daß Pflanzen, die in Kübeln oder Töpfen gezogen werden, nicht so hart sind wie die im Freien wachsenden. Dies ist besonders bei solchen Pflanzen zu beachten, die man im Garten überwintern läßt. In der kühlen, gemäßigten Zone können z.B. nicht alle Pflanzen mit dem Merkmal K den Winter ohne besonderen Schutz überleben; einige sollte man besser hereinnehmen.

Kübelpflanzen benötigen geschützte, warme Winterquartiere. Wo das nicht möglich ist, sollte man in milderen Klimazonen härtere Pflanzen aus dem Bereich K benutzen.

Wände und Schutz Es ist bekannt, daß weniger harte Pflanzen an einer sonnig-warmen Wand gut gedeihen, aber ähnliche, nur wenige Meter entfernte Pflanzen den Winter nicht überleben. Wenn Sie diesen Vorteil ausnutzen, gedeihen auch Pflanzen aus milden Klimazonen im kühlen gemäßigten Bereich.

Ostlagen In der kühlen, gemäßigten Zone sind diese Lagen bei Frostwetter gefährlich. Pflanzen, die gerade Knospen, oder Immergrüne sind durch das schnelle Auftauen nach Nachtfrost und die Morgensomme gefährdet.

Kühle Lagen Wo immer es notwendig erscheint, Pflanzen in ungünstigen Lagen zu ziehen, empfiehlt es sich, solche aus kühleren Klimazonen zu wählen; in der milden Klimazone wird man dann z.B. auf Pflanzen der kühlen, gemäßigten Zone zurückgreifen.

Zimmerpflanzen Wo Pflanzen im Haus gehalten werden, sollte man sie nach den folgenden Mindesttemperaturen auswählen:

Zone K	0 – 4 °C
Zone M	4 – 10 °C
Zone W	10 – 16 °C

Gärten in der Stadt

Pflanzennamen
Einige Pflanzennamen
wurden zwischenzeitlich
geändert. In den meisten
Fällen werden in diesem
Buch aber die herkömm-
lichen Namen benutzt.
Dies erleichtert den
Gebrauch anderer Pflan-
zenbücher und Kataloge
(s. auch Seite 230).

**Bäume für geschützte
Gärten in milden Lagen**

Acacia M-W
Acer K-W
Albizia M-W
Aralia M-W
Arbutus K-W
Cassia M-W
Catalpa
Chamaerops W
Citrus M-W
Cornus K-W
Cotoneaster K-W
Crinodendron M-W
Cytisus M-W
Eriobotrya M-W
Eucalyptus K-W
Ficus K-W
Gleditsia K-W
Hoheria M-W
Ilex K-W
Laurus M-W
Ligustrum M-W
Magnolia M-W
Morus K-W
Paulownia
Piptanthus M-W
Pittosporum M-W
Podocarpus M-W
Prunus K-W
Rhus K-W
Robinia K-W
Sophora M-W
Trachycarpus K-W

Winterharte Bäume
(Alle K-M)

Acer
Aesculus
Alnus
Amelanchier
Betula
Carpinus
Chamaecyparis

Cornus
Cotoneaster
Crataegus
Eucalyptus
Fagus
Ilex
Laburnum
Malus
Prunus
Pyrus
Rhus
Salix
Sorbus

**Sträucher für geschützte
Gärten** (alle M-W, wenn
nicht anders angegeben)

Abelia
Abutilon
Acacia
Atriplex
Azalea K-W
Callistemon
Camellia K-W
Carissa
Carpenteria
Caryopteris
Ceanothus
Cestrum
Choisya K-W
Cistus
Clianthus
Coprosma
Cordyline
Cotoneaster K-W
Crinodendron
Cyathea
Cytisus
Desfontainea
Elaeagnus
Embothrium
Enkianthus
Eriobotrya
Escallonia
Euonymus
Fatsia K-W
Ficus
Fothergilla
Griselinia K-W
Hibiscus
Hydrangea
Jasminum
Kalmia K-W
Lantana
Leptospermum K-W
Leucothoe
Magnolia

Mahonia
Ochna
Osmanthus K-W
Photinia
Phygelius
Pieris K-W
Piptanthus
Pittosporum
Podocarpus
Prunus K-W
Punica
Pyracantha K-W
Pyrus
Rhododendron K-W
Rhus
Rosa K-W
Rosmarinus
Salvia
Sarcococca K-W
Sophora
Tecomaria
Viburnum
Xylosma
Yucca

**Kletterpflanzen für
warme Lagen** (alle M-W,
wenn nicht anders
angegeben)

Actinidia
Akebia
Aristolochia
Berberidopsis
Campsis
Clematis
Eccremocarpus
Fremontodendron
Humulus
Jasminum
Lapageria
Lonicera
Passiflora
Raphiolepis
Rosa K-W
Schizophragma
Senecio
Solanum
Thunbergia
Trachelospermum
Vitis
Wistaria

**Stauden und Farne für
warme Lagen**

Acanthus K-W
Adiantum K-W
Agave M-W
Aloe M-W
Arundinaria M-W
Aspidistra M-W

Asplenium K-W
Carex M-W
Cyperus K-W
Dicksonia
Dryopteris K-W
Euphorbia K-W
Gazania M-W
Gerbera M-W
Hedychium M-W
Hemerocallis K-W
Kniphofia K-W
Liriope K-W
Musa W
Ophiopogon M-W
Philodendron M-W
Phormium M-W
Polystichum K-W
Sedum K-W
Yucca K-W
Winterharte Stauden
s. Seite 241

**Bodendecker,
Steingarten- und
Polsterpflanzen für
warme Lagen** (alle K-W,
wenn nicht anders
angegeben)

Acaena M-W
Acantholimon M-W
Achillea
Asarum
Calocephalus M-W
Cerastium
Ceratostigma
Chamaemelum
Convolvulus M-W
Coronilla
Cotula M-W
Crassula M-W
Cymbalaria
Cytisus
Dichondra M-W
Duchesnea M-W
Epimedium
Erodium
Festuca
Fragaria
Gazania M-W
Hakonechloa M-W
Halimium
Helianthemum
Hosta
Hypericum
Liriope
Lithodora
Lysimachia
Mazus M-W
Mentha
Mesembryanthemum M-W

Nepeta
Ophiopogon M-W
Pellaea M-W
Polygonum
Potentilla
Sagina
Santolina
Satureja
Saxifraga
Scleranthus M-W
Sedum
Sempervivum
Silene
Thymus
Vancouveria M-W

**Knollen- und
Zwiebelpflanzen für
warme Lagen**
(alle M-W, wenn nicht
anders angegeben)

Achimenes *
Acidanthera *
Agapanthus K-W
Allium K-W
Alstroemeria
Amaryllis
Arum
Asclepias *
Begonia *
Brodiaea
Caladium *
Canna *
Chlidanthus
Colchicum K-W
Crinum *
Crocosmia K-W
Dahlia *
Dicentra K-W
Dierama
Eucosmis *
Galtonia K-W
Homeria *
Hyacinthus K-W
Incarvillea
Iris K-W
Ismene *
Ixia *
Lilium K-W
Narcissus K-W
Nerine *
Polianthes *
Ranunculus *
Sandersonia *
Schizostylis
Sternbergia
Tricyrtis *
Tulipa K-W

* nicht frosthart

240

Gärten auf dem Land

Bäume für den Küstenbereich

Acer K-M
Albizia M-W
Arbutus K-W
Betula K-M
Chamaecyparis K-M
Cordyline K-W
Crataegus K-M
x Cupressocyparis K-M
Cupressus K-W
Eucalyptus K-W
Ficus K-W
Ilex K-M
Juniperus K-W
Metosideros M-W
Picea K-M
Pinus K-W
Populus K-M
Prunus K-W
Quercus M-W
Sorbus K-M
Tamarix K-W
Vitex M-W

Sträucher für den Küstenbereich

Acacia M-W
Atriplex M
Aucuba K-M
Berberis K-M
Calothamnus M-W
Carissa M-W
Choisya K-M
Cistus M
Colutea K-M
Coprosma M
Corokia M
Cotoneaster K-M
Cytisus K-W
Elaeagnus K-W
Escallonia K-M
Fuchsia K-M
Griselinia K-W
Hakea W
Halimium K-M
Hebe K-M
Hibiscus K-M
Juniperus K-W
Lavatera K-M
Leptospermum M-W
Lonicera K-M
Myrica M
Nerium M-W
Olearia K-M
Pittosporum K-M
Potentilla K-M

Prunus K-W
Pyracantha K-W
Raphiolepis M
Rhamnus M
Rhus K-W
Rosa K-M
Rosmarinus K-M
Senecio K-M
Spartium K-W
Tamarix K-W

Hecken für den Küstenbereich

Atriplex M
Berberis K-M
Buxus K-W
Caragana M
Carpinus K-M
Chamaecyparis K-M
Cotoneaster K-M
Crataegus K-M
Cupressus K-W
Dodonaea M-W
Elaeagnus K-W
Euonymus K-M
Griselinia K-W
Ilex K-M
Juniperus K-W
Kochia M
Laurus M-W
Lavandula K-M
Ligustrum K-W
Lonicera K-M
Mahonia K-M
Miscanthus M-W
Myrica K-M
Myrtus M-W
Nandina K-W
Nerium M-W
Osmanthus K-W
Photinia K-M
Pittosporum K-M
Prunus K-W
Pyracantha K-W
Rhamnus K-M
Rosa K-M
Rosmarinus K-M
Thuja K-M
Viburnum K-M

Stauden für den Küstenbereich (alle K-M, wenn nicht anders angegeben)

Aloe M-W
Armeria
Arundinaria M-W

Asplenium
Aster
Aubrieta
Aurinia
Calocephalus M
Centaurea
Cerastium
Cortaderia K-W
Dictamnus
Erigeron
Eryngium
Euphorbia
Euryops
Iris
Limonium
Nepeta
Perovskia
Phlomis
Phormium
Pulmonaria
Rheum
Stachys

Bodendecker für den Küstenbereich (alle K-M, wenn nicht anders angegeben)

Abronia M
Arctostaphylos
Atriplex M
Calluna
Ceanothus
Centranthus
Cerastium
Cistus M
Convolvulus
Coprosma
Cotoneaster
Delosperma M
Erica
Euonymus
Fragaria
Gaultheria
Gazania M-W
Hedera K-W
Helianthemum
Hypericum
Iberis
Juniperus
Lampranthus M
Mahonia
Osteospermum M
Paxistima M-W
Polygonum
Potentilla
Rosa
Ruscus
Ruta
Sedum
Sempervivum

Vaccinium
Xylosma M-W

Ein- und zweijährige Pflanzen (alle K-M)

Althaea
Anchusa
Aquilegia
Bartonia
Bellis
Calendula
Callistephus
Campanula
Centaurea
Cheiranthus
Clarkia
Dianthus
Digitalis
Eschscholzia
Felicia
Helianthus
Helichrysum
Humulus
Iberis
Impatiens
Lathyrus
Nigella
Primula
Reseda
Tropaeolum
Viola

Stauden für den geschützten Garten (alle K-M)

Acanthus
Achillea
Alchemilla
Alstroemeria
Anemone
Armeria
Artemisia
Aster
Astilbe
Astrantia
Bergenia
Brunnera
Caltha
Campanula
Catananche
Centaurea
Coreopsopsis
Delphinium
Dianthus
Doronicum
Echinops
Eremurus
Erigeron
Eryngium
Filipendula

Gaillardia
Geranium
Geum
Helenium
Helleborus
Hemerocallis
Heuchera
Hosta
Iris
Kniphofia
Liatris
Lilium
Lobelia
Lupinus
Lychnis
Macleaya
Malva
Miscanthus
Monarda
Narcissus
Nepeta
Onopordum
Paeonia
Phlomis
Phlox
Phormium
Phygelius
Physalis
Polygonatum
Portulaca
Primula
Pulmonaria
Pyrethrum
Rudbeckia
Scabiosa
Schizostylis
Sedum
Sisyrinchium
Solidago
Stachys
Trillium
Trollius
Tulipa
Verbascum
Veronica

Wassergärten

Pflanzen für das tiefe Wasser, Schwimmblattpflanzen (alle K-M)

Azolla caroliniana
A. fiiculoides
Brasenia
Hydrocharis
Nuphar advena
N. japonicum
N. microphyllum
Nymphaea alba
N. candida
N. caroliniana
N. x hybrida
N. x laydekeri
N. x marliacea
Nymphoides
Pistia
Salvinia
Stratiotes
Trapa

Sauerstoffliefernde Unterwasserpflanzen (alle K-M)

Anacharis
Callitriche
Ceratophyllum
Egeria
Eleocharis
Fontinalis
Hottonia
Lagarosiphon
Myriophyllum
Najas
Oenanthus
Potamogeton
Proserpinaca
Ranunculus
Rorippa
Tillaea
Utricularia

Wärmebedürftige Wasserpflanzen (alle M-W)

Aponogeton
Colocasia
Cyperus
Eichornia
Hydrocleys
Nelumbo
Nymphaea capensis
N. coerulea
N. x hybrida
N. lotus
N. stellata

Nymphoides
Oryza
Saccharum
Thalia
Xanthosoma

Pflanzen für seichtes Wasser (alle K-M)

Acorus calamus
A. gramineus
Alisma
Anemopsis
Butomus
Calla
Caltha
Carex morrowii
C. pendula
C. riparia
C. stricta
Cotula
Cyperus alternifolius
C. longus
C. vegetus
Damasonium
Decodon
Echinodorus
ranunculoides
E. radicans
E. rostratus
Eriophorum
angustifolium
E. latifolium
E. vaginatum
Glyceria
Houttuynia
Iris kaempferi
I. laevigata
I. pseudacorus
I. sibirica
Juncus bufonius
J. effusus
J. ensifolius
Jussieua grandiflora
J. repens
Ludwigia alternifolia
L. palustris
L. mulertii
Mentha
Menyanthes
Mimulus guttatus
M. cupreus
M. lewisii
M. luteus
M. maculosus
M. ringens
M. tigrinus
Miscanthus

Myosotis
Nasturtium
Orontium
Peltandra
Phalaris
Pontederia
Preslia
Ranunculus
Sagittaria japonica
S. sagittifolia
Saururus cernuus
S. chinensis
Scirpus albescens
S. cernuus
S. tabernaemontani
Sisyrinchium
Sparganium
Thalia
Typha angustifolia
T. latifolia
T. minima
Veronica
Villarsia
Zantedeschia

Wärmebedürftige Unterwasserpflanzen (alle M-W)

Aponogeton
Cabomba
Cardamine
Crytocoryne becketti
C. ciliata
C. cordata
C. griffithii
C. wightii
Hydrotrida
Ludwigia mulertii
L. palustris
Vallisneria americana
V. spiralis

Feuchtigkeitsliebende und Sumpfpflanzen (alle K-M)

Aconitum
Actea alba
A. rubra
A. spicata
Agapanthus africanus
A. campanulatus
A. orientalis
A.-Hybriden
Anagallis
Anemone
Aruncus
Asclepias
Aster
Astilbe x arendsii
A. astilboides

A. chinensis
A. davidii
A. japonica
A. rivularis
A.-Hybriden
Astrantia
Buphthalmum
Camassia
Cardamine
Chrysanthemum
Cimicifuga
Claytonia
Coptis
Dierama
Dryopteris
Eupatorium
Filipendulina hexapetala
F. palmata
F. rubra
F. ulmaria
Gentiana
Gunnera
Heloniopsis
Hemerocallis citrina
H. fulva
H. thunbergii
H.-Hybriden
Hosta albo-marginata
H. fortunei
H. lancifolia
H. plantaginea
H. undulata
H.-Hybriden
Inula
Iris kaempferi
I. laevigata
I. sibirica
I. Hybrids
Kirengshoma
Ligularia
Lobelia
Lysichitum
Lysimachia
Lythrum
Mimulus
Monarda
Montbretia
Myrica
Osmunda
Peltiphyllum
Petasites
Phormium cookianum
P. tenax
P.-Hybriden
Phyllitis
Polygonum
Primula
Ranunculus
Rheum
Rodgersia

Schizostylis
Senecio
Tradescantia
Trollius
Zantedeschia

Fernöstliche Gärten

Hohe Nadelhölzer

Abies K-M
Agathis M
Araucaria K-M
Athrotaxus M
Austrocedrus M
Calocedrus K-M
Cedrus K-M
Cephalotaxus M
Chamaecyparis K-M
Cryptomeria M
Cunninghamia M
x Cupressocyparis K-M
Cupressus K-W
Dacrydium M
Fitzroya M
Ginkgo K-M
Glyptostrobus K-M
Juniperus K-W
Larix K-M
Metasequoia K-W
Picea K-M
Pinus K-W
Podocarpus M
Pseudolarix M
Pseudotsuga K-M
Saxegothaea M
Sciadopitys K-M
Sequoia K-M
Sequoiadendron K-M
Taiwania M
Taxodium K-W
Taxus K-M
Thuja K-M
Torreya M
Tsuga K-M

Zwergige und langsamwachsende Nadelgehölze

Abies K-M
Cedrus K-M
Chamaecyparis K-M
Cryptomeria M
Cupressus K-W
Juniperus K-W
Larix K-M
Microbiota K-M
Microcachrys M
Phyllocladus M
Picea K-M
Pinus K-W
Podocarpus M
Sequoia K-M
Taxus K-M
Thuja K-M
Tsuga K-M

Farne (alle K-M, wenn nicht anders angegeben)

Adiantum
Asplenium
Athyrium
Blechnum
Dryopteris
Matteuccia
Onoclea
Osmunda
Pellaea M-W
Phyllitis
Polypodium
Polystichum

Gräser (alle K-M, wenn nicht anders angegeben)

Agrostis
Agropyron
Arundinaria M
Arundo M
Avena
Bambusa M-W
Briza
Coix
Cortaderia
Eragrostis
Eriophorum
Festuca
Glyceria
Hakonechloa M-W
Helictotrichon
Hordeum
Koeleria
Lagurus
Luzula
Melica
Milium
Miscanthus M-W
Molinia
Panicum
Pennisetum
Phalaris
Polypogon
Scirpus
Setaria
Stipa
Tricholaena
Triticum
Zea M-W

Sträucher mit Herbstfärbung (alle K-M, wenn nicht anders angegeben)

Acer
Amelanchier
Azalea
Berberis
Callicarpa
Ceratostigma
Cercidiphyllum
Cornus
Cotinus
Cotoneaster
Enkianthus
Euonymus
Fothergilla M
Hamamelis
Nandina K-W
Parrotia
Rhamnus
Rhododendron
Rhus K-W
Spirea
Stephanandra
Viburnum

Blühende Prunus-Hybriden und -Arten (alle K-M, wenn nicht anders angegeben)

Aprikose M-W
Kirsche
Mandel M-W
Pfirsich M-W
Pflaume
Prunus armeniaca M-W
P. avium
P. cerasifera
P. cerasus
P. dulcis M-W
P. laurocerasus
P. lusitanica
P. padus
P. persica M-W
P. sargentii
P. serrula
P. serrulata
P. subhirtella
P. triloba

Immergrüne für kühle Lagen (alle K-M, wenn nicht anders angegeben)

Arctostaphylos
Berberis
Buxus K-W
Calluna
Camellia
Daphne
Elaeagnus K-W
Erica
Euonymus
Hedera K-W
Ilex
Kalmia K-W
Leucothoe
Mahonia
Osmanthus
Pachysandra
Pieris
Pyracantha K-W
Rhododendron
Vinca

Immergrüne für den Steingarten (alle K-M, wenn nicht anders angegeben)

Arctostaphylos
Berberis
Buxus K-W
Calluna
Galax
Ilex
Kalmia K-W
Leiophyllum
Lonicera
Rhododendron
Skimmia
Teucrium

Immergrüne für warme Lagen

Arbutus M-W
Arctostaphylos K-M
Berberis K-M
Carpenteria M-W
Ceanothus K-W
Choisya K-M
Cistus M
Cotoneaster K-M
Daphne K-M
Elaeagnus K-W
Euonymus K-M
Garrya K-M
Gaultheria K-M
Hedera K-W
Ilex K-M
Kalmia K-W
Leucothoe M
Ligustrum M-W
Magnolia M-W
Mahonia M
Osmanthus K-M
Pachistima M-W
Photina M
Pieris M
Prunus K-W
Pyracantha K-W

Skimmia K-M
Stranvaesia K-M
Vaccinium K-M
Viburnum K-M

Rhododendron für kühle, fernöstliche Gärten (alle K-M)

R. arborescens
R. calendulaceum
R. canadensis
R. carolinianum
R. catawbiense
R.-Gable-Hybriden
R. x gandavense
R. impeditum
R.-Indica-Hybriden
R. kaempferi
R. Knap Hill – Exbury-Hybriden
R. keiskei
R. x kosterianum
R. lapponicum
R. x loderi
R. maximum
R. mucronulatum
R. nudiflorum
R. obtusum
R. schlippenbachii
R. vaseyi
R. viscosum
R.-Hybriden

Steingärten

Zwergige Bäume
(alle K-M)

Abies
Acer
Betula
Cedrus
Chamaecyparis
Cryptomeria
Juniperus
Picea
Pinus
Podocarpus
Salix
Sorbus
Thuja
Tsuga

Zwergige Sträucher (alle K-M, wenn nicht anders angegeben)

Acer
Andromeda
Arctostaphylos
Azalea (Rhododendron)
Berberis
Calluna
Calocephalus M-W
Ceanothus
Chamaecyparis
Cistus
Cornus
(Chamaepericlymenum)
Cotoneaster
Cytisus
Daphne
Erica
Euonymus
Ficus
Fuchsia
Gaultheria
Genista
Grevillea
Halimiocistus
Halimium
Hebe
Hedera
Helianthemum
Helichrysum
Hypericum
Iberis
Jasminum
Juniperus
Lavandula
Leschenaultia M-W
Margyricarpus
Microbiota
Myoporum

Penstemon
Pimelea
Polygala
Polygonum
Potentilla
Prunus
Rhododendron
Rosa
Rosmarinus
Rubus
Salvia
Santolina
Sarcococca
Spiraea
Syringa
Teucrium
Vinca

Stauden, Farne, Gräser
(alle K-M, wenn nicht anders angegeben)

Acaena M-W
Achillea
Actinotus
Adiantum
Aethionema
Ajuga
Anacyclus
Anagallis
Androsace
Anemone
Antennaria
Aquilegia
Arabis
Arenaria
Armeria
Asarina
Asperula
Asplenium
Astilbe
Aubrieta
Aurinia
Calceolaria
Campanula
Carex M-W
Carlinia
Cassiope
Cerastium
Ceratostigma
Chrysogonum
Convallaria
Convolvulus
Cotula M-W
Crassula M-W
Cymbalaria
Dianthus
Dimorphotheca M-W

Dodecatheon
Draba
Dryas
Duchesnea M-W
Echeveria
Edrianthus
Epigaea
Epimedium
Erigeron
Erinus
Eriogonum
Erodium
Erysimum
Euphorbia
Festuca
Gazania M-W
Gentiana
Geranium
Graptopetalum
Gypsophila
Helichrysum
Helleborus
Hepatica
Hernieria M-W
Heuchera
Iberis
Iris
Kalanchoe
Lamium
Leontopodium
Lewisia
Linum
Lithodora (Lithospermum)
Lotus
Mazus M-W
Mentha
Mesembryanthemum M-W
Mimulus
Minuartia
Myosotis
Nepeta
Oenothera
Omphalodes
Onosma M-W
Origanum
Oxalis
Papaver
Paphiopedilum
Pellaea
Penstemon
Phlox
Polemonium
Potentilla
Primula
Ranunculus
Raoulia
Rhodohypoxis
Sagina

Saponaria
Saxifraga
Scleranthus
Sedum
Sempervivum
Shortia
Silene
Stachys
Stokesia
Thalictrum
Thymus
Tiarella
Trillium
Tunica
Verbena
Veronica
Viola
Vittadinia
Zauschneria

Ein- und zweijährige Pflanzen (alle M-W)

Adonis
Amellus
Anacyclus
Anagallis
Androsace
Asperula
Brachycome
Calandrinia
Echium
Escholzia
Felicia
Iberis
Ionopsidium
Leptosiphon
Limmanthes
Linum
Lupinus
Montzelia
Nemesia
Nemophila
Phacelia
Portulaca
Sanvitalia

Zwiebelpflanzen (alle K-W, wenn nicht anders angegeben)

Allium
Cionodoxa
Colchicum
Convallaria
Crocus
Cyclamen
Erythronium
Freesia
Fritillaria
Galanthus
Ipheion M-W

Iris
Leucocoryne
Milla
Muscari
Narcissus
Scilla
Sparaxis
Sternbergia
Tritonia
Tulipa
Zephyranthes

Schattige Gärten

Bäume (alle K-M, wenn nicht anders angegeben)

Acer
Aesculus
Alnus
Arbutus K-W
Betula
Chamaerops M-W
Cornus K-W
Corynocarpus M
Cotoneaster
Crataegus
Cyathea M
Dicksonia M
Ficus K-W
Grevillea M
Ilex
Laburnum
Laurus M-W
Lithocarpus M
Olmediella M
Prunus K-W
Pseudopanax M-W
Robinia
Salix
Schefflera M-W
Sorbus
Strelitzia M-W
Umbellularia M

Kletterpflanzen

Aristolochia K-M
Asteranthera M
Berberidopsis M
Celastrus K-M
Cissus M
Euonymus K-M
Fatshedera M
Ficus K-W
Gelsemium M
Hedera K-W
Hydrangea K-M
Lonicera K-M
Monstera M
Parthenocissus K-M
Polygonum K-M
Rhoicissus M
Schizophragma M
Trachelospermum M

Nadelgehölze

Abies K-M
Cephalotaxus M
Chamaecyparis K-M
Cryptomeria M
Juniperus K-W
Picea K-M

Podocarpus M
Taxus K-W
Thuja K-M
Tsuga K-M

Ein- und zweijährige Pflanzen

Ageratum M
Begonia M-W
Bellis K-M
Browallia M
Coleus M
Cotula M
Digitalis K-M
Impatiens M
Lobelia M
Meconopsis K-M
Mimulus K-M
Myosotis K-M
Nicotiana M-W
Pelargonium M-W
Schizanthus M
Senecio K-M
Viola K-M

Sträucher

Abutilon M
Ardisia M
Arundinaria M-W
Aucuba K-M
Azalea (Rhododendron) K-M
Azaleodendron K-M
Bambusa M-W
Berberis K-M
Brunfelsia M
Buxus K-W
Calycanthus K-M
Camellia K-M
Cantua M
Carpenteria M
Choisya K-M
Cleyera M
Cocculus M
Coffea M
Coprosma M-W
Cordyline M-W
Cornus K-W
Cotoneaster K-M
Cycas M-W
Danae M
Daphne K-M
Distylum M
Dizygotheca M
Embothrium M
Enkianthus M
Euonymus K-M

Fatsia K-M
Fuchsia K-M
Gardenia M-W
Gaultheria K-M
Griselinia K-W
Hebe K-M
Hydrangea K-M
Hypericum K-M
Ilex K-M
Itea M
Juniperus K-W
Kalmia K-W
Kalmiopsis M
Laurus M-W
Lencothoe M
Ligustrum M-W
Loropetalum M-W
Magnolia M-W
Mahonia K-M
Myrica M
Nandina K-W
Olearia K-M
Olmediella M
Osmanthus K-W
Pachysandra K-M
Pernettya K-M
Philodendron M
Pieris M
Pittosporum K-W
Prunus K-W
Pseudopanax M-W
Rhamnus K-M
Rhapis M
Rhododendron K-M
Ruscus K-W
Salix K-M
Sambucus K-M
Sarcococca K-M
Shibatea M
Skimmia M
Stachyurus M
Taxus K-W
Ternstroemia M-W
Vaccinium K-M
Viburnum K-M
Vinca K-M

Stauden, Farne, Gräser, Zwiebelpflanzen (alle K-M, wenn nicht anders angegeben)

Acanthus
Aconitum
Adiantum
Ajuga
Alpinia M
Anemone
Aquilegia
Arenaria
Arum

Asarum
Aspidistra M-W
Asplenium
Astilbe
Athyrium
Begonia M-W
Bergenia
Billbergia M-W
Caladium M-W
Calceolaria
Campanula
Clivia M
Colocasia M
Convallaria
Crassula
Cymbalaria
Cymbidium M
Dianella M
Dicentra
Digitalis
Doronicum
Dryopteris
Duchesnea M
Endymion
Epigaea M
Epimedium
Erythronium
Fragaria
Galax M
Galium M
Haemanthus M-W
Hakonechloa M-W
Hedychium M
Helleborus
Hepatica
Heterocentron M
Hosta
Iris
Kalanchoe M
Lamium
Ligularia
Lilium K-W
Liriope M
Lobelia
Lysimachia
Meconopsis
Mentha
Mertensia
Mimulus
Monarda
Narcissus
Ophiopogon M
Oxalis M
Pelargonium M-W
Phlox
Polemonium
Polygonatum
Polystichum
Primula
Pulmonaria

Ramonda
Ranuculus
Rehmannia
Rohdea M
Sanguinaria M
Sansevieria M
Saxifraga
Scilla
Sedum
Shortia
Sinningia M-W
Smilacina
Soleirolia
Strelitzia M-W
Streptocarpus M
Thalictrum
Tiarella
Tolmeia
Tradescantia
Trillium
Trollius
Vancouveria M
Viola
Zantedeschia M

Obst (alle K-M)

Brombeeren
Erdbeeren
Himbeeren
Johannisbeeren
Stachelbeeren

Gemüse und Kräuter (alle K-M, wenn nicht anders angegeben)

Gurken M-W
Kohl
Mangold
Möhren
Porree
Pfefferminz
Rote Bete
Salat
Schalotten
Schnittlauch
Spinat
Tomaten

245

Trockene Gärten

Bäume (mit Nadelgehölzen) (alle M-W, wenn nicht anders angegeben)

Acacia
Aesculus K-M
Ailanthus K-W
Albizia
Arecastrum
Bauhinia
Brahea
Butia
Calocedrus K-W
Casuarina
Cedrus K-W
Celtis
Ceratonia
Cercidium
Chorisia
Citrus
Eriobotrya
Eucalyptus K-W
Feige K-W
Geijera
Gleditsia K-W
Grevillea
Juglans
Juniperus K-W
Koelreuteria
Laurus
Lyonothamnus
Lysiloma
Maclura
Magnolia
Melia
Morus K-W
Olea
Parkinsonia
Phoenix
Pinus K-W
Pistacia
Podocarpus
Populus K-W
Prunus K-W
Pyrus K-W
Quercus
Rhus K-W
Robinia K-W
Schinus
Sequoiadendron K-M
Sophora
Taxus K-W
Tristania
Ulmus
Vitex
Washingtonia
Xylosma

Kletterpflanzen (alle M-W, wenn nicht anders angegeben)

Antigonon
Bougainvillea
Cissus
Euonymus K-W
Gelsemium
Hedera K-W
Ipomoea
Jasminum K-W
Macfadyena
Parthenocissus K-W
Polygonum K-M
Rosa K-M
Senecio K-W
Tecomaria
Trachelospermum
Vitis K-W
Wisteria K-W

Sträucher

Abelia M
Arbutus K-W
Arctostaphylos K-M
Artemisia K-W
Atriplex K-W
Baccharis M
Buxus K-W
Caesalpinia M-W
Callistemon M-W
Caragana K-W
Carissa M-W
Cassia M-W
Catha M-W
Ceanothus K-W
Cercis K-W
Cercocarpus M-W
Chamaerops M-W
Chamaelaucium M
Cistus M-W
Cocculus M-W
Convolvulus K-M
Coprosma M-W
Cotinus K-W
Cotoneaster K-M
Crassula M
Cupressus K-W
Cytisus K-W
Dais M-W
Dalea M-W
Dendromecon M-W
Dodonaea M-W
Echium M
Elaeagnus K-W
Erica K-M
Escallonia K-M

Euonymus K-M
Euphorbia K-W
Fallugia M
Feige M-W
Fremontodendron M-W
Garrya K-M
Genista K-M
Grevillea M-W
Grewia M-W
Hakea W
Halimium K-W
Halimocistus K-W
Heteromele M-W
Hibiscus K-W
Hypericum K-W
Juniperus K-W
Justicia M-W
Lagerstroemia M-W
Lantana M-W
Laurus M-W
Lavandula K-W
Leucochyllum M
Ligustrum K-W
Lysiloma M
Mahonia M
Melaleuca M
Myoporum M
Myrtus K-W
Nerium M-W
Osmanthus K-W
Photinia K-M
Pinus K-W
Pittosporum M-W
Platycladus M
Plumbago M-W
Portulacaria M
Prunus K-W
Punica M-W
Pyracantha K-W
Raphiolepis M-W
Rhamnus K-W
Rhus K-W
Rosa K-M
Rosmarinus K-W
Salvia M-W
Santolina K-W
Senecio K-W
Simmondsia M-W
Solandra M-W
Sophora M-W
Spartium K-W
Symphoricarpos K-W
Tamarix K-W
Taxus K-W
Teucrium K-M
Trichostema M
Ulmus K-W
Vauquelina M-W
Vinca K-M
Xylosma M-W

Stauden, Zwiebelpflanzen, Gräser (alle K-M, wenn nicht anders angegeben)

Achillea
Agave M-W
Aloe M-W
Amaryllis M
Anacyclus
Arctotheca M
Aster
Baccharis M
Baptisia
Carpobrotus M
Centranthus
Cerastium
Chrysanthemum
Convolvulus
Coreopsis
Cortaderia K-W
Dianthus
Dichondra M
Dietes M
Dudleya M
Echeveria M-W
Eriogonum
Euphorbia K-W
Euryops K-W
Felicia M
Gaillardia
Gazania M-W
Gerbera M
Helianthus
Hemerocallis
Hippocrepis
Iris
Kniphofia
Leonotis M
Leucocoryne M
Liatris
Limonium
Linum
Marrubium
Narcissus
Oenothera
Pelargonium M-W
Pennisetum
Phlomis
Phlox
Phormium M
Physostegia
Polygonum
Puya M
Romneya
Sedum
Sisyrinchium
Verbena M-W
Xylosma M-W
Yucca K-W
Zauschneria

Ein- und zweijährige Pflanzen (alle M, wenn nicht anders angegeben)

Calendula K-M
Callistephus
Cleome
Coreopsis
Cosmos K-M
Dahlia
Dianthus K-M
Gaillardia K-M
Gomphrena
Linum K-M
Portulaca
Tagetes
Tithonia
Verbena M-W

Heiße und tropische Gärten

Blühende Bäume und Sträucher (alle M-W, wenn nicht anders angegeben)

Abelia
Abutilon
Brunfelsia *
Callistemon *
Cassia *
Ceanothus
Cistus
Desfontainea
Erythrina *
Fuchsia
Hakea *
Halimium
Helianthemum
Hibiscus
Jacaranda *
Lagerstroemia *
Lantana *
Leptospermum
Ligustrum
Magnolia
Myrtus
Nandina
Nerium
Pachystachys
Pittosporum
Sophora
Streptosolen *

Blühende Kletterpflanzen (alle M-W)

Actinidia
Allamanda *
Bougainvillea *
Campsis
Clematis
Clianthus *
Eccremocarpus
Ipomoea
Lapageria *
Lippia *
Lonicera
Mandevilla *
Maurandia *
Passiflora
Petrea *
Raphiolepis
Rhodochiton
Solanum
Thunbergia *
Trachelospermum
Wisteria

Blütenstauden (alle M-W, wenn nicht anders angegeben)

Acanthus K-W
Adenium
Agapanthus K-W
Anigozanthus *
Asclepias
Begonia
Bletilla
Calceolaria
Canna
Chamaecereus
Clivia
Cortaderia K-W
Crocosmia K-W
Diplocyatha
Echeveria
Echinocactus
Eucomis
Euphorbia
Felicia
Gerbera
Hedychium
Helichrysum
Hemerocallis K-W
Homeria
Incarvillea
Kniphofia K-W
Lilium K-W
Lobelia
Notocactus
Oliveranthus
Pelargonium *
Phygelius
Polianthes
Ranunculus
Tigridia
Zantedeschia

Einjährige Blütenpflanzen (alle M-W)

Ageratum
Amaranthus
Begonia
Brachycome
Capsicum
Catharanthus
Celosia
Cleome
Coleus
Dahlia
Dimorphotheca
Eschschlozia
Gazanie
Gomphrena
Helianthus

Helichrysum
Heliotropium
Impatiens
Mesembryanthemum
Mirabilis
Nicotiana
Osteospermum
Petunia
Portulaca
Salpiglossis
Salvia
Sanvitalia
Senecio
Tagetes
Thunbergia
Tithonia
Venidium
Verbena
Zinnia

Bäume und Sträucher mit interessanten Blättern (alle M-W)

Abutilon
Albizia *
Arundinaria
Atriplex
Beaucarnea *
Buxus
Calocedrus
Calocephalus *
Cordyline
Cyathea *
Cycas *
Dicksonia *
Dizygotheca *
Dodonaea
Dracaena
Eriobotrya
Eucalyptus
Euonymus
Fatsia
Ficus
Fuchsia
Gleditsia
Grevillea
Griselinia
Hakea *
Laurus
Leea *
Ligustrum
Lophomyrtus
Mahonia
Melianthus *
Myrtus
Nandina
Olearia
Phoenix *
Pinus
Pittosporum

Podocarpus
Pseudopanax
Saliva
Trachycarpus
Xylosma
Yucca

Kletterpflanzen mit interessanten Blättern (alle M-W)

Akebia
Aristolochia
Fatshedera
Hedera
Vitis

Stauden mit interessanten Blättern (alle M-W)

Acanthus
Agave *
Aloe *
Alternanthera *
Arundinaria
Bambusa
Begonia *
Bergenia
Caladium *
Centaurea
Chlorophytum *
Cyperus
Echeveria *
Hakonechloa
Hosta
Iresine *
Iris
Liriope
Miscanthus
Nepeta
Ophiopogon
Pelargonium *
Phormium
Polystichum
Rheum
Sedum
Sempervivum
Syngonium *
Tradescantia *
Zebrina *
Zoysia *

Ein- und zweijährige Pflanzen mit interessanten Blättern (alle M-W)

Amaranthus
Chrysanthemum
Impatiens
Kochia
Perilla

Ricinus
Senecio
Zea

* nicht frosthart

Wintergärten

Pflanzen für vollsonnige Lagen

Agave M
Aloe M
Bryophyllum M
Callistemon M
Cephalocereus M-W
Chrysanthemum M
Cineraria K-M
Clianthus M-W
Convolvulus K-M
Cordyline K-W
Crassula M-W
Dianthus M
Echeveria M-W
Eucalyptus M
Euphorbia M-W
Genista K-M
Gymnocalycium M
Lippia M
Lithops M
Mammillaria M
Nerium M
Olea M
Oliveranthus M-W
Opuntia M-W
Pelargonium M-W
Protea W
Rebutia M-W
Rhipsalis M
Rochea M-W
Rosa M

Pflanzen für halbschattige Lagen (alle M-W, wenn nicht anders angegeben)

Abutilon M
Acacia
Acalypha
Achimenes
Aechmea
Aeschynanthus M
Agapanthus M
Allamanda
Ampelopsis M
Ananas W
Anigozanthus
Anthurium
Aphelandra W
Araucaria K-M
Ardisia M
Arundinaria K-W
Asparagus
Azalea K-M
Bambusa
Beaucarnea

Begonia
Beloperone M
Billbergia
Bougainvillea
Bouvardia
Camellia K-M
Campanula K-M
Canna
Capsicum
Cassia
Ceropegia M
Cestrum
Chlorophytum M
Cineraria M
Citrus
Clerodendron
Clivia M
Crassula
Crossandra
Cryptanthus M
Cuphea W
Cyclamen
Cytisus
Eccremocarpus
Episcia W
Fabiana M
Faucaria M
Ficus
Fuchsia
Gardenia W
Gastera
Haemanthus
Hedechium
Hibiscus
Hippeastrum
Hoya
Hydrangea M
Hypocyrta
Hypoestes
Impatiens
Ipomoea
Iresine W
Ismene
Jasminium M
Kalanchoe
Lapageria
Lantana
Lilium M
Maranta
Musa W
Myrtus
Nepeta M
Neoregelia
Nymphaea
Pandanus W
Passiflora
Pilea

Pittosporum
Plumbago
Podocarpus
Primula K-M
Punica
Raphiolepis
Ricinus
Saintpaulia W
Sarracenia
Schlumbergera M
Sedum
Senecio
Solanum
Sprekelia
Stephanotis
Strelitzia
Streptosolen
Telopea
Tillandsia
Trachycarpus K-M
Vallota
Vriesia
Yucca
Zantedeschia
Zygocactus

Pflanzen für helle, absonnige Lagen (alle M-W, wenn nicht anders angegeben)

Adiantum K-W
Alternanthera W
Anthurium
Asplenium K-W
Blechnum K-W
Brunfelsia M
Carex
Caryota M
Cattleya
Chamaerops M
Chloropohytum
Chrysalidocarpus
Cissus M
Codiaeum W
Coffea W
Columnea W
Cryptanthus
Cupressus K-W
Cyathea
Cycas
Cymbidium M
Cyperus M
Davallia M
Dendrobium
Dicksonia
Dieffenbachia
Dipladenia
Dizygotheca
Dracaena
Epiphyllum M

Fatshedera M
Fatsia M
Ficus K-W
Fittonia
Gardenia
Grevillea
Gynura W
Howea W
Nephrolepis W
Oncidium
Oplismenus
Monstera
Paphiopedilum
Pellaea
Peperomia
Phalaenopsis
Platycerium
Podocarpus
Polypodium M
Pseudopanax
Pteris
Sansevieria W
Saxifraga M
Schefflera M
Selaginella
Sinningia W
Sparmannia W
Streptocarpus
Syngonium
Tetrastigma
Tradescantia M
Vanda
Zebrina M

Pflanzen für leicht schattige Lagen (alle M-W, wenn nicht anders angegeben)

Adiantum
Aglaonema
Aspidistra
Calathea
Cissus
Hedera
Hernieria
Nertera
Philodendron
Rhoicissus M
Scindapsus
Soleirolia M
Spathiphyllum
Tolmeia

Trog- und Kübelgärten

Bäume und Sträucher

Acer † K
Albizia M-W
Amelanchier † K-M
Arundinaria M-W
Aucuba K-M
Buxus K-M
Callistemon M-W
Camellia K-M
Cordyline M-W
Cotoneaster † K-M
Desfontainea M-W
Dicksonia † M-W
Erica K-M
Euonymus K-M
Fatsia M-W
Fuchsia M
Gleditsia † M
Grevillea † M-W
Hakea W
Halimium M
Hebe M
Hydrangea K-M
Hypericum K-M
Ilex K-M
Lagerstroemia M-W
Laurus M-W
Lavandula K-M
Ligustrum K-W
Magnolia † M
Mahonia K-M
Malus † K-M
Myrtus M-W
Nandina K-W
Olearia K-M
Osmanthus K-M
Pittosporum M-W
Prunus † K-M
Pseudopanax M-W
Punica M-W
Rhododendron K-M
Rosmarinus K-M
Salvia K-M
Santolina K-M
Senecio K-M
Skimmia K
Sophora † M-W
Trachycarpust M-W
Vaccinium K-M
Viburnum K-M
Vinca K
Weigela K-M

† Baum oder Strauch

Kletterpflanzen

Actinida M-W
Akebia M-W
Aristolochia M-W
Bougainvillea W
Clematis K-M
Cobaea M
Eccremocarpus M-W
Fatshedera M-W
Hedera K-M
Ipomoea M-W
Jasminum M-W
Lapageria W
Lonicera M-W
Mandevilla W
Parthenocissus K-W
Solanum W
Trachelospermum M-W
Vitis M-W
Wisteria M-W

Nadelgehölze

Abies K-M
Chamaecyparis K-M
Cryptomeria M
Cupressus M
Juniperus K-M
Picea K-M
Pinus K-M
Podocarpus M-W
Taxus K-M

Stauden, Zwiebelpflanzen, Farne, Gräser

Acanthus M
Achillea K-M
Agapanthus M-W
Agave M-W
Anigozanthus W
Asplenium K-M
Astilbe K-M
Athyrium K-M
Begonia M-W
Bergenia K-M
Bletilla M-W
Calceolaria M-W
Convallaria K
Cortaderia M-W
Crocosmia M-W
Cyclamen M
Dianthus K-M
Dicentra K-M
Doronicum K
Dryopteris K-M
Echeveria M-W
Euphorbia K-W
Fritillaria K-M

Galanthus K
Galtonia K-M
Geranium K-M
Geum K-M
Gladliolus M
Helleborus K-M
Hemerocallis K-M
Hosta M
Hyacinthus K-M
Iris K-M
Kniphofia M
Lamium K-M
Lilium K-M
Liriope M
Lupin K-M
Miscanthus M-W
Muscari K-M
Narcissus K
Nepeta K-M
Ophiopogon M-W
Pelargonium W
Phlox K-M
Phormium M-W
Polystichum M
Primula K-M
Pulmonaria K-M
Pyrethrum K-M
Rudbeckia K-M
Salvia M-W
Stachys K-M
Tulipa K-M
Veronica K
Zantedeschia M-W

Alpine und Steingartenpflanzen

Aethionema K-M
Arabis K-M
Armeria K-M
Aubrieta K-M
Aurinia K-M
Campanula K-M
Dianthus K-M
Dryas K-M
Festuca K-M
Helianthemum M-W
Iberis K-M
Morisia M
Oenothera M
Phlox K-M
Saxifraga K-M

Ein- und zweijährige Pflanzen

Ageratum M-W
Amaranthus M-W
Arctotis M-W
Begonia M-W
Bellis K-M
Browallia M-W

Calendula K-M
Callistephus K-M
Catharanthus M-W
Cheiranthus K-M
Cineraria M-W
Clarkia K-M
Coleus M-W
Dahlia M-W
Dianthus M-W
Dorotheanthus M-W
Gazania M-W
Heliotropium M-W
Impatiens M-W
Kochia M
Lavatera M-W
Limonium M-W
Lobelia K-M
Lobularia K-M
Matthiola K-M
Myosotis K-M
Osteospermum M-W
Pelargonium M-W
Petunia M-W
Phlox M-W
Portulaca W
Salpiglossis M-W
Salvia M-W
Senecio M
Tagetes K-M
Thunbergia M-W
Tropaeolum K-M
Venidium M-W
Verbena M-W
Viola K-M
Zinnia M-W

Obst

Apfel K-M
Blaubeeren K-M
Brombeeren K-M
Erdbeeren K-M
Feigen M-W
Guave W
Himbeeren K-M
Johannisbeeren K-M
Kirschen M
Nektarinen M-W
Pfirsich M-W
Stachelbeeren K-M

Gemüse und Salate

Bohnen M-W
Gurken M-W
Kartoffel K-W
Kürbis W
Mais W
Melonen W
Möhren K-M
Paprika W
Rettich K-M

Rote Bete K-M
Salat K-M
Spinat K-M
Tomaten M-W
Zucchini M-W
Zwiebel K-M

Kräuter

Basilikum M-W
Estragon K-M
Knoblauch M
Koriander K-W
Majoran M-W
Petersilie K-M
Rosmarin M-W
Salbei M-W
Schnittlauch M-W
Thymian M-W

Register

Halbfette Seitenzahlen
verweisen auf Abbildungen.

Deutsche Pflanzennamen

In diesem Verzeichnis werden nur deutsche Pflanzennamen wiedergegeben, die als gesichert gelten.

Dipsacus Karde
Dracaena draco Drachenbaum
Dryopteris Wurmfarn

Eccremocarpus scaber Schönranke
Echinocactus Kugelkaktus
Echinops Kugeldistel
Echium Natternkopf
Elaeagnus Ölweide
Enkianthus Prachtglocke
Epilobium Weidenröschen
Epimedium Elfenblume, Sockenblume
Eranthis Winterling
Eremurus Steppenkerze
Eriobotrya japonica Japanische Mispel, Wollmispel
Eryngium Edeldistel
Eryngium maritimum Stranddistel
Eschscholzia Goldmohn
Eucomis Schopflilie
Euonymus Spindelstrauch
Eupatorium Wasserdost
Euphorbia Wolfmilch

Fagus Buche
Fatsia japonica Zimmeraralie
Festuca Schwingel
Ficus Feigenbaum
Foeniculum Fenchel
Forsythia Forsythie, Goldglöckchen
Fothergilla Federbuschstrauch
Fritillaria imperialis Kaiserkrone
Fuchsia Fuchsie

Galanthus Schneeglöckchen
Galtonia candicans Riesenhyazinthe
Geranium Storchschnabel
Geum Nelkenwurz
Ginkgo Ginkgo
Gladiolus Gladiole, Siegwurz
Gleditsia Lederhülsenbaum
Grevillea robusta Australische Silbereiche
Gypsophila Schleierkraut

Hebe Strauchveronika
Hedera Efeu
Helenium Sonnenbraut
Helichrysum Strohblume
Helleborus Nieswurz
Helleborus niger Christrose
Hemerocallis Taglilie

Heracleum Bärenklau, Herkuleskraut
Hosta Funkie
Hottonia Wasserfeder
Humulus Hopfen
Hydrangea Hortensie
Hydrocharis Froschbiß

Ilex Stechpalme
Impatiens Balsamine
Impatiens walleriana Fleißiges Lieschen
Iris Schwertlilie

Jasminum Jasmin
Juncus Binse

Kalanchoë blossfeldiana Flammendes Käthchen
Kalmia Lorbeerrose
Kniphofia Fackellilie, Tritome
Koelreuteria Blasenbaum

Laburnum Goldregen
Lamium Taubnessel
Lathyrus Platterbse
Lathyrus odoratus Wohlriechende Wicke
Laurus Lorbeerbaum
Lavandula Lavendel
Lemna Wasserlinse
Ligustrum Liguster, Rainweide
Lilium Lilie
Limonium Widerstoß, Meerlavendel
Lonicera Heckenkirsche, Geißblatt
Lupinus Lupine
Lychnis Lichtnelke
Lysimachia Felberich
Lythrum Weiderich
Lythrum salicaria Blutweiderich

Magnolia Magnolie
Mahonia Mahonie
Malus Apfelbaum
Matteuccia Straußenfarn, Trichterfarn
Melissa Melisse
Mimulus Gauklerblume, Affenblume
Morus Maulbeerbaum
Musa Banane
Myrtus Myrte

Narcissus Narcisse
Nepeta Katzenminze
Nerium Oleander
Nicotiana Tabak
Nymphaea Seerose

Oenothera Nachtkerze
Onoclea Perlfarn
Onopordum Eselsdistel
Ophiopogon Schlangenbart
Osmanthus Duftblüte
Osmunda Königsfarn
Oxalis Sauerklee

Paeonia Paeonie, Pfingstrose
Papaver Mohn
Parthenocissus Jungfernrebe
Passiflora Passionsblume
Pelargonium Pelargonie, "Geranie"
Peltiphyllum Schildblatt
Pennisetum Federborstengras
Petasites Pestwurz
Petunia Petunie
Phalaris Glanzgras
Philadelphus Sommerjasmin, Pfeifenstrauch
Phillyrea Steinlinde
Phlox Phlox
Phormium Neuseeländer Flachs
Photinia Glazmispel
Phyllitis Hirschzunge
Picea Fichte
Pinus Kiefer
Pittosporum Klebsame
Plumeria Frangipani
Poa Rispengras
Polygonum Knöterich
Polypodium Tüpfelfarn
Polystichum Schildfarn
Populus Pappel
Potentilla Fingerkraut
Primula Primel
Prunella Braunelle
Prunus avium Süßkirsche, Vogelkirsche
Prunus cerasifera Kirschpflaume, Myrobalane
Prunus laurocerasus Kirschlorbeer, Lorbeerkirsche
Pulmonaria Lungenkraut
Punica granatum Granatapfelbaum, Granatbaum
Pyracantha Feuerdorn

Quercus Eiche

Ranunculus Hahnenfuß
Rhapis Steckenpalme
Rheum Rhabarber
Rhipsalis Rutenkaktus, Binsenkaktus, Korallenkaktus
Rhododendron Alpenrose
Ricinus Wunderbaum

Robinia Robinie
Rosa Rose
Rosmarinus Rosmarin
Rumex Ampfer
Ruta Raute

Sagittaria Pfeilkraut
Salix Weide
Salvia Salbei
Santolina Heiligenkraut
Sansevieria Bogenhanf
Sasa Zwergbambus
Saxifraga Steinbrech
Scirpus Simse
Scirpus lacustris Teichbinse
Sedum Fetthenne
Sempervivum Hauswurz
Senecio Kreuzkraut
Silybum Mariendistel
Solanum Nachtschatten
Soleirolia Bubiköpfchen
Solidago Goldrute
Sophora Schnurbaum
Sorbus Eberesche
Sparganium Igelkolben
Stachys Ziest
Stachys lanata Eselsohr
Stipa Pfriemengras, Federgras
Symplocos Rechenblume
Syringa Flieder

Tagetes Studentenblume
Tamarix Tamariske
Tanacetum vulgare Rainfarn
Taxus Eibe
Thalictrum Wiesenraute
Thuja Lebensbaum
Thymus Thymian
Tiarella Schaumkraut
Trachycarpus Hanfpalme
Trillium Dreiblatt, Waldlilie
Trollius Trollblume
Tropaeolum Kapuzinerkresse
Tulipa Tulpe
Typha Rohrkolben

Ulmus Ulme, Rüster

Verbascum Königskerze
Verbena Verbene
Veronica Ehrenpreis
Viburnum Schneeball
Vinca Singrün, Immergrün
Viola Veilchen
Viola cornuta Hornveilchen
Vitis Rebe

Wisteria Glycine, Wistarie

Yucca Palmlilie

Zantedeschia aethiopica Zimmerkalla

Die folgenden Personen haben dieses Buch mit wertvoller Hilfe unterstützt. All jenen, die erlaubt haben, ihre Gärten zu fotografieren, sei an dieser Stelle herzlich gedankt.

England und Europa
David Brooks, London
Chris und Judy Burnett, Surrey
Robert und Christine Evans, London
Hans und Bertie de Graaf, Holland
Rob Herwig, Holland
Cameron Mackintosh, London
Tom Monroe, Surrey
Wolfgang Müller, Deutschland
Hannah Peschar, Sculpture Gallery, Ockley, Surrey
Michael Paul, London
Pieter Plomin, Deutschland
Gary Rogers, Deutschland
Ivan Ruperti, Schweiz
Mien Ruys, Holland
Ulrich Timm, Deutschland

USA
Derek Fell
Hiroshi Makita
George Waters

Australien und Neuseeland
Anchor Pools, Sydney
Familie Armstrong, Melbourne
Sally und Tony Arnold, Melbourne
Paul Bangay, Melbourne
Chris und Karen Collins, Auckland
David Coombes, Auckland
Rick Eckersley, Melbourne
Familie Fearman, Sydney
Paul und Julie Fleming, Melbourne
Michael Hayman, Sydney
Tony Holdenson, Melbourne
Christine Hubay, Melbourne
Brian Huxham, Melbourne
Arno King, Auckland
Margaret Knight, Melbourne
Maggie Lockwood, Melbourne
Nookie Monahan, Melbourne
Barbara und Michael Perkin, Auckland
Stuart Pittendrigh, Sydney
Marcia Resch, Melbourne
Michelle Shennen, Sydney
Paul Sheppard, Melbourne
Ray Turner, Sydney
Annie Wilkes, Sydney
Peter Wydburd, Sydney

Besonderer Dank gilt
John Duane (Skizzen, Text, Gestaltung)
David Palliser (Text)
Desmond Whitwell (Pflanzenfachmann)
David Carr (Pflanzenfachmann)
Arno King (Pflanzenfachmann)
Joanna Chisholm (Beratung)
Richard Bird (Register)
Fred Ford & Mike Pilley of Radius (Photomontage)
Caroline White (Cheflektorin, Collins)
Chris Lingard (Hersteller, Collins)

Informationsquellen
Anchor Pools: 138U, 169
The Balmain Garden Centre: 72, 122 NU, 125N
Michael Balston: 33, 34, 35, 124UR, 163U
Paul Bangay: 152
David Brooks: 76, 129, 139O
Graham Burgess: 102
Roberto Burle Marx: 22, 23, 24, 25
Beth Chatto: 45, 46, 47, 83N
Chelsea Flower Show: 35, 70U, 85O, 178OL, 181OL, 190R
Gilles Clement: 18, 19, 20, 21
Jane Coleman: 172O
Trevor Crump: 110L, 132L, 157
Rick Eckersley & Lisa Stafford (Eco Landscape Design): 36, 37
Paul Fleming (Black Bamboo): 193, 140L, 146UL
Arthur Degeyter (Architekt): 101O
Arthur Degeyter (Architekt)/Paul Deroose: 160
Richard Haigh & Annie Wilkes (Parterre): 14, 15, 16, 17, 151
Rob Herwig Garten: 77U, 89UL, 101UL, 116L, 119O, 124OR, 133UL, 134UL, 143U, 182, 185
Brian Huxham (Prestige Pools): 146UR, 170, 171, 172UL
Hiroshi Makita: 58, 59, 60, 94, 115U, 144L
Wolfgang Müller: 140R, 161O
Natural Swimming Pools: 170UR
Oehme, van Sweden: 42, 43
Walda Pairon: 74, 150R, 153
Anthony Paul: 8, 9, 11, 13, 68, 69, 87U, 108L, 109, 123, 146U, 172UR, 189L
Anthony Paul/John Duane: 10, 12, 64, 65, 66, 79O, 98, 122L
Stuart Pittendrigh: 67O, 103UR, 124L, 150L
Pieter Plomin: 118O, 147
Angus Prentice: 75U, 125
Ivan Ruperti: 31, 90O
Mien Ruys: 50, 51, 52, 53, 54, 55, 70O, 85UR, 86, 110R, 111O, 111U, 112, 119U, 120, 128, 131O, 134O, 141, 142O, 174, 183OL, 183OR, 190L, 202, 203
Takashi Sawano: 48, 49, 96O, 118U, 121O
Gunther Schulze: 95L
Horst Schummelfeder: 89UR

Paul Sheppard (Lotus Landscapes): 96U, 97, 99R
Brian Taylor: 149O
Ton ter Linden: 207U
Ulrich Timm: 56, 57
Ray Turner: 73, 122 NU, 125N
Piet van Veen: 143O
André van Wassehoven: 90U
Henk Weijers: 38, 39, 40, 41, 87O, 92, 122NM
Betsie Wijnhoven-Fleuren: 117
Jacques Wirtz: 27, 28, 29, 130

Alle Fotos von Ron Sutherland
mit Ausnahme der folgenden:
Valerie Brown: 42O
Karl-Dietrich Bühler/EWA: 84, 127L
Camera Press: 31O, 89O
Gilles Clement: 18U, 21
Henk Dijkman: 8U, 38, 39, 40, 41, 87O, 92, 122NM
Derek Fell: 58UL, 58UR, 59, 60, 94, 115U, 144L
Marijke Heuff: 27, 74, 78, 79U, 82, 90NM, 101O, 117U, 130, 133OL, 143O, 145O, 150R, 153, 160, 175, 176R, 177O, 178R, 179O, 183UR, 191L, 195, 198, 207U
Jerry Harpur: 43N
Georges Leveque: 18O, 19, 20, 28, 29, 81, 180
Giuseppe Moltini: 137
Anthony Paul: 58O, 98N, 142U, 154UL, 164, 181UL, 196UL
Ivan Ruperti: 31N, 90O, 161U, 192R
Caroline M. Segur: 43
Wolfram Stehling: 95L, 99L, 121UR, 144R
James van Sweden: 42U
Frank Taegar: 89UR
Ulrich Timm: 56U, 5O
W. George Waters: 22, 23, 24, 25, 103UL
Steven Wooster: 64, 131U, 176L, 181OL, 183UL, 184UR, 190R
Brian Yale: 163M

O = oben   U = unten
L = links   R = rechts
M = Mitte   N = Nebenbild